KB058650

내 안의 무한 동기를 깨워라

내 안의 무한 동기를 깨워라

스테판 포크 지음 | 김미정 옮김

Intrinsic Motivation

하누만*이 될 수 없다면 항상 그대 자신이 되어라.

하누만이 된다면 항상 하누만이 되어라.

* 하누만Hanuman: 인도 힌두 신화에 나오는 원숭이 신으로 충성심과 용기를 상징함 – 옮긴이

차 례

1부

어떤 일이든 사랑하는 방법

눈부신 성과에 몰입하도록 뇌 회로를 세팅하라

2부

운명은 스스로 결정한다

슈퍼스타가 되려면 사고방식을 혁명하라

3부
성공과 행복을 갖기 위해 넘어야 할 장애물
다른 모든 사람들

도전부터 완성까지

이 책이 나오게 된 배경 이야기를 여기에 빠짐없이 적어넣기란 사실상 불가능하다. 너무나 많은 순간 속 너무도 많은 사람들이 이 일에 기여했다. 나는 그동안 함께 작업한 수천 명(동료, 직속 부하, 고객)에게 큰 빚을 지고 말았다. 어려운 문제가 있으니 도와달라고 부탁해왔던 모두가 오히려 내게 배움과 성장의 기회를 제공했고, 그런 면에서 모두가 이 책의 출간에 이바지한 셈이다.

동시에 내가 인생에서 가장 중요하다고 생각하며 감사하는 것이 바로 내가 겪은 도전과 시련과 실패다. 특히 몸무게가 좀 많이 나갔고, 외톨이였으며, 아빠를 몹시도 무서워하던 아이였을 때

겪은 일들이 그랬다. 오랜 시간 나를 자극했던 모든 사람, 심지어 내가 실패하기를 바랐거나 그 밖의 여러 방식으로 내게 상처를 주려던 이들에게도 감사한 마음이 든다. 그 모든 것들이 나를 더 강하고 자의식이 높은 사람으로 만들어 불가능한 일에 도전하고 성공을 거두게 했다(나는 불가능한 일은 결코 없다는 사실을 반복해서 배웠다). 나는 이러한 나만의 특성들을 바탕으로 개인적·직업적인 선택을 내렸다. 그리고 삶 속의 모든 활동과 모험에 필요한 결정적인 능력을 기를 수 있었다. 바로 자기만의 삶을 살아갈 수 있게 만드는 집중력 높고 창조적인 두뇌 말이다.

나의 뇌는 미래를 내다보고 모든 일의 종결점을 가늠하는 놀라운 능력을 지녔다. 자기 분야에서 최고의 자리에 오르는 모습, 또는 털끝만큼도 몰랐던 완전히 새로운 분야에 뛰어들었음에도 결국 성공을 거두는 나의 모습을 그려볼 수 있다. 나의 뇌는 훌륭한 결과에 도달하는 로드맵을 언제나 생각해낸다. 생각해보면 나 자신이나 다른 사람들의 꿈, 성과, 정신적 안녕, 성공 등과 관련해 나의 뇌가 해결하지 못하는 문제는 거의 없는 듯하다.

이 책을 쓰기로 결정하기까지 한 사람의 선택이 매우 중요하게 작용했다. 나의 어머니는 내가 여덟 살 때, 무슨 이유에서였는지 나를 위해 피아노를 빌리셨다. 악기 연주에 관해 이야기를 나눠본 적은 없었다. 다만 삼촌이 노래를 불러주고 기타를 쳐주면 내가 퍽 좋아하던 모습을 눈여겨 보셨거나, 어머니의 소장 앨범을 내가 즐겨 듣던 것을 기억하셨던 모양이다. 내가 린 앤더슨Lynn

Anderson의 〈로즈 가든(I Never Promised You a) Rose Garden〉, 엘비스 프레슬리Elvis Presley의 〈러브 미 텐더Love Me Tender〉를 반복해서 연주했던 건 지금도 기억한다. 피아노 연주라는 행위 자체가 중요한 게 아님을 난 이른 나이에 깨달았다. 무언가에 대한 호감을 품고 매진하는 일은 그것을 대하는 내 생각에서 시작된다. 이것은 이 책을 넘어 내 인생 전체를 관통하는 기본 전제다.

나이가 더 들면서 나의 정체성, 내가 하는 일, 그리고 이 책의 주제와 원리들이 확립되는 데 기여한 세 사람을 만났다. 오랜 기간 나의 멘토였고 2021년에 고인이 된 미하이 칙센트미하이Mihaly Csikszentmihalyi는 내 인생에서 매우 중요한 역할을 한 사람이다. 인류의 조건, 진화 방식, 인간 존재가 축복인 이유에 관해 그가 몰랐던 내용이라면 그다지 알 가치도 없다. 미하이는 진정한 과학자로서 자신의 통찰을 연구 자료를 동원해 빈틈없이 뒷받침하려고 노력했다. 사태를 명확하게 볼 줄 아는 그의 지성과 능력에 위협을 느낀 적은 없으나 때로는 짜증이 나기도 했다. 특히 내가 '진짜 기발한' 무언가를 떠올렸다고 생각했는데, 알고 보니 이미 그가 생각했던 것이었을 때가 그랬다. 지금보다 한 단계 더 성장해 삶이 선사하는 최대한의 것을 얻으려는 사람이라면 반드시 미하이의 저작을 읽어봐야 한다.

내 인생에서 중요한 역할을 했던 또 다른 사람은 전 FBI 요원이자 범죄 프로파일링의 선구자인 존 더글라스John Douglas다. 첫 만남에서 그는 내게 범죄 현장이 담긴 사진들을 보여주고, 각 장면을 하나하나 따져가며 드러나는 범인의 동기와 행동들을 말해주었다. 그러더니 조금 있다가 "자 이제 당신 차례요"라고 말하고는 슬라이드 하나를 클릭하고 "뭐가 보이나요?"라고 물어왔다. 화면에는 바닥에 누워 있는 시체 사진이 보였다. 나는 살인 무기로 보이는 물체(사람 손 정도 크기의 핏자국으로 범벅이 된 돌덩이)를 주의해서 들여다보았다. "사전에 살인을 계획하거나 궁리했던 것 같지는 않은데요. 저 돌덩이가 살인 무기였다면 우연히 손에 넣었을 가능성이 클 테니 말입니다. 누군가를 돌로 쳐 죽이겠다는 계획을 세우지는 않으니까요." 존은 날 보고 미소를 짓더니, "잘하시는데요. 뭘 좀 아시는군요"라고 말했다. 당시에 내가 정말 뭔가를 알았던 건 아니지만 그 이후로 존에게서 더 많은 것을 배울 수 있었다. 특히 사람들의 언행 이면에 숨은 진짜 동기를 이해하는 방법을 배웠다.

세 번째 인물은 내가 컨설턴트로 일했던 세계 최고의 컨설팅 업체 맥킨지 앤드 컴퍼니McKinsey & Company의 요한 앨버그Johan Ahlberg다. 요한은 나의 발전과 성과를 지켜보고 명확한 피드백을 준 사람이었다. 그는 만날 때마다 늘 진심 어린 태도로 이러한 메시지를 전해주었다. "스테판, 잘하고 있어요. 하지만 사실 당신은 마땅히 해야 할 수준의 50~60%밖에 못하고 있는 상태예요. 성과를 개선하려면 이렇게 해볼 수 있어요……." 처음에 나는 요한이 제정신이 아니라고 생각했다. 맥킨지에 합류하기 전부터 이미 나는 내가 만나온 대부분의 사람보다 꾸준히 발전하고 있었기 때문이다. 하지만 시간이 흐르면서 용기를 내어 스스로의 단점에 초점을 맞추는 일이 얼마나 나를 정화해주고 나의 발전에도 유익한지 깨닫게 되었다. 어떤 상황에서든 늘 개선할 부분은 존재한다는 사실도 알게 되었다. 요한은 나의 기량을 한 단계 더 높일 수 있게 도와주었고, 지금도 동일한 역할을 해주고 있다.

나와 친밀한 두 사람에게도 감사의 뜻을 표하고 싶다. 한 사람은 내 아들 람세스다. 람세스는 이 책을 쓰는 데 여러모로 영감을 주었다. 그는 확신을 품고 열심히 노력하면서 자기 길을 걸어가는 사람이다. 항상 긍정적인 자세로 미소를 잃지 않는 그의 능력은 칭송할 만하다. 람세스는 진정으로 사람을 중심에 두고 살아가는 사람이다. 그는 친구들을 도와주고 지지하며, 다른 사람에 관한 부정적인 말을 내뱉은 적도 전혀 없다. 람세스 외에 그런 사람은 아무도 없었다. 나는 그의 이런 점에서 큰 영감을 받는다. 특히 이제 겨우 스물네 살이고, 대다수 사람들이 부정적인 태도에 젖어 있던 시대 속에서 성장했다는 것을 생각하면 더욱 인상적이다.

두 번째 사람은 내 인생의 유일한 사랑 레지나다. 그녀의 무수한 능력들은 내게 큰 영감을 준다. 삶의 고결한 목적에 충실하게 살아가고, 개인적으로나 직업적으로 선한 의도와 행동을 실천하는 동시에, 자기 분야(더군다나 탐욕스러운 남성들이 지배하며, 진실함이란 그저 말에 그칠 뿐 실천하지 않는 세계)에서 꾸준히 최고의 대열에 속해 있는 그녀의 모습은 나를 깜짝 놀라게 한다. 레지나는 이 책의 모든 강조점을 보여주는 살아 있는 증거다.

마지막으로, 이 책의 출간 작업에 참여해준 많은 이에게 감사하고 싶다. 집필 초반에 50여 명이 원고(또는 원고 일부)를 읽고 내게 피드백을 제공해 글이 더 나아지도록 도와주었다. 조시 버노프Josh Bernoff는 집필 제안을 비롯해 이 책만의 독창적인 아이디어와 구조를 생각해내도록 코칭하면서 나를 이끌어주었다. 아서 골드워그Arthur Goldwag는 나라는 사람과 내 생각을 파악하는 능력, 날카로운 통찰력, 예리한 편집력으로 더 선명하고 명확하며 논리적인 최종 원고가 나오도록 도와주었다.

하지만 최종 원고에 가장 결정적인 영향을 끼친 사람은 세인트 마틴스St. Martin's 출판사의 편집국장 팀 바틀렛Tim Bartlett이다. 그는 책에 꼭 실어야 할 내용을 끌어낼 수 있도록 매 단계마다 나를 지도해주었다. 이미 내 습관으로 굳어진 까닭에 미처 써야겠다고 생각해내지 못했지만 반드시 수록해야 할 중요한 내용들이었다. 팀의 지치지 않는 노력 덕분에 더 알차고 유익한 책이 세상에 나오게 되었다. 진심으로 감사합니다, 팀!

머리말

내가 이 책을 쓴 이유, 당신이 이 책을 읽어야 할 이유

나는 맥킨지 앤드 컴퍼니의 경영 컨설턴트로 수십억 달러의 가치를 지닌 여러 기업의 변화를 주도했으며, 세계 곳곳의 회사 중역과 군대 장교 및 엘리트 운동선수들의 성과 코치로 일해왔다. 개인과 팀 그리고 조직들이 자발적인 동기에 따라 움직이도록 돕는 데 30년 이상의 시간을 쏟았다. 즉, 돈이나 지위처럼 일에 따르는 외적 보상이 아닌 일이라는 활동 자체를 사랑함으로써 자발적으로 일하도록 지원해왔다.

사람들이 자신의 직업을 사랑하도록 돕는 일 자체도 만족스럽지만, 이에 따르는 파급 효과를 지켜보는 과정은 그보다 훨씬 보람 있다. 자기 일을 사랑하게 되면 그전에는 도달하지 못할 거라고 생각했던 목표를 달성할 수 있을 만큼의 큰 효과가 나타난다. 나의 고객들은 우리가 함께 작업한 덕분에 전보다 더 행복하고 건강하며 더 큰 충족감을 느끼게 되었다고 말해주었다. 나는 여러분에게도 똑같은 일을 해주기 위해서 이 글을 쓴다. 여러분이 더 나은 방식으로 자기 일을 대하겠다는 열린 자세만 보여준다면 말이다.

고객들이 나에 관해 가장 먼저 깨닫는 사실이 있다. 내가 일 또는 삶 전반을 부정적으로 대하는 태도를 결코 봐주지 않는다는 것이다. 빈약한 변명, 거짓말과 속임수, 무지, 오만, 이기주의, 다른 사람이 베푼 선행을 무심히 지나치는 태도, 그릇된 의도, 미지에 대한 두려움, 이를 악물고 참아내야 할 때 쉬운(게으른) 방편을 택하는 자세 등은 나에게 통하지 않는다. 나는 자신을 딱하게 여기는 모든 유형의 감정을 뼈아플 정도로 비난한다. 그런 태도는 팔다리를 스스로 절단하는 것만큼이나 자신에게 불리하게 작용하기 때문이다. 나는 고객뿐만 아니라 내게서도 이러한 요소들을 제거하려고 노력한다. 나쁜 생각을 용인하지 않는 태도는 나와 내 고객들이 진정으로 중요한 일에 초점을 맞추는 데 유익하다. 부정적인 생각을 끈질기게 고집하는 고객이 있다면 나는 주저 없이 그들과의 작업을 취소한다.

덧붙여 나는 고객들에게 고통을 회피하는 태도를 고치라고 충고한다. 나도 어느 누구 못지않게 정서적으로나 심리적으로 많은 고통을 경험한다. 하지만 대다수 사람과 달리 나는 그것들을 삶의 필요 조건이라고 생각한다. 우선 정서적·심리적 고통은 내가 현실적·구체적으로 성장할 기회 앞에 서 있다는 신호다. 그런 순간을 회피하려 한다거나 그런 순간이 없는 삶을 꿈꾼다는 것은 진정한 야망이라곤 없이 무지로 점철된 삶을 살기 위해 노력하는 일이나 다름없다. 또한 고통을 경험하지 않고는 쾌락을 음미할 수 없다. 성공과 실패에 있어서도 마찬가지다. 실패를 겪어보지 않았다면 성공을 즐길 수 없다. 정서적·심리적 고통도 모두 삶의 일부이며 개인적·직업적 성장의 필수 요소임을 인정하지 않는다면, 이 책에서 소개하는 도구와 원리가 안겨줄 가치를 온전히 누릴 수 없을 것이다.

책을 써야겠다는 생각이 든 것은 맥킨지 앤드 컴퍼니에서 열린 한 행사에서 기조연설을 한 후였다. 맥킨지의 컨설턴트로 일하면서 10년 넘게 사내에서 수많은 선후배를 지도하는 동안 내가 얻은 중요한 통찰들을 정리해 달라는 요청을 종종 받았다. 그날 연설의 주제는 일터에서 겪는 어마어마한 압박과 끝없는 난제가 나를 성장으로 이끄는 힘이므로 그것은 곧 축복이라는 내용이었다. 심리적 압박을 관리하는 비결은 다름 아닌 스스로 마음을 다스리는 데 있다. 자리를 가득 메운 청중 가운데 다수가 내 말을 듣고 깜짝 놀랐다. 다들 압박을 해소하는 방법을 얘기해주리라 기대했는데 압박은 좋은 것이라고 말했으니 말이다. 물론 그 압박을 올바른 방식으로 다룰 때 한해서다.

강연에 이어 열띤 질의응답 시간이 끝난 뒤, 몇몇 선임 파트너들이 나가오더니 나의 말들을 책으로 엮어보는 게 어떻겠느냐고 제안했다. 실은 이전에 펴낸 소책자가 하나 있었고, 그 책자가 사내에서 공유되기도 했다. 내가 지도하지 않은 수많은 맥킨지 직원들이 나의 아이디어를 활용하고 있다는 것도 알고 있었다. 하지만 이보다 훨씬 더 많은 청중에게 다가갈 기회가 생긴다고 생각하자 구미가 당겼다. 이 책 『내 안의 무한 동기를 깨워라』는 바로 그 결과물이다.

이 책이 여러분에게 영감을 불어넣길 몹시 희망하지만, 엄밀히 말하면 이 책은 동기 부여를 다룬 책이 아니다. 나는 여러분에게 동기를 부여할 수 없다는 사실을 이미 잘 알고 있다. 여러분의 동기를 자극할 수 있는 유일한 사람은 바로 여러분이다. 다만 내가 할 수 있는 일은 여러분이 지닌 거의 무한한 잠재력을 펼쳐내도록 마음을 다스리는 방법을 가르쳐주는 것이다.

내가 공유할 도구와 방법론들은 최신 신경과학과 행동심리학을 토대로 한다. 나는 이 분야에서 가장 잘 알려진 몇몇 사람과 함께 작업했고 그들에게서 배움을 얻었다. 이를테면 지금은 고인이 된 심리학자 미하이 칙센트미하이, 심리신경면역학자 니콜라스 홀Nicholas Hall, 그 외 많은 사람들을 접했다. 심지어 FBI 행동과학팀(지금은 행동분석팀Behavioral Analysis Unit·BAU으로 불린다. TV 드라마 시리즈 〈크리미널 마인드Criminal Minds〉 또는 책과 영화로 제작된 〈양들의 침묵The Silence of the Lambs〉에서 익숙하게 봤을 것이다)에서 근무하는 엄청난 사람들을 만나기도 했다.

기업 임원이자 코치로서 내가 쌓은 경험 그리고 시대를 앞서 간 뛰어난 사람들과의 작업을 통해, 높은 효과를 입증하는 필수적인 원리와 기술을 개발하고 연마하는 방법을 배울 수 있었다. 이것들을 여러분의 의지로 훈련하고 적용해보라. 그러면 스스로 가능하리라 생각했던 일들을 훨씬 뛰어넘는 성과를 거두게 될 것이다.

하지만 이 책은 단순히 읽고 연구하는 책이기보다는 적극적으로 활용해야 하는 책에 가깝다. 나의 프로그램을 따르고, 내가 보여줄 도구들을 실제 일에 적용하며, 내가 소개할 일일 활동을 실천해 여러분의 뇌 회로를 재구성하라. 그러면 자연히 삶은 더 나은 방향으로 옮겨갈 것이다.

나의 일을 사랑하라

수많은 책들이 거창한 결과를 약속한다. 그렇다면 이 책만의 약속을 믿어야 할 이유는 무엇일까? 첫째, 이 책이 소개하는 기법들은 세계 최대 규모의 기업에 속한 수천 명의 사람, 그리고 그 기업에서 높은 성과를 거두는 사람들(자신의 전문 분야의 정점에 도달한 사람들)이 이미 활용했던 것들이다. 둘째, 나 또한 50년 전 스웨덴 남부 도시 외레브로의 외로운 꼬마였을 때부터 이 원리들을 실천해왔다. 그러는 동안 나 자신과 고객들이 최후의 성공을 거머쥐는 데 중요하게 작용한 다음의 5대 요소를 깨닫게 되었다.

- 절대로 자동 조종autopilot(신중한 계획이나 결정 없이 습관적으로 움직이는 태도-옮긴이) 상태로 직장(또는 학교, 그 외 중요한 모든 곳)에 가지 말라. 자신이 맡은 모든 과업에서 특정한 결과를 얻기 위한 구체적인 목표를 세우고, 이를 달성할 전략을 수립하라.
- 자신에게 도전하고 자신과 경쟁하는 일을 절대로 멈추지 말라. 내가 얼마나 배우고 개선하고 성장했는지 확인할 수 있는 최고의 지표는 나 자신이다.
- 일에서 얻고 싶은 정서적 기대치를 설정해놓고 이를 충족하거나 능가하기 위해 마음을 가다듬어라. 이는 일을 대하는 태도나 사고방식이 중요하다는 것을 달리 표현한 말이다.
- 매일 자신이 한 일을 검토함으로써 스스로 과정을 추적하고 기념할 만한 실질적인 발전을 이루었는지 확인하라.
- 일에 대한 흥미와 긍정적인 태도를 공유하고 배움을 얻을 동료를 찾고 관계를 맺어라.

이 5대 요소가 가진 공통점은 흥미excitement를 길러야 한다는 것이다. 이것이 왜 중요할까? 흥미가 있어야 자기 일을 사랑할 수 있기 때문이다. 자기 일을 사랑하는 것은 삶을 가치 있게 만들지만, 더 중요하게는 바로 이것이 성공과 안녕을 얻는 비결이다!

어떤 일을 사랑하게 되면 그 일을 더 하고 싶어진다. 일을 많이 하다 보면 점점 능숙해져서 열정이 더욱 강화되고 이는 개인적·직업적 성장으로 이어진다. 어떤 일을 꾸준히 사랑하려면 그 일의 복잡성과 난도를 끊임없이 높여야 하기 때문이다. 음악가들은 이를 잘 알고 있다. 지루한 음계를 연습하는 일의 보상으로 더욱 더 까다로운 곡을 연주할 수 있게 된다.

또한, 어떤 일을 사랑하게 되면 실행하기 전부터 일에 관해 즐겨 생각한다. 이에 따라 거의 저절로 흥미를 갖고 결과를 기대하고, 실현할 방법을 마음속에 '계획'하게 된다. 반대로 일을 마친 후에도 계속 그 일을 생각하면서 더 깊은 학습이 이루어진다.

어쩌면 여러분은 '뭐 다 좋고 훌륭한 말이네. 그런데 당장 내 일을 싫어하는 상황이라면?'이라고 생각할지도 모른다. 여기서 중요한 한마디를 전한다. 어떤 일이라도 사랑하는 법을 배울 수 있다.

일이 싫은 이유는 변명에 불과하다

원고 집필에 들어가기 전에 독자들에게 나를 어떻게 소개하면 좋을지 아들 람세스에게 물어보았다. "미친 사람이라고 하세요. 아버지는 진짜 그런 사람이니까요. 이 세상에서 지루해지는 법을 모르는 사람은 아버지가 유일하잖아요. 어린애 같죠. 하는 일마다 흥미로워하니까요."

람세스의 마지막 말(내가 하는 일마다 흥미로워한다는 것)에는 동의한다. 하지만 나는 미치지도 않았고 어린애 같지도 않다.

나는 어떻게 모든 일, 심지어 소득세 신고를 준비하는 일에도 흥미를 느끼게 되었을까? 바로 내 마음을 다스렸기 때문이다. 유감스럽게도 대다수 직업인은 마음을 다스리지 못한다. 이 때문에 자기 일을 사랑할 수 없는 수만 가지 변명을 만들어낸다.

내가 듣는 가장 흔한 변명은 할 일이 너무 많고, 스트레스가 심하며, 업무량을 줄여야 한다는 미신이다. '정말로' 일이 너무 많은 직업인은 아직 만나보지 못했다. 할 일이 너무 많다고 생각하는 진짜 이유는 효율적으로 일을 실행하는 방법을 충분히 고민하지 않았기 때문이다. 대다수 직업인은 하루 업무를 어떤 방식으로 수행하는지 자세히 설명하지 못한다. 자신의 접근법을 고민하지 않거나, 비효율적이고 낡은 습관대로 움직인다는 것을 인지하지 못한 채 자동 조종 상태로 일하기 때문이다.

다른 흔한 변명으로 동료와의 불편한 관계, 나쁜 상사, 불공정한 성과 평가, 경력에 보탬이 될 만한 기회의 부족 등을 들기도 한다. 물론 나쁜 상사, 불공정하거나 그 외 해로운 업무 환경 등은 분명 존재한다. 하지만 자기 일을 싫어하는 데 결정적인 원인은 아니다. 이것들은 일하는 장소가 싫은 이유다. 말해두건대, 이례적으로 나쁜 업무 환경(그런 곳이라면 떠나야 한다)에 놓인 것이 아니라면 여러분의 변명들은 스스로 만들어낸 장애물일 뿐이다.

자기 일을 사랑하지 않을 때는 아침에 일어나 출근 준비를 하는 데만도 에너지가 소모된다. 특히 여러분이 유독 어렵거나 지루하거나 불편하다고 생각하는 과업을 대할 때는 그 일을 미루게 된다. 기운이 쏙 빠진 상태로 하루하루를 마감한 후 자부심이나 성취감은 거의 느끼지 못한다.

자기 일을 사랑하지 않을 때는 칭찬이나 돈 같은 외부적 보상에 지나치게 집착하기도 한다. 일 자체에서 느끼지 못하는 즐거움을 보상받고 싶기 때문이다. 좋아하지도 않는 일에 너무 많은 에너지를 쏟아부을 때, 실패는 참을 수 없을 만큼 고통스러운 경험이 되고 만다. 더 나아가 일이 지루하거나 싫어질 경우, 시야가 좁아진 탓에 자기가 할 일을 종합적인 방식으로 바라보지 못한다. 그러면 일은 더욱더 지루해진다!

하지만 어떤 변명을 내놔도 그것 때문에 자기 일을 사랑하지 않는 것은 아니다. 진짜 이유는 자신의 마음속에 있다. 마음이 이런 변명을 만들어내는 것은 게으르기 때문이다. 그리고 마음이 게을러지는 것은 여러분이 마음을 다스리는 데 실패한 탓이다.

다스려지지 않은 마음은 게으른 마음이다.

일을 사랑스럽게 만드는 비결

아이들은 자연스럽게 흥미를 느낀다. 학교생활을 하면서 타고

난 성향이 망가지기 전까지, 아이들은 선천적으로 재미를 누릴 방법을 알고 있고 자기가 하는 모든 일을 사랑한다. 아이들에게 나무 막대기를 하나 주고 어떻게 갖고 노는지 지켜보라. 조금 있다가 그게 뭐냐고 물어보라. 그러면 "자동차!" 또는 "로켓!"이라는 답을 듣게 될 것이다. 아이들은 공상과 상상(둘 다 자기 개선의 강력한 도구)뿐만 아니라 전념할 줄 아는 무한한 능력도 지녔다. 전념은 예술가나 운동선수들이 경험하는 정신 상태(나의 멘토 미하이 칙센트미하이가 말해 널리 알려진 '몰입flow')에 가깝다. 간단히 말해, 몰입은 시간과 공간에 대한 감각을 모두 잃어버릴 정도로 무언가에 집중할 때를 가리킨다. 이러한 경험은 그 자체가 보상이 된다. 이와 연관된 최종 목표라든가 결과는 덤에 불과하다. 영감어린 예술 작품을 만들거나 흠잡을 데 없는 운동 기량을 발휘할 때 느끼는 만족감을 상상해보라. 하지만 칙센트미하이가 지적했듯이, "즐거움을 느낄 만한 대다수 활동은 자연스럽지 않다. 그것들 모두 처음에는 쉽지 않은 노력을 요구한다." 어떤 활동들은 세심한 주의가 따르는 노고를 기울일 때에야 비로소 몰두할 수 있다.

일은 끝없이 몰두할 기회를 제공한다. 왜 그럴까? 일은 너무도 풍부하고 복잡하기 때문이다. 여러분이 생계를 위해 수행하는 일이 무엇이든 간에 그 일은 여러분을 실험하고 혁신하며, 새로운 것들을 배우고, 새로운 경험을 찾아 나서며, 주변 사람과의 관계를 더 깊이 이해하고, 각양각색의 문제를 해결할 방법을 배울 수 있는 거의 무한한 기회를 제공한다.

그렇다면 대다수 직업인이 자신의 일을 두루 사랑하고 즐기기가 그토록 어려운 까닭은 무엇일까? 아이와 달리 성인은 호기심과 몰두하는 능력을 가꾸고, 일하는 방식을 개선하겠다고 의식적으로 노력해야 한다. 이는 신중한 사고deliberate thinking를 필요로 한다. 신중한 사고가 까다로운 데는 이유가 있다. 인간의 주요 생존 전략은 늘 잉여 에너지를 보존하는 것인데, 이는 우리를 게으르게 만든다. 우리는 신중하게 생각하는 대신 습관에 따라 움직임으로써 많은 에너지를 보존한다. 생각하는 데 드는 에너지가 얼마나 되기에 그럴까? 평균적인 마라톤 참가자는 약 1,000칼로리 이상을 소비한다. 반면에 체스 선수는 6,000칼로리 정도를 소비하며 토너먼트 중에는 하루 평균 1kg의 체중이 빠지기도 한다.

이처럼 사고 활동은 막대한 에너지를 소비하지만 자기 일을 사랑하는 데 결정적인 요소라는 점을 고려해서, 이 책은 더 적은 에너지로 더 수월하게 마음을 다스림으로써 직업 생활에서 신중하게 생각하고 행동하게 만들어줄 입증된 도구와 단계별 접근법을 제공할 것이다.

그러니 일에 관해 불평하거나 지루해하는 데 더는 시간을 낭비하지 마라. 다만 여러분의 일이 인생에서 얼마만큼의 시간을 차지하는지 생각해보라. 그 모든 시간을 흥미로운 방식, 즉 진화와 성장 속에서 자신을 흐뭇하게 여기게 만드는 방식으로 보내고 있지 않다면 자기 학대나 다름없다.

이제 그런 고루한 자세에서 벗어나자. 이 책을 활용해 직업인으로서 여러분이 걷는 길의 방향을 끊임없는 성장, 흥미, 목표 달성의 모험 쪽으로 바꿔보라. 이를 실행할 끝없는 기회를 제공하는 것이 바로 일이다. 여러분의 일을 사랑하는 법을 배워라. 그러면 스스로를 위해 설정한 모든 목표를 달성할 수 있다. 인간으로서 여러분은 이 일을 실행하는 데 필요한 가장 중요한 도구, 즉 뇌를 이미 신의 축복으로 받았다.

일을 사랑하는 직업인의 모습

일 자체를 보상으로 여기는 사람들의 공통적인 열 가지 습관과 태도가 있다. 다음 내용을 읽으면서 자신에게 질문을 던져보자. 이것은 일을 대하는 나의 자연스러운 성향을 나타낼까? '아니오' 또는 '딱히 그렇지는 않다'는 답이 나온다면 그 이유는 무엇일까? 이런 습관을 갖추지 못하도록 가로막는 요소는 무엇일까? 만약 이런 태도를 기른다면 어떤 유익을 얻게 될까?

1. 내 사전에 지루함이란 없다. 자발적으로 동기를 부여하는 사람들은 지루한 과업은 없으며, 오직 과업을 대하는 지루한 방식만이 존재한다는 것을 잘 알고 있다. 그들은 자신이 마주하는 모든 과업에서 흥미로운 부분을 찾아낸다.

2. 나는 모든 약속을 지킨다. 약속한 바를 지키려면 직업 생활에 자연스러운 긴장과 집중력이 생긴다. 하루하루가 자신의 역량과 기여도를 확인하며 뿌듯해할 기회가 된다.
3. 나는 실수를 저질렀거나 곤란한 상황에 놓였을 때도 배움을 얻는다. (어느 정도까지는) 자신의 실패에 감사할 줄 알아야 한다. 이러한 실패를 거울삼아 노력이 필요한 부분에 초점을 맞출 수 있다.
4. 나는 실용적이고, 구체적이며, 성장에 초점을 맞춘 일일 목표를 가지고 있다. 중요한 회의를 앞두고 있다면 그 회의에서 얻을 최고의 결과를 머릿속에 그려보라. 그다음 논의를 시작하고, 특정한 관점을 세우고, 중요한 참여자와 소통하는 등 구체적인 계획을 수립하는 사전 작업을 실행하라. 회의가 끝나면 성과를 개선할 방법을 모색하고 미래에 달성할 새로운 목표를 수립하라. 자신이 발전하고 있다는 느낌은 에너지를 가장 높이 끌어 올려주는 요소다.
5. 나는 전략적으로 중요한 일을 즉시 판단하고 이를 우선 사항으로 정한다. 여러분의 발전 기회들을 항상 중요한 것, 판도를 바꿀 만한 것, 지금은 중요치 않은 것, 이렇게 세 범주로 분류하라. 이 중 마지막 항목은 잠시 사안을 미뤄둠으로써 스트레스를 줄이고 정말 중요한 일에 집중하는 능력을 키워주기 때문에 특히 가치가 있다.
6. 나는 자기 의심을 개선을 위한 자극제로 활용한다. 자기

확신은 중요한 태도지만 이를 과하게 밀어붙이면 자기만족에 빠질 수 있다. 누구도 모든 일을 완벽히 통제할 수는 없다. 건강한 수준의 걱정은 더 나은 수행을 가능케 한다.

7. 나는 좀처럼 산만해지지 않는다. 주의가 분산된다는 것은 영향력을 행사할 수 없는 일들에 집중하고 있다는 신호다. 자기가 통제할 수 있는 것(자신의 행동)에 집중하는 일이야말로 내면의 힘의 원천이다.
8. 나는 충분한 계획을 세운다. 진정으로 복잡한 과업이란 없다. 그것을 생각하는 방식이 복잡할 뿐이다. 계획이 지나치게 부족하면 사고가 복잡해지면서 스트레스가 발생한다.
9. 나는 다른 사람들을 자산으로 여긴다. 새로운 과업의 실행 방법을 익히는 최고의 길은 그 일을 잘 해내는 사람을 모방하는 것이다. 반면 어떤 과업을 제대로 해내지 못한 사람을 참고해 반면교사로 삼을 수도 있다.
10. 나는 코칭을 받고자 노력한다. 코치에게 동기를 부여받거나 발전 방법을 배우고 싶어서가 아니다. 그것들은 내가 알아서 할 일이다. 코치는 나의 업무에 관해 정직한 피드백을 제공한다. 듣고 싶은 말만 해줄 것 같은 코치는 신뢰할 이유가 없다.

이 책을 최대한 활용하는 방법

이 책에 소개한 도구와 원리의 절반 정도는 일련의 회사들에서 변화를 주도하며 고객들에게 도움을 주는 과정에서 개발한 것들이다. 직급과 역할을 막론하고 모든 지도자와 직원이 이것들을 도입했고, 그들 모두가 성공을 거두는 데 중요한 역할을 했다. 다니엘 핑크Daniel H. Pink는 나의 작업을 그의 저서 『Drive 드라이브: 창조적인 사람들을 움직이는 자발적 동기 부여의 힘』에 기록하기도 했다. 당시 회사들은 내 도움을 받고 변화를 거듭한 끝에 성과를 크게 향상시켰다. 그 가치는 무려 20억 달러에 달한다.

나머지 절반은 임원들의 성과 코치로서 10여 년간 다수의 프로젝트 매니저 및 맥킨지 앤드 컴퍼니의 파트너들과 작업하는 과정에서 개발한 것들이다. 맥킨지 직원들은 고객의 성공을 돕겠다는 약속을 자신의 직업적 발전 목표와 결합한다. 이런 점에서 맥킨지는 나의 이론을 개발하고 검증할 최적의 연구실이었다.

이 책은 나의 고객 대다수가 나와 작업하는 과정에서 거쳐 가는 발전 단계를 따라 세 부분으로 나뉜다. 이 과정은 자신의 직업적 성공과 정신적 안녕의 최대 장애물인 스스로의 마음을 직면하면서부터 시작한다. 1부 '어떤 일이든 사랑하는 방법: 눈부신 성과에 몰입하도록 뇌 회로를 세팅하라'에서 제시하는 도구와 원리를 적용하고 나면, 다음 단계인 '운명은 스스로 결정한다: 슈퍼스타가 되려면 사고방식을 혁명하라'로 들어갈 준비가 되었다. 자신의 마음과 사고방식까지 다룰 수 있다면, 마지막 3부 '성공과 행복을 위해 넘어야 할 장애물: 다른 모든 사람들'에서 제시하는 원리를 적용할 준비를 마쳤다. 이 중 가장 기초적인 것은 첫 번째 부문이다. 보통의 직장인이라면 자신의 직업과 업무의 흥미로운 결과에 집중하는 방법을 배우기 전까지는 일을 사랑할 수 없다.

내가 말하는 '보통의' 직업인이란 업무 활동에 두뇌를 활용하지만, 딱히 명확하거나 흥미로운 결과를 염두에 두지 않는 사람을 가리킨다. 여러분도 이런 방식으로 일하고 있다면 뇌 회로를 재구성할 필요가 있다. 여기에는 노력이 요구된다. 새로운 방식을 익히고 오래된 습관을 깨뜨리려면 엄청난 뇌 에너지가 필요하다.

선택하는 도구나 원리가 까다로울수록 더 큰 노력을 투입해야 하지만 그만큼 뇌 회로는 더 빠르게 조정된다. 물론 처음에는 고군분투하거나 실패할 수도 있다. 어떤 고객들은 마침내 효과가 나타날 때까지 도구를 꾸준히 활용하지 못하고 좌절감에 빠져 포기하기도 한다. 바로 이 지점에서 코칭의 진가가 드러난다. 내가 하는 일은 그들의 어린 시절이나 꿈을 탐색하는 정신 분석이 아니다.

오히려 나는 테니스 코치처럼 그들을 대하면서 지금보다 나아지는 데 필요한 기법들을 가르쳐준 다음, 이것이 제2의 본성이 될 때까지 연습하도록 그들을 밀어붙인다. 덜 까다로운 도구일수록 적은 에너지와 고통을 요구하지만, 그만큼 천천히 작용하므로 뇌 회로도 느리게 조정된다. 그 결과 여러분이 일을 사랑하기까지 더 많은 시간이 걸린다.

선택한 도구나 원리의 난이도와 관계없이 여러분의 뇌는 우선 저항할 것이다. 여러분은 자신의 노력이 얼마나 형편없는지, 지금의 내 모습과 바라는 내 모습 사이의 간극이 얼마나 큰지 읊어대는 내면의 목소리를 듣게 될 것이다. 에너지 보존이 목적인 여러분의 뇌는 아무런 변화도 추진하지 않을 수 있도록 얼마든지 많은 변명거리를 들이밀 것이다.

이때 여러분의 동맹군은 인내와 끈기다. 하지만 이에 못지않게 중요한 두 가지 요소가 있다.

첫째, 선택한 도구들로 실험할 때, 어떤 일을 하든 재미를 느끼도록 자신을 이끌어야 한다. 유머 감각을 동원하라! 실패할 때면 크게 소리 내어 웃어라! 재미를 느끼면 배우려는 욕구가 생겨난다. 재미는 뇌가 느끼는 고통을 치유하고, 온갖 변명으로 궤도에서 이탈하려는 뇌의 시도를 멈춰주는 최고의 명약이다.

둘째, 도구 하나하나를 활용한 뒤에는 자신이 이룬 발전에 집중하라(매번 그래야 한다). 뇌는 변화를 그만두게 만들려는 목적에서 자신이 최종 목표에서 얼마나 모자라는지에 집착하도록 부추긴다. 이는 잘못된 지표다. 여러분이 비교할 대상은 도구를 활용하기 전과 후 자신의 위치다. 매번의 시도가 여러분을 바꿔놓는다. 아무리 작은 진척을 이룬다 해도 항상 무언가는 전보다 나아진다. 이 점에 집중해야 한다!

요약하자면, 여러분에게 필요한 것은 수양, 노력, 그리고 정직이다. 이와 더불어 재미를 느끼고, 도구들을 활용하면서 스스로 이룬 진척에 집중하도록 노력해야 한다. 이런 루틴을 제대로 굳히고 나면 뇌가 일으키는 일차적 저항을 극복하고, 기술을 익히고, 행동을 변화시키며, 추진력을 키우고, 성과를 높일 수 있을 것이다. 너무 '어렵'거나 '불가능한' 것은 아무것도 없다.

바로 지금 여기서 시작해보자

여러분이 누구인지, 어떤 종류의 일을 하는지, 특별한 포부를 지녔는지와 관계없이 이 도구들은 훌륭한 효과를 가져다줄 수 있다. 자신이 가장 중요하게 여기는 일을 달성하는 데 활용한다면 더 큰 효과를 얻을 수 있다. 그러지 않는다면 여러분의 노력과 열정은 사그라들 가능성이 크다. 그 결과 여러분은 자신을 불만족스럽게 여기고, 저자인 내게 비난의 화살을 돌리게 될지도 모른다. 그러나 자신을 비난하는 일은 역효과를 낸다. 또한, 나를 비난하는 일은 늘 생각해왔던 글을 쓰지 못했다며 마이크로소프트 워드 프로그램을 비난하는 것과 마찬가지다.

내가 제안하는 효과적인 프로그램은 다음의 6단계 과정으로 진행된다.

1. 책을 읽고 스스로를 평가하기

자신이 이루길 원하는 것과 이룰 필요가 있는 것들을 생각해보라. 여러분이 가진 구체적인 목표도 좋고, 단지 자기 일을 좀 더 즐기고 싶다는 바람도 좋다.

다음 질문들을 던져보자. 내가 힘들어하는 것은 무엇일까? 밤에 나를 잠들지 못하게 만드는 것은 무엇일까? 나의 꿈과 환상은 무엇일까? 나는 목표 달성을 어렵다고 느끼고 있나? 아니면 내가 품어야 할 목표를 정하는 것을 어려워하나? 나는 내 사고방식을 적극적으로 발전시키고 있나? 자신을 대하는 태도가 내게(또는 내 주변 사람들에게) 문제를 일으키고 있나? 나는 어떤 유형의 문제든 제대로 파악하고 해결하는 능력을 향상하길 원하나? 내가 사람들을 대하는 방식을 개선할 필요가 있나? 내 아이디어들을 사람들이 받아들이도록 만들 필요가 있나?

이루고 싶은 것이 무엇이든 글로 적어보면서 대담하고 야심 찬 태도로 고민해보자.

2. 모든 일과를 캘린더에 기록하기

내 프로그램을 실행하려면 여러분의 생활 전체가 빠짐없이 캘린더 안에 포함돼 있어야 한다. 완료한 일과 해야 할 일을 전체적으로 바라보면 시간을 조절하고, 통제력을 갖게 되고, 스스로와 경쟁하면서 주어진 상황을 게임처럼 즐기게 된다. 예정보다 일찍 일을 완수했을 때는 성취감과 통제감도 느낄 것이다.

이제부터는 그간 자신의 생활을 추적하고자 활용했던 체크리스트나 다른 도구들은 내려놓자. 왜일까? (1) 체크리스트는 각 항목에 요구되는 시간이나 실행 시점을 보여주지 않는다. (2) 체크리스트에 적은 내용들을 잊어버리거나 놓칠 수도 있다. (3) 체크리스트는 여러분이 해야 할 모든 일에 관한 통합적인 관점을 제공하지 않는다. 이에 따라 스트레스 등의 부정적인 감정을 불러일으킨다. 할 일이 많다는 사실은 알고 있지만, 일들의 실행 시점에 대한 명확한 계획은 없기 때문이다.

캘린더 안에는 다음의 내용이 빠짐없이 들어가야 한다.

- 일과 관련된 모든 업무와 일정으로서 추진할 필요가 있다고 알고 있는 것들(자신의 개별 업무 포함)
- 일과 관련된 모든 업무와 일정으로서 추진할 필요가 있다고 생각하는 것들(자신의 개별 업무 포함)
- 일과 관련된 모든 아이디어 중 반드시 추진해야 한다고 생각하는 것들
- 개인적이고 직업적인 모든 업무, 일정, 아이디어로서 추진할 필요가 있다고 알거나 생각하는 것들

추진해야 한다고 알고 있거나 그렇게 생각하는 업무, 일정, 아이디어가 떠오를 때마다 즉시 캘린더를 열고 실행 시간과 날짜를

선택하라. 숫자는 언제라도 바꿀 수 있다. 여기에서 목적은 자신을 일정에 가두는 것이 아니라, 일정이 있음을 명시하는 것이다. 예기치 않게 동료가 불러 무언가를 논의하는데 내용도 흥미롭고 그 안에서 약간의 통찰도 얻었다면, 캘린더를 열고 일정을 생성해 동료가 호출한 시점을 기록하고 그때 얻은 통찰을 제목으로 써두자.

직장에서는 분명 기분 나쁜 일이 일어난다. 왜일까? 여러분은 동료들을 상대해야 하는데 우리들 중 누구도 완벽하지 않기 때문이다. 동료가 기대만큼 존중 어린 태도를 보이지 않고, 실행하기로 합의한 일을 하지 않겠다고 통보할지도 모른다. 또는 고위 경영진이 내리는 의사 결정 때문에 혼란스럽고 언짢은 기분이 들 수도 있다. 나쁜 일이 벌어졌을 때도 감정에 휩쓸리지 않고 생산성을 유지하기란 쉽지 않다. 대다수 사람이 이를 어려워한다. 때로는 부정적인 감정을 흘려버리기가 불가능하게만 느껴진다. 이럴 때는,

1. 캘린더를 연다.
2. 부정적인 감정을 해소할 시간으로 그날 중 한때를 택한다.
3. 해결 중심의 관점으로 일정을 구상한다. 이를테면, '고위 경영진의 결정에 대처할 생산적인 방법 생각하기'라고 적는다.

이제 긴장을 풀고 다시 일에 매진할 수 있다. 여러분의 무의식

적인 마음은 계속 그 문제를 고민할 테고, 그것을 의식적으로 다뤄야 할 때가 오면 실제로 해결책이 떠오를지도 모른다. 적어도 그 감정에 휩쓸릴 가능성은 작아진다.

만약 여러분이 업무적인 발전이 없거나 기분이 저조할 때 다른 사람을 비난하는 경향이 있다면 다음과 같은 접근법도 유용하다. 캘린더를 열고 매주(여러분의 뇌가 원한을 많이 품는 방향으로 기울어 있다면 매일) 어느 시간대를 선택해 '비난 시간'이라고 기록해두라. 이렇게 하면 동료들이 나쁜 사람이라는 생각을 내내 품지 않아도 된다. 그런 생각을 하기 위한 시간을 따로 마련해두었기 때문이다. 결국에는 점점 불평할 일이 적어진다는 사실을 발견하게 될 것이다.

나의 경우 대개 오전 6시 반쯤 주간 캘린더를 확인하는 것으로 근무를 시작한다. 커피 한 모금을 마시면서 과거, 현재, 미래의 과업과 일정을 훑어본다. 고객과의 회의는 보통 오전 8시에서 9시에 시작하므로, 오늘 늦게나 내일 또는 금주 후반부로 계획했지만 당장 해결해야 할 과업은 없는지 살펴본다. 보통은 당장 처리할 만한 일이 최소 하나는 있다. 내 정신에 생기가 있고 피곤하지 않은 상태라면 그 일을 효과적으로 실행할 수 있다. 이는 성취감과 통제감을 부쩍 높여준다.

캘린더의 비어 있는 시간대에는 무슨 일을 해야 할까? 때에 따라 다르다. 힘과 활력이 넘친다면 이미 달성한 업무를 반영해 캘린더를 수정할 수도 있다. 아니면 그 과업을 처음에 지정한 시간대에 그대로 남겨둘 수도 있다. 왜일까? 그 업무를 상기시키는 스마트폰 알림음이 울렸을 때 이미 완료한 상태라면 또 한 번 기운이 반짝 솟을 것이기 때문이다. 배정해둔 과업 중 예정된 시간 안에 완료하지 못한 일이 있다면 고민 없이 나중으로 미뤄둔다. 매주 다양한 이유로 일정을 조정해야 할 과업들은 매우 많다.

3. 간단한 업무는 즉시 처리하기

사고력이 필요치 않은 간단한 일들을 쌓아두는 대다수 직업인을 본받지 말라. 언제나 행동 중심으로 움직여라. 사고력을 요하지 않는 단순한 과업은 바로바로 실행하려고 항상 노력하라. 몇 가지 예를 들면 다음과 같다.

- 참석 중인 회의에서 또 다른 회의를 열겠다는 결정이 내려질 경우, 회의가 끝나자마자 추가 회의에 관한 초대문을 발송하라.
- 누군가 전화나 이메일로 여러분이 즉시 제공해줄 수 있는 정보를 요청한 경우, 이를 바로 전달하라.
- 어떤 질문에 간단한 답변을 보내야 하는 업무가 생겼다면 즉시 처리하라.

이로써 여러분은 (1) 사고력이 필요 없는 단순 작업이 쌓이는 것을 피하고, (2) 자신이 타인의 요청에 신속히 반응해 도움을 줄 수 있는 전문가라는 인식과 함께, (3) 일종의 성취감도 생긴다.

사고력이 필요 없는 단순 작업을 즉시 실행할 수 없다면, 이것들도 하나의 일정으로 캘린더에 기록하라.

4. 날마다 최선을 다해 노력하기

이 책이 토대로 삼는 궁극적인 진리는 내가 이른 나이에 깨달았던 다음의 사실이다. 지루하거나 두려운 일이란 없다. 그것들을 대하는 지루하거나 두려운 방식들만이 존재할 뿐이다. 어떤 일의 전후와 도중에 그 일을 대하는 나의 방식만이 모든 경험을 판가름한다. 이것은 앞으로의 삶을 통째로 바꿔놓을 수도 있는 통찰이다.

내가 하는 일에서 즐거움을 얻기가 이토록 어려운 이유는 무엇일까? 자발적으로 동기를 끌어내는 방식으로 일을 대하는 습관을 기르지 않아서다. 즉, 흥미로운 결과에 집중Focus on Exciting Outcomes·FEO하는 방법을 아직 익히지 못했다는 것이다. 내가 정의하는 FEO는 수행해야 할 과업과 활동을 자동 조종 방식으로 실행하는 대신, 언제나 그 일의 흥미로운 결과를 염두에 두는 것을 말한다.

이 습관을 기를 수 있도록 뇌 회로를 신속히 재조정하는 가장 강력한 방법은 앞으로 소개할 일일 목표를 실천하는 것이다. 이 방법이 너무 까다롭다고 생각된다면, 우선 이보다 덜 까다로운 방법부터 시작할 수 있다. 예를 들면 (1) 매일 직장에서 흥미로웠던 일 한 가지를 가족이나 친구들에게 말하거나, (2) 일일 주제를 정하거나, (3) 일지를 적어보는 것 등이다.

중요한 것은 날마다 최선을 다해 실천하는 것이다.

5. 습관과 루틴 만들기

습관을 만드는 데 중요한 관건은 루틴 형성에 있다. 매주 월요일 또는 금요일에 캘린더의 한 시간 정도를 떼어놓고 주간 계획 시간(30~60분)과 일일 학습 및 반성 시간(15~20분)으로 보내라. 한 주의 핵심 요점을 기록할 수 있도록, 일일 학습 및 반성 시간은 근무일 끝 무렵으로 정하라. 이는 한 주를 마감했다는 성취감을 심어주고, 여러분이 FEO를 유지하도록 보장한다.

이 시간을 보낼 때 내가 곁에 있다고 상상하라. 나는 여러분의 코치로서 다소 거칠지만 깊은 애정을 담아 다음을 실천할 것이다.

- 여러분의 생활에 일어난 새롭고 흥미로운 일을 질문하겠다. 여러분이 답을 내놓지 못한다면 바보냐고 물어볼 것이다. 실제로 고객들은 내게 이런 말을 듣고 처음엔 약간 충격을 받는다. 하지만 나의 진지한 태도를 금세 파악하고 자신들의 게으른 습관을 끊어내는 데 이런 질문이 꼭 필요하다는

사실을 이해한다.

- 나는 고객들이 상황을 불평하거나 루틴을 지키지 못한 이유랍시고 변명을 늘어놓도록 놔두지 않는다. 간단하지만 절대 타협할 수 없는 접근법이다.
- 나는 어떤 실패에 대해서도 다른 누군가를 비난하는 일을 용인하지 않는다. 여러분이 주목할 것은 어떻게 행동했다면 그 결과를 피했을까 하는 것이다. 다른 사람들의 행동은 통제할 수가 없다.
- 나는 여러분에게 버겁거나 불편한 업무를 수행할 때 집중해야 할 가장 중요한 요소들에 대해 물어볼 것이다. "이건 정말 어려워 보이는데"에서 "이 일을 해내려면 어떤 단계들을 거쳐야 할까?"라고 답변이 바뀌었다면, 여러분은 그 일을 해낼 것이다!
- 나와 내 고객들은 자주 크게 웃는다. 일상생활의 어처구니없는 일들, 최고의 접근법을 활용해도 예기치 못한 사건들을 만나 결과물이 엎어지는 상황, 직업 세계에서 만나는 이상하고 놀라운 사람들을 두고 한바탕 크게 웃는다. 모든 발전의 여정은 무엇보다 재미가 있어야 한다.

6. 동료들과 네트워크 구축하기

자기만의 여정에 발을 들여놓은 다음에는 어떤 사람들과 소통

할지 신중하게 정해야 한다. 자신을 개선하고자 노력하는 동안 올바른 사람들과 어울리는 것은 체중 감량을 위해 노력하는 동안 적절한 음식을 섭취하는 것만큼이나 중요하다.

여러분의 코치로서 내가 매 순간 곁에서 직접 지원할 수는 없으므로, 다른 사람들과 함께 이 책의 내용을 실천하기를 강력하게 추천한다. 상호 지지, 격려, 배움을 함께할 친구를 정해두면 책임을 다하게 될 뿐 아니라 성공 확률도 급격히 높아진다. 매주 한 시간씩 정기적으로 이들을 만나고 필요할 때는 언제든지 서로에게 도움을 청하라. 주별 모임은 개인의 발전과 추진력을 얻는 데 중요하다.

우선 지난 한 주간 있었던 성취, 도전 과제, 통찰을 공유하면서 모임을 시작한다. 모두가 유난히 어려워하는 문제를 놓고 해결책을 모색하고 자신의 우선 사항과 도전 과제, 주변 상황(동료나 고객 등) 등에 관해 깨달은 점이 있다면 공유하라. 뒤이어 다음 한 주를 내다보며 달성하고 싶은 주요 목표, 나아가 예상되는 도전 과제들을 공유하라. 유독 어려울 것 같은 문제가 있다면 해결책을 논의해보라. 다음으로 이 코칭 활동을 함께 평가해보는 시간을 몇 분간 가져라. 효과적이었던 점과 미흡했던 점, 다음 주 모임에서 개선할 사항들을 논의하라.

모두가 어떠한 불편도 느끼지 않고 속내를 털어놓을 특별한 영역을 구축하는 것이 중요하다. 여러분과 동료는 경쟁하는 사이가 아니라 서로 돕기 위해 그 자리에 존재한다. 성장하고 싶다면 솔직하게 말해야 할 것은 남김없이 꺼내놓자. 여러분의 두려움이나 트라우마 같은 예민한 문제들, 그 밖에 발목을 붙잡는 원인들도 전부 공유하길 바란다. 필요할 때는 언제든지 도움이 되겠다는 뜻을 서로에게 전하라.

지켜야 할 규칙은 오직 하나, 변명하지 말라는 것이다! 합당한 이유 없이 프로그램에서 이탈하는 경우도 너무 많은데 이렇게 되면 모든 것이 무산된다.

더불어, 본보기로 삼을 역할 모델도 정해두길 바란다. 여러분이 달성하려는 목표를 훌륭하게 수행한 사람들의 목록을 작성하고 그 일을 어떻게 실행했는지 직접 물어보라. 대다수 사람은 기꺼이 자신의 통찰을 공유할 것이다.

중요한 점은 다음과 같다. 여러분이 피해야 할 사람 중에는 두 가지 유형이 있다. 하나는 자기 일에 관해 불평하는 부정적인 사람들이며, 다른 하나는 여러분의 사기를 꺾어 목표를 추구하지 못하게 만들거나 목표를 추구한다며 여러분을 원망하는 사람들이다. 첫 번째 유형은 여러분의 뇌에 쓰레기 또는 오염 물질만 얹어놓을 뿐이다. 두 번째 부류는 현재의 상태를 사랑하는 까닭에 '배를 흔들지 말자'는 자신의 기조를 뒤흔드는 사람을 험담하거나, 맞서거나, 노골적으로 괴롭힌다. 주변 사람 중 이런 설명에 어울리는 사람의 목록을 작성하고 최대한 그들을 피하려고 노력하라. 피할 수 없는 상황이라면 매우 신중한 태도로 그들을 대하길 바란다. 만약 여러분이,

팀의 리더일 경우: 이 책을 팀원들과 함께 사용하라! 이 책은 개인의 탄탄한 발전 계획을 수립하는 데 훌륭한 지침서일 뿐 아니라 사람들의 성과와 행복도를 높여주는 도구이기도 하다.

회사, 조직의 대표일 경우: 직원들에게 책을 구매해주고 그들이 동료 및 리더와 함께 책에 제시된 방법들을 활용하도록 권하라. 그들이 책 속에 담긴 도구와 원리들을 활용하기 시작한다면 머지않아 그들의 생산성과 업무 만족도가 향상하는 모습을 보게 될 것이다.

내가 제시하는 도구와 원리들은 수월하게 뇌 회로를 재조정해 직장에서 어떤 업무든 사랑할 수 있도록 만들어줄 것이다. 이제 실천해보자. 여러분이 달성할 수 있는 목표에는 사실상 한계가 없다. 무슨 일을 하든, 여러분이 마땅히 누릴 성공을 추구하지 못하도록 뇌가 변명을 늘어놓으면서 여러분을 성취에서 이탈시키도록 결코 허락하지 마라.

1부

어떤 일이든
사랑하는 방법

눈부신 성과에 몰입하도록
뇌 회로를 세팅하라

어떤 일이든 사랑하는 방법을 배우는 가장 빠르고 효과적인 길은 흥미로운 결과에 집중하는 행동FEO을 실천하는 것이다. 이는 직업인들이 전형적으로 따르고 있는 활동 중심의 행동(결과를 신중하게 고려하지 않고 일을 수행하는 것만 신경쓰는 태도-옮긴이)과 반대된다.

내가 정의하는 FEO란, 늘 자신이 수행하는 일들이 불러올 흥미로운 결과를 파악하고, 이를 달성할 구체적인 계획을 수립하는 것이다. 대다수 사람은 업무 대부분을 자동 조종 상태에서 진행하는데, 이는 일을 더욱 고되게 하는 까닭에 결국에는 자기 일이 싫어지게 만든다. 내 코칭 프로그램의 핵심으로 FEO를 선택한 것은 각양각색의 고객을 꾸준히 지켜본 결과, FEO야말로 성과를 높이고 능력을 계발하면서도 더 나은 정신 건강을 누리는 비결임을 거듭 확인했기 때문이다.

그렇다면 FEO는 얼마나 흔히 존재할까? 안타깝게도 결코 흔하지 않다. 나의 전문지식과 경험에 비춰보면 직업인들이 스트레스에 짓눌리고, 자신의 일을 싫어하며, 목표 달성에 실패하고, 잠재력보다 훨씬 낮은 성과를 내는 주원인은 결과 중심이 아니라 활동 중심으로 움직이기 때문이다.

FEO를 자신의 평소 업무 수행 방식으로 만드는 방법을 익히려면 알아둘 점이 있다. 업무상 할 일은 '내가 그것을 사랑하는가'와 아무 상관이 없다는 것이다. 업무상 할 일에 대한 호감은 그것을 통해 달성하려는 결과를 어떻게 생각하느냐에 따라 달라진다. 흥미로운 결과가 예상될수록 그 활동을 가장 잘 수행할 방법을 궁리하는 데 많은 시간을 들일 것이다. 이렇듯 탄탄하게 계획할수록 훌륭하게 수행하게 되고, 결과가 나아질수록 활동 자체를 즐기게 된다. 활동이 즐거우면 즐거울수록 그 일을 더 하고 싶어진다. 더 많이 할수록 더 능숙해지고, 더 능숙해질수록 지루함을 피하려고 일의 복잡성을 높이게 된다. 복잡성이 높아지면 숙달감도 커진다. 그리고 숙달감이 커지면 자기 운명을 스스로 좌우할 재량이 더 커졌다고 느끼게 된다. 나아가 직장, 취업 시장, 직업인 세계 전체에 일어나는 변화에도 덜 취약해질 것이다.

왜 그럴까? 숙달된 능력은 결코 유행을 타지 않기 때문이다.

이렇게 쉽게 설명할 수 있는 FEO를 현실에 적용하기란 왜 그리 어려울까?

여러 이유 중에서도 몇 가지를 들어보면 다음과 같다.

- 일을 논하는 방식: 일을 사랑하고 즐길 대상이 아니라 일종의 필요악으로 여길 때가 많다.
- 대다수 조직이 업무 성취를 보상하는 방식: 직업인들이 활

동 중심인 것처럼 그들이 속한 조직도 마찬가지다. 조직은 활동을 기반으로 수립한 목표 아래 번성한다. 이를테면 '고객 불편 사항의 처리 절차를 개발하라', '데이터를 클라우드로 옮겨라', '우리의 업무 수행 방식을 따라 민첩하게 움직여라', '고객 중심의 조직을 꾀하라', '우리가 목표한 디지털 전환을 실행하라' 등의 목표를 세운다. 공통적으로 거의 모든 기업의 목표에 명확하고 흥미로운 결과가 빠져 있다. 대다수 직업인은 특정 활동의 수행 여부로 평가 및 보상을 받는다. 활동을 수행한 결과로 무엇을 달성했는가는 고려 대상이 아니다.

- 요령 부족: FEO를 연습해보지 않았다면 자신이 바라는 결과를 정의하는 데 서툴 것이다. 이 요령을 기르려면 연습이 필요하다.
- 생물학적 특성: 우리의 뇌 회로는 에너지를 보존하도록 짜여 있다. FEO를 실천하려면 신중한 사고가 요구되는데, 여기에는 많은 에너지가 소모된다. 적어도 FEO를 자신의 습관으로 굳히기 전까지는 말이다. 하지만 일단 이 태도가 습관으로 자리 잡으면, 플라이휠 효과flywheel effect(첫 회전에는 많은 에너지가 소모되나 일단 회전을 시작하면 관성에 따라 회전력을 유지하는 플라이휠처럼, 초기 노력을 기울인 후에는 자동으로 선순환이 이루어지는 현상-옮긴이)가 일어난다.

이 모든 장애물 가운데 여러분이 넘어야 할 가장 중요한 요소는 마지막 항목이다. 즉 신중한 사고에 에너지를 쓰지 않으려는 경향을 극복해야 한다. 이를 넘어서면 다음을 이룰 수 있다.

결과에 대해서는 초연해지고, 다만 그 결과를 이루기 위한 노력을 사랑하게 된다. 흥미로운 결과에 집중하라는 강조점을 고려하면 이는 일종의 모순처럼 들린다. 하지만 건강한 자세로 결과에 초연해지는 것이야말로 행복, 회복력, 일과 삶 모두의 성공을 얻는 비결이다. 왜일까? 현재에 가치를 두지 않으면 자기가 하는 일을 사랑할 수 없기 때문이다.

어떤 활동을 흥미롭게 만드는 원동력은 그 일에 관한 나의 기대에 있다. 수행 방법을 계획하면서 내가 기울인 모든 생각과 감정이 그 활동을 흥미롭게 만든다. 더 많은 생각과 감정을 쏟을수록 활동을 실행하는 과정에서 훨씬 더 많은 흥미를 느낀다. 그리고 때가 되면, 예상되는 활동의 결과보다 활동에 몰두하는 것 자체에서 더 큰 보람을 느끼게 된다.

또한, FEO에 숙달하도록 뇌 회로를 바꾸면 외부 세계의 틀을 바꿀 수 있는 견고한 내면 세계를 구축하게 된다. 여러분의 내면 세계가 충분히 견고해졌다면 외부 세계에 존재하는 사실들을 기존과 다르게 인식할 수도 있다.

이 원리의 작동 방식을 설명하기 위해 내 인생 이야기를 나눌까 한다. 나는 유년 시절 대부분을 혼자 방에서 보냈다. 여기에는 두 가지 이유가 있다. 우선 아버지가 부모로서 주로 했던 역할은,

내가 뭔가 잘못했다 싶을 때(대개는 사실이 아니라 그의 생각일 뿐이었다) 나를 벌하는 것이었다. 종종 체벌을 가하기도 했다. 게다가 나는 과체중이었던 터라 다른 아이들에게 인기도 없었고, 끝없는 괴롭힘과 놀림에 시달려야 했다. 그러다 보니 내 방이 나만의 안전지대가 되었다.

혼자 놀다 보면 내게 영감을 불어넣거나, 마땅히 해야 할 일을 알려주거나, 그 일을 즐기는 방법을 일러주는 사람이 아무도 없다. 대신 자신과 대화를 나누게 된다. 인간의 뇌가 지닌 신비로운 특성은 무언가를 반복하도록 몰아붙이면 그 일에 능숙해진다는 것이다. 매일 몇 시간씩 혼자 놀던 나는 상상하고 공상하는 능력을 기르게 됐다. 그러다 어느 순간 나는 주변 세계의 피해자에서 한 걸음 더 나아갔다. 나의 세계를 어떻게 생각할지 스스로 결정한 이후로 더 책임 있는 자세로 세계를 대하게 되었다.

여러분이 회사에서 가장 존경받는 지도자가 된다고 상상해보라. 그러면 머릿속에 그 장면이 펼쳐질 것이다. 이때 뇌는 실제로 여러분이 그런 사람이 되었을 때 느낄 법한 똑같은 감정을 불러일으킨다. 이렇게 뚜렷하고 반복적인 상상이 지닌 최대의 힘은 그것을 실행하려는 열망을 만들어낸다는 점이다. 왜일까? 공상만 해서는 만족할 수 없기 때문이다. 대신 여러분은 그것을 실제로 경험하길 바라게 된다. 나는 미연방 범죄수사국FBI의 행동분석팀BAU에서 이 경향성의 어두운 면도 알게 되었지만, 이러한 태도는 대체로 사람들에게 바람직한 방향으로 작용한다.

이는 FEO를 숙달하고자 노력하는 여러분에게도 적용된다. 우선, 흥미로운 결과에 관해 날마다 자신과 대화해야 한다. 시간이 지나면 뇌 회로가 달라지고, 여러분의 내적 세계가 성장할 것이다. 그 결과 여러분은 주의 분산 요소와 제약 조건이 가득한 외부 세계(골치 아픈 상사, 실패한 기획, 그 외 온갖 궂은 경험들)에서 더 큰 회복력을 발휘하게 된다. 이것들을 대하는 방식을 훨씬 건설적으로 재구성하는 역량이 자라날 것이다.

FEO를 숙달하면 스트레스 관리 능력도 향상된다. 어떤 활동의 흥미로운 결과를 정의하는 것은 일종의 방향 감각과 통제력을 선사한다는 점에서 의사 결정을 내리는 것과 같은 긍정적인 효과를 일으킨다.

방향 감각과 통제력이 없으면 현재의 순간에 머물기가 어렵다. 이때 우리는 불안을 느끼는데, 뇌 속의 디폴트 모드 네트워크Default Mode Network·DMN(아무런 활동을 하지 않을 때 활성화되는 뇌 부위-옮긴이)의 대역폭이 과대해지기 때문이다. 대개 사람들은 깨어 있는 시간의 약 30%를 DMN에 소비한다. 이는 상상하고, 공상하고, 자신의 사회생활 및 인간관계를 포함해 과거와 미래를 음미하는 능력을 자극한다. 하지만 이에 관한 지나친 생각은 심사숙고와 함께 불안감을 불러일으킨다. 과거가 정말 그렇게 좋았던 걸까? 미래가 정말 그렇게 멋져 보이는 걸까?

흥미로운 결과를 정의하는 일은 불편한 상황에서 불안을 낮추는 강력한 방법이기도 하다. 우리는 모두 때때로 불안해진다. 그 순간 무엇이 불안을 일으키는지는 생각하고 싶지 않다. 그런 생각만으로도 고통스러워서다. 이는 주어진 일이 무엇이든 준비성을 떨어뜨려 더 큰 스트레스에 짓눌리게 한다. 이때 흥미로운 결과를 정의하면 당면한 상황으로부터 자신을 정서적으로 분리하는 데 도움이 된다.

날마다 FEO를 실천한다면 모든 상황, 과제나 활동에서 중요한 것만을 판단하는 능력이 대폭 향상하고, 우선순위를 정하는 능력이 강화될 것이다. 얼마나 많은 일이 눈앞에 닥치든 내 시간을 꼭 투여해야 할 일을 가려내고, 그 일을 다루는 목적과 최선의 방식을 알게 될 것이다. FEO 덕분에 더 깊은 자기 통찰, 더 나은 전문 기술, 자신이 활동하는 맥락에 대한 폭넓은 이해를 얻기 때문이다.

이러한 유익을 얻는 이유는 간단하다. FEO는 결과 측면에서 사고하는 능력을 강화한다. 이것이 기본 사고 패턴으로 자리 잡을 때, 여러분은 압박 속에서도 하부 과제들의 우선순위를 정할 수 있을 뿐 아니라 과업을 수행할 때도 훨씬 더 유연하게 움직일 것이다.

마지막으로, FEO를 숙달하면 여러분의 간접 보상 체계가 강화된다. 인간에게는 두 개의 보상 체계가 있다. 하나는 직접적이고, 다른 하나는 간접적이다. 직접 보상 체계는 강력하고, 신속히 작동하며, 우리가 통제하기 어렵다. 이 보상 체계는 즉각적인 만족에 집중한다. 이 때문에 우리는 도박, 당분 과잉 섭취, 노력 포기, 도전 회피 등 나쁜 습관에 쉽게 무너진다. 반면에 간접 보상 체계는 훨씬 느리고, 약하며, 덜 발달돼 있으므로 이를 강화하려면 노력이 필요하다. 날마다 FEO를 숙달하려는 노력은 특정 과업에서 얻고 싶은 게 무엇인지, 이를 얻으려면 무엇을 해야 하는지 명확히 생각하도록 여러분을 추동한다. 엘리트 운동선수들은 누구보다도 잘 발달된 간접 보상 체계를 가지고 있을 것이다. 그렇지 않다면 그들에게 따르는 온갖 난제와 고통을 견뎌낼 수 없을 테니 말이다.

FEO를 숙달하는 방법

우선 두 가지 사실을 받아들여야 한다.

첫째, 여러분의 업무 활동과 과업에는 본래적 특성이 전혀 없다는 사실이다. 그 과업이 여러분에게, "어이, 내 이름은 부서 회의야. 나는 엄청 따분해"라고 말해주는 것은 아니다. 내게 주어진 활동에 호감을 느끼는 것은 전적으로 내 몫이다. 여기에 당황스러울 만큼 간단한 방법이 있다. 나는 고객들에게 이렇게 말한다. "어떤 활동이 따분하다고 생각한다면 다름 아닌 당신이 따분한 사람이기 때문입니다. 자신의 과업을 비난하지 마십시오. 과업에는 죄가 없습니다."

둘째, 여러분의 모든 업무는 무한한 복잡성을 지니고 있다. 즉 그것들은 끝없이 다양한 방법으로 수행할 수 있고 또 그렇게 해야 한다. 내 과업이 지니는 복잡성과 풍부함을 적극적으로 수용하는 자세야말로 일에 몰두하고 열중하는 확실한 방법이다. 어린 시절의 여러분이 모래성 쌓기에 몰두했듯이 말이다.

복잡한 과업을 통달하려면 노력이 필요하다는 사실을 인정하라. 그러면 무한한 성장의 기회를 지닌 놀라운 신세계가 눈 앞에 펼쳐질 것이다. 그 속에서 여러분은 하나의 과업을 더 신속히 수행하고, 더 많은 결과물을 내며, 결과의 질을 높일 새로운 방법을 언제든지 찾아낼 것이다.

특히 협업 과제를 성공적으로 이뤄낸 경험은 무엇보다도 큰 만족감을 선사한다. 내 경험에 따르면 직업인들은 무한한 방식으로 서로의 시간을 허비한다. 서로를 무시하거나 방해하는 것부터 회의나 프레젠테이션을 형편없이 준비하는 것까지 방법도 가지가지다. 동료에게 정보를 요청하는 것처럼 간단한 일도 훨씬 더 보람되고 가치 있는 방식으로 수행할 수 있다. 이를 위해 다음 사항을 고려할 필요가 있다.

- 정확히 내가 알아야 할 정보는 무엇이며, 이를 어떻게 표현해야 할까?
- 그 정보를 아는 일은 왜 중요하며, 지금 꼭 해야 할까?
- 내 동료는 이를 묻기에 적절한 사람일까, 아니면 더 나은 사람이 있을까?

- 이 동료에게 묻는 것 외에 실행할 만한 또 다른 방식이 있을까?
- 이 동료에게 묻는 것이 필요한 정보를 얻는 가장 효율적인 최선책이라면, 어떻게 대화를 구성해야 동료의 시간을 최대한 적게 뺏을까?
- 동료 역시 대화 속에서 얻은 것이 있었다고 느끼게 하려면 어떻게 해야 할까?

아무리 단조로워 보여도 모든 과업은 흥미롭게 만들 수 있다. 다음의 내 말을 믿어도 좋다.

사람들은 전과 달리 여러분과의 상호 작용이 수월하고, 때로는 이를 통해 뜻밖의 가치도 얻을 수 있다는 사실을 알아채기 시작할 것이다. 그러면 그들은 여러분을 지금까지와는 달리 대할 것이다. 그리고 여러분도 자기 자신과 일이 점점 더 좋아지기 시작할 것이다.

FEO를 만드는 5대 요소

내가 FEO를 만드는 주요소를 명확히 하려던 것은 고객의 시간을 최대한 활용하라는 뜻에서였다. 사실 이는 내가 근 50년 전에 발견했던 것들이었고, 유년 시절의 내게 그랬듯이 오늘날 내 고객들에게도 훌륭한 효과를 내고 있다.

나는 여덟 살 때 어머니가 임대로 들여놓은 피아노를 보고 그 즉시 사랑에 빠졌다. 처음에는 피아노 앞에 몇 시간씩 앉아 연습하는 바람에 어머니를 몹시 성가시게 했다. 그러다 자작곡을 만들어 1주일에 한 번 있는 학교 음악 시간에 반 친구들에게 들려줄 때부터 부쩍 실력이 늘었다. 열 살쯤 되자 졸업식을 비롯한 각종 학교 행사에 연주 초청을 받았다. 멋진 나날이었다. 나는 사랑하는 일을 하고 있었고, 다른 사람들도 내가 하는 일을 좋아하는 듯했다.

글쎄, 그리 멋진 나날은 아니었을지도 모른다. 음악이 내 삶을 장악하고 나니 성적이 떨어지기 시작한 것이다. 열네 살쯤 되었을 때, 성적 때문에 대입 전망에 한계가 있을 거란 말을 들었다. 그러자 덜컥 불안해졌고, 그 불안은 나 자신과 내 상황을 새로운 관점에서 보게 했다. 나는 분명 아주 훌륭한 음악가였지만, 그 외 모든 면에서는 평범했다.

미래를 내다본 결과 학업 능력을 높여야 한다는 것을 깨달았고, 치열한 경쟁을 고려한다면 내가 음악가로 성공할 가능성도 희박하다는 사실을 곧 알게 되었다. 하지만 학업 능력을 어떻게 높여야 할까? 연주할 때 느꼈던 재미에 비하면 공부는 너무도 지루했다.

이에 나는 훗날 엄청난 변화를 일으킨 질문 하나를 던졌다. '연주를 그토록 즐겁게 만든 요소를 찾아내어 이를 공부에 적용한다면 어떨까?' 피아노 연주를 매우 즐겁게 만든 요소들을 생각해보았다. 그렇게 내가 점차 깨달은 것이 다음의 다섯 가지다.

1. 나는 아름다운 최종 결과물을 창출하는 데 열의가 있었다. 혼자 연습하든 청중을 위해 연주하든 나는 늘 눈부신 최종 결과물을 상상했다. 연주하기 위해 의자에 앉기 전부터 곧 연주할 곡과 그 소리를 상상했다. 청중 앞에서 연주할 때는 연주하는 동안 사람들 얼굴에 나타났으면 하는 표정을 상상했다.
2. 나는 끊임없이 도전하고 자신과 경쟁했다. 나는 늘 내게 필요한 기술에 유념했고 기술적으로 더 나아지고 싶었다. 나는 연습할 때 거의 불가능한 속도의 곡을 정확히 연주하거나 같은 곡을 일말의 실수 없이 연주하는 것처럼, 까다롭지만 구체적인 계획과 목적을 정했다. 내가 스스로 정한 도전 과제를 완수하지 못했을 때는 날카롭게 분석했다. 이 일을 못 해낸 까닭은 무엇일까? 지금과 다르게 해내려면 무엇이 필요할까? 이러한 사고 절차는 마음을 사로잡을 만큼 흥미진진했으며, 내가 주도적으로 상황을 통제한다고 느끼게 했다.
3. 나는 연주할 때 느끼고 싶은 정서적 경험을 의도적으로 상상했다. 피아노를 연주하지 않을 때도 연주할 때 느낄 감정을 상상했다. 학교에서 귀가하는 동안 느긋한 느낌이 들면,

그때의 기분을 표현하거나 기념하는 의미에서 발라드를 연주하는 내 모습을 상상했다. 기분이 저조할 때는 어떤 곡을 연주해야 기운이 샘솟고 긍정적인 에너지가 생길지 공상하곤 했다.

4. 나는 항상 나의 발전 정도를 살펴보았다. 앞서 설명한 세 가지 요소 덕분에 나는 나의 발전 정도를 매일 점검할 수 있었다. 이는 나의 자발적인 동기를 유지할 뿐 아니라 강화하기도 했다. 내가 발전하고 더 나아지고 있다는 깨달음은 쾌감을 안겨주며 또한 매우 중독적이다. 나는 그 느낌을 계속 느끼고 싶었다. 그래서 피아노 연주를 마칠 때마다 다음 세션을 손꼽아 기다리기 시작했다.
5. 나는 영감을 얻기 위해 동료 음악가들을 참고했다. 피아노 연주가 그토록 즐거웠던 요인 하나는 다른 음악가들과 소통할 수 있어서였다. 다양한 아이디어, 경험, 조언을 주고받으면서 서로의 포부와 동기를 한층 끌어올릴 수 있었다.

학업 및 직장 생활에 적용하기

이러한 요소들을 발견한 후, 나는 이를 학업에 적용하기 시작했다. 이해하기 어려운 내용을 만나면 그것이 어렵게 느껴지는 이유를 고민해보고, 그 주제에 열중하면서 자신에게 도전했다.

매번 공부를 시작하기 전에 내가 느끼고 싶은 감정을 상상하고 이를 바탕으로 공부 방법을 짜보기도 했다. 심지어 학습 장소(침실, 도서관, 야외)까지 세세하게 계획했다.

수업에 임할 때도 비슷한 방식으로 접근했다. 수업하는 동안 그리고 수업 후에 내가 바라는 최종 결과물과 감정 상태를 분명히 설정한 것이다. 반 친구들을 볼 때도 다른 관점을 적용했다. 수학에 가장 관심이 있는 듯한 친구, 자연과학을 가장 흥미로워하는 친구 등등을 관찰했다. 그 친구들과 적극적으로 대화를 나눴고, 그들은 내 영감과 통찰의 출처가 되었다.

그래서 얻은 결과는? 거의 순식간에 공부가 훨씬 더 즐거워지기 시작했다. 2년 만에 성적이 몰라보게 오른 덕분에 대학 진학 선택지가 거의 무한대로 늘어났다. 졸업식 날에는 스스로가 몹시 자랑스러웠다.

5대 인지 요소는 대학에서 나의 학습법을 결정했으며, 나아가 내 직업 생활과 인생 전반에도 결정적으로 작용해왔다. 이 요소들은 내가 처음에는 카피라이터, 다음에는 미술 감독이 되는 데 유익했다. 나는 이 요소들을 바탕으로 성장하여 패션 잡지의 제작 감독으로 고용되기도 했다. 또한, 내가 맥킨지 앤드 컴퍼니에서 경영 컨설턴트로 변신하는 데 결정적인 영향을 미쳤다. 지금도 이 요소들은 임원들의 코치로 활동하는 나와 나의 고객들에게 훌륭한 성과를 안겨준다.

여러분에게도 그럴 것이다.

그럼 이제 시작해보자. 이어질 내용부터는 여러분이 흥미로운 결과에 집중하는 행동에 숙달하도록 이끌 확실한 도구와 원칙들을 제시할 것이다. 포부는 크게 가지되 현실적인 자세를 취해 여러분만의 원칙들을 고르길 바란다.

1

기대감과 함께 출근하고,
이야깃거리와 함께 퇴근하라

뇌 회로를 재조정하는 쉬운 방법 하나는 근무일에 대한 기대치를 관리하는 것이다. 더 쉬운 방법은 단순히 그게 무엇이든 흥미로운 일을 경험할 수 있다고 기대하는 것이다.

앞서 말했듯 대다수 사람은 매일의 기대나 목표를 생각지 않고 그저 아침에 일어나 직장으로 향한다. 이게 문제가 될까? 물론이다. 사람은 자신의 기대에 걸맞는 경험을 얻기 때문이다. 근무일에 대한 기대치가 전혀 없다면 평소와 다름없는 지루한 날 이상은 경험하기 어렵다. 부정적인 일을 기대하면 실제로 그런 일을 겪게 된다. 긍정적인 일을 기대했을 때도 마찬가지다.

지금껏 내가 읽어본 것 중 매우 현명한 글 하나가 있다. 아들이 1학년으로 입학했을 때 교장 선생님이 부모들에게 보낸 환영의 글이다. "여러분이 하루 동안 경험했던 긍정적인 일들을 자녀에게 꼭 말씀해주시기 바랍니다. 어른이 된다는 것에 대해 아이들에게 긍정적인 기대치를 심어주는 것이 중요합니다."

나는 이 말을 마음에 새겼다. 매일 퇴근 후 귀갓길에 아들에게 무슨 이야기를 들려줄지 생각했다. 머지않아 내일 이맘때, 또 그 다음 날 아들에게 들려주었으면 하는 경험에 관해 미리 생각했다. 처음에는 주로 긍정적인 경험에 초점을 맞췄다. 이를테면 동료들에게서 들은 호평, 기대보다 잘 해낸 업무들 말이다. 하지만 시간이 지나면서 내가 마주했던 흥미로운 도전 과제도 나누기 시작했고, 때로는 몇몇 실패담도 들려주었다. 이때 절대로 다른 사람을 비난하지 않으려고 주의했고, 어떻게 하면 더 잘했을까 하는 내 의견도 덧붙이려고 노력했다.

여기서 내가 모든 고객에게 빠짐없이 권하는 간단한 과제를 제시한다. 하루 업무를 마칠 무렵 또는 귀가하는 동안, 흥미로웠다고 느꼈던 것(들)을 적고 이를 저녁 식사 자리에서 나눠라. 취침 전 양치할 때는 내일 일어날 수도 있는 흥미로운 일들을 생각해보고, 아침 출근 전에 이를 다시 한번 검토하자. 나는 이것이 거의 아무런 노력 없이도 직장에서의 하루하루를 특별하게 만드는 확실한 방법임을 깨달았다.

2

자신을 들뜨게 하는 매일의 주제를 찾아라

일을 흥미롭게 만드는 방법에 집중하면서 하루를 시작하고 마치려고 노력하면 즉각적인 보상이 따른다. 축하한다! 이로써 가족에게 좋은 본보기가 되었음은 말할 것도 없고, FEO에 적합하도록 뇌 회로를 조정하기 시작했으니 말이다. 근무일마다 하나의 주제를 정해두면 뇌 회로를 계속 재조정할 수 있다. 예를 들어 "오늘은 동료들에 관해 새로운 사실을 배울 거야", "오늘은 모든 일의 긍정적인 면에만 초점을 맞추겠어"라고 정할 수 있다.

여러분만의 주제를 적어보라(앞으로 여러분에게 많은 것을 적으라고 권할 것이다. 그러니 작은 메모장을 준비해두길 강력히 제안한다).

또한, 그 주제에서 벗어나려는 유혹이 들 만한 순간도 떠올려보자(이를테면 유난히 지겹다고 생각되는 정기 회의, 까다로운 동료와의 상호 작용). 이런 상황을 사전에 파악할 수 있다면 기존의 생각을 긍정적인 방향으로 바꿀 가능성도 커진다.

부정적인 생각이 들 때마다 언제, 어떤 상황이었는지 등을 바로바로 기록할 수도 있다. 귀가하기 전에 이를 정리하면서 그런 생각의 수와 종류, 떠올린 이유, 제반 상황 등을 목록화한다. 이렇게 간단한 목록을 만들기만 해도 보람이 있을 것이다. 왜냐하면 (1) 내가 떠올린 부정적인 생각의 수, 이를 떠올린 시점과 이유에 관해 사실에 기반한 관점을 얻을 수 있다. (2) 이런 생각을 머릿속에서 끄집어냄으로써 긴장을 푸는 데 유익하다. (3) 부정적인 생각을 자극한 상황에 대처하는 바람직한 방법에 관해 무의식 수준에서도 문제 해결력을 발휘할 수 있다.

이 주제를 1주일 또는 그 이상의 기간 동안 다뤄보자. 이로써 부정적인 생각을 촉발하는 요인에 관해 자세히 알게 될뿐더러 이제 더 긍정적으로 사고하기 위해 뇌 회로가 적극적으로 재조정될 것이다.

3

'만약 ~한다면'이라는 실천 의도를 사용하라

FEO를 유도한다고 과학적으로 입증된 방법 중 하나는 일련의 '실천 의도implementation intentions'(1999년 뉴욕대 심리학 교수 피터 골비처Peter Gollwitzer가 소개한 개념)[1]를 명확히 정의하고 기록하는 것이다. 실천 의도는 'X가 일어난다면/일어날 때는 Y를 하겠다' 또는 'X가 일어난다면/일어날 때는 Y를 하고 Z는 피하겠다'라는 공식으로 나타낼 수 있다.

내 고객들의 몇몇 사례를 들면 다음과 같다.

- "팀원이나 동료가 업무 실수를 저지르면 우선 심호흡을 하

고 온화한 표정을 지은 다음, '여기서 배울 수 있는 점은 무엇인지 살펴봅시다'라고 말하겠다." _찰스, 연구개발팀 디렉터

- "인재 개발 기술을 높이기 위해, 날마다 15분을 할애해 각각의 팀원 또는 동료가 잘한 점과 개선할 점을 한 가지씩 기록하겠다." _웬디, 마케팅 팀장
- "피로가 몰려오는 늦은 시간에 복잡한 업무를 강요받는다면, 특히 주의해야 할 부분을 10분간 생각함으로써 실수를 방지하겠다." _피터, 헤지펀드 회사의 선임 분석가

상황과 행동을 미리 정해두면 목표 지향적인 행동을 자동화할 토대가 마련된다. 이는 순간순간 해야 할 일을 마지못해 알아내는 것보다 효과적이다. 그때그때 대책을 떠올리다 보면 큰 에너지와 의지력이 소모되므로 원치 않는 원래 자신의 패턴으로 되돌아갈 수도 있다.

그러므로 근무일에는 날마다 하루를 마칠 때, 자신의 실천 의도 측면에서 잘된 일과 아쉬웠던 일을 기록하자. 그리고 다음 날에는 아쉬웠던 부분을 개선하자.

4

우선 시작해보는 첫걸음을 떼라

책과 논문에서 설명하는 인간의 마음을 살펴보면 아름답고 훌륭한 '도구' 또는 '기계'로 언급될 때가 많다. 어느 정도는 동의하지만, 때때로 나는 인간의 마음이 무척이나 고집 센 아이 같다고 표현하는 게 더 정확하다고 생각한다.

나는 개인의 생산성을 다루는 전문가로서 합당한 수준의 지식도 갖췄고 인간의 마음에 관해서도 꽤 많이 알고 있지만, 종종 나 자신의 마음조차 비협조적으로 굴어댈 때가 있다. 특히 어떤 과업이나 상황이 벅차다고 판단될 때는 더욱 그렇다.

어려운 과업이나 상황을 생각할 때마다 내 마음은 실패할 만한 모든 가능성을 떠올린다. 내 딱한 뇌가 온갖 부정적인 생각을 떠올리면 마음은 몹시 고통스럽다. 게다가 그런 생각은 아무리 애써봐도 떨쳐낼 수가 없다. 그 결과 나는 사실상 마비 상태에 놓인다. 이는 단순히 일을 미루는 것보다 훨씬 심각한 상황이다. 완벽한 공포에 빠지기 때문이다. 이때 내 마음은 내가 아무리 노력해도 성공할 수 없다고 확신한다. 내 인생에서 이런 일이 벌어졌던 숱한 상황 중 하나는 이 책의 원고를 마무리할 때였다.

출판사와 계약 체결 후, 원고를 완성해 넘기기까지 내게 주어진 기간은 7주였다. 당시 벌써 책의 85%는 써둔 상태였다. 5~6개 장을 새로 작성하고 이미 써둔 내용을 살짝 다듬거나 추가 내용을 덧붙이면 될 터였다. 객관적으로는 완벽하게 실행 가능한 과제였다.

나의 첫 목표는 계획 세우기였다. 하지만 이를 실행하려고 자리에 앉자 의구심에 휩싸였다. 나 자신, 더 정확히는 의심하는 내 마음을 잘 알았던 나는 고민 없이 일을 덮었다. 그때 이런 생각을 했었다. '내일은 새로운 날이니 분명 내 마음이 협조하겠지.' 하지만 이때부터 부정적인 연쇄 반응이 시작되었다. 결국 잠은 잠대로 못 자고 일도 제자리걸음이었다. 그렇게 며칠이 지나자 '더는 안 돼'라는 마음이 들었다.

제일 먼저 한 일은 원고 마감이 불가능하다고 여기는 이유를 적어보는 것이었다. 내가 얻은 답은 다음과 같았다.

- 출판사 편집자와 편집부를 실망시키고 싶지 않다.
- 이 책을 쓰려고 온갖 노력을 들여놓고 스스로를 실망시키고 싶지 않다.
- 7주간 고객들의 문의에 평소처럼 응대하지 못해 실망을 안기고 싶지 않다.
- 마지막 원고 작업 이후로 넉 달이나 지났다. 집필에 적합한 마음 상태를 되찾으려면 집중해서 노력과 시간을 들여야 한다.

혼자서 이를 명확히 밝힌 것만으로도 유익하긴 했다. 하지만 제대로 된 방향으로 행동하려면 이것만으로는 모자랐다. 이제 어떤 접근법을 취할지 결정해야 했다. 나는 원고 마감을 완벽하게 새롭고 낯선 과제로 인식해야 한다는 것을 깨달았다. 다시 말해 첫걸음을 떼야 했는데, 이 접근법은 다음 원칙들을 토대로 한다.

1. 어디서부터든 일찍 시작하라! 논리나 올바른 출발점 따윈 잊어버리고, 일단 어디서든 시작하라. 내 경우에는 맨 처음 떠오른 것, 즉 머리말부터 써보기로 했다. 머리말은 중요도와 관계없이 원고를 완성하는 커다란 계획의 일부다. 하지만 내용은 무엇이라도 될 수 있었다. 관건은 일을 진척시키는 것이었다. 일찍 시작해야 한다. 이것이 중요하다. 기다리는 것은 최악의 행동이다. 책을 집필할 때는 마감 기한이 다

가올수록 불안 때문에 생각이 더 마비되고, 명확한 사고력 이나 생산성이 떨어진다. 나의 경우 한 주를 날린 탓에 6주가 남아 있었다. 작업 분량이 그리 많지 않았으므로 그 정도만 해도 아직 넉넉했다.

2. 결과보다는 노력한 시간을 기념하라! 보통 나는 흥미로운 결과를 정의하는 것이 중요하다고 강조하지만, 마음이 끈질기게 불가능한 대상에만 집착할 때는 이야기가 달라진다. 이때는 까다로운 목표를 설정한다거나 달성할 결과에 과잉 집중하지 않는 것이 중요하다. 왜일까? 어떤 결과를 창출하든 여러분의 마음은 이를 깎아내리면서 엉망이라고 스스로 못 박을 것이다. 태도를 바꿔 여러분이 써야 할 시간에 집중하라. 내 경우에는 10분을 머리말에 투자해 머릿속에 자연스럽게 떠오르는 내용을 적어보기로 했다. 결과물이 훌륭할지 아닐지는 신경 쓰지 않았다. 난 그저 내가 작업하는 데 10분을 썼다는 사실을 기념했다. 이런 자세를 1주일간 지속했다.

3. 시간을 점점 늘리고 결과에 집중하라! 첫걸음 일정을 수립할 때 바람직한 요령은 반드시 뒤에 자유 시간을 두는 것이다. 왜일까? 어느 순간 문득, 자신이 지금 하는 일에 푹 빠져 있다는 것을 발견할 가능성이 크다. 그럴 때는 몰두한 상태를 유지해야 한다. 그런 상태야말로 좋은 결과를 얻을 가능성이 가장 크기 때문이다. 나는 한두 시간 더 여유가 있다는

것을 알았을 때, 블록 단위로 10~15분씩 첫걸음 기술을 실행하기로 계획했다. 여러분의 마음이 실질적인 성과가 있었다는 데 동의했다면, 이제 이를 인정할 뿐 아니라 유익하고 진취적인 방식으로 흥미로운 결과를 정의할 준비가 된 것이다.

이 접근법은 나와 고객들에게 매번 효과적으로 작용했다. 여러분은 이 방법을 언제 활용할지만 결정하면 된다.

5

터미네이터처럼 학습하라

효과적인 통찰을 끌어내고, 중요한 기술을 익히며, 전문성을 쌓는 능력은 무난한 직원과 꼭 필요한 직원을 구분하는 중요한 기준이다. 아놀드 슈왈제네거가 사이보그로 등장하는 영화 〈터미네이터〉를 보았다면, 터미네이터가 끊임없이 주변 환경을 살펴 위협과 기회를 판단하는 한편, 자신의 임무 수행에 필요한 새로운 정보를 흡수했다는 사실을 알 수 있다. 그는 효과적이면서도 많은 노력이 들지 않는 탁월한 학습의 예를 보여준다.

이것이 여러분과 무슨 상관이 있을까? 여러분도 터미네이터가 가진 학습 능력을 똑같이 지니고 있다. 애석하게도 많은 사람이 목적 없이 이리저리 삶에 치인다는 것은, 대다수 직업인이 지금도 이 능력을 활용하거나 관리하지 않고 있다는 뜻이다. 이로 인해 개인적·직업적 성장이 이루어지지 못할뿐더러 갖가지 문제가 발생하기도 한다.

마음속 반항아 '확증 편향' 활용하기

우리가 내버려 두는 능력 중에서도 가장 해로운 것은 모든 인지 편향의 모체인 확증 편향confirmation bias일 것이다. 미국심리학회는 이 편향을 가리켜, "기존의 기대를 확증하는 증거를 수집하는 경향으로 보통 이를 뒷받침하는 증거는 강조하거나 추구하지만, 모순되는 증거는 찾지 않거나 기각하는 형태로 나타난다"라고 정의한다.[1]

확증 편향에 관한 대다수의 설명은 부정적인 효과에 초점을 맞춘다. 예를 들어, 자신이 보고 싶은 것만 본다면 새로운 것을 전혀 배울 수 없다는 식이다. 어떤 사람을 부정적으로 바라볼 경우, 그 사람과 관계를 맺을 때 부정적인 관점을 뒷받침하는 면만 보고, 잠재된 긍정적인 측면은 놓칠 것이다. 번뜩이는 아이디어를 떠올렸을 때는 이를 뒷받침하는 자료와 통계만 눈에 들어올 것이다. 결국, 확증 편향에 관해 여러분이 전해 듣는 대다수 정보는 이를 '극복해야 한다'는 메시지를 심어준다.

나는 고객들에게 확증 편향을 다르게 생각하라고 권한다. 우선, 자신의 확증 편향을 극복하거나 물리칠 방법은 없다. 확증 편향은 일종의 자연적인 힘이다. 우리의 마음은 무엇을 좇아야 할지에 관한 기대와 신념을 자동으로 만들어낸다. 불확실성 속에서는 올바르게 작동할 수 없기 때문이다. 따라서, 확증 편향의 문제는 존재 자체에 있지 않다. 오히려 우리가 이로부터 한 발짝 물러서서 각자의 목적에 맞게 이를 의식적으로 구성하지 못한다는 것이 문제다. 여러분의 경우, 주어진 순간에 진정한 학습을 할 수 있도록 자신의 확증 편향을 재구성하는 것이 관건이다.

이를 실천하는 요령을 엿볼 수 있는 예로, 경청의 대가에 관한 이야기를 들려주고 싶다. 1990년대 후반, 내가 맥킨지 앤드 컴퍼니에서 일한 지 6개월쯤 되었을 때다. 한 선임 파트너가 수백 명이 관련된 복잡한 프로젝트의 진척 현황을 논의하는 고객 미팅에 함께 들어가자며 나를 초대했다. 고객들은 현재 효과적인 점, 그리고 향후 개선이 요구되는 점에 대해 다양한 의견을 내놓았다. 내가 미친 듯이 메모하는 동안 선임 파트너는 경청하고, 질문하고, 이런저런 제안을 했다. 회의가 끝날 무렵, 나는 전해 들은 온갖 내용 때문에 머리가 터질 지경이었다.

차에 올라탄 나는 이 회의를 다른 팀원들에게 어떻게 보고할지 선임 파트너에게 물어보았다. 그는 "잠시만요"라고 하더니 휴대전화를 집어 들었다. "팀에 음성 메일을 남기려고요." 당시 우리는 각종 업데이트 상황을 공유하기 위해 그룹 음성 메일을 사용하고 있었다(음성 메일은 이메일 작성보다 통찰을 끌어내는 더 강력한 방법이다. 구두 보고를 준비할 때 사안을 더 명확하게 생각하고 단어 선택에 더 주의하는 경향이 있기 때문이다). "팀원 여러분, 안녕하세요." 그가 전화에 대고 말했다. "방금 스테판과 함께 고객 팀 미팅을 끝내고 나왔습니다. 여러분에게 주요 시사점을 전달한 다음, 각자 시간을 갖고 내일 팀 미팅을 준비했으면 해서요." 그런 다음 그는 고객과 논의한 내용들을 60초로 요약해 제시하면서 잘된 부분과 그 이유를 강조하고, 진척이 더딘 영역과 그 이유도 짚어 주었다. 어쩌면 그렇게 수월하고 정확하게 미팅 내용을 요약하는지 믿을 수가 없었다. 다음으로 그는 각 팀원에게 두세 가지 과제를 제시해 다음 날 있을 팀 회의를 준비하게 했다.

나는 몹시 어리둥절했다. 단 몇 분 만에 4시간가량 진행된 회의의 본질만을 압축해서 새로운 회의의 안건을 준비하는 게 어떻게 가능할까? 그는 인간일까, 로봇일까?

답은 간단하다. 그는 자신의 확증 편향을 재구성해서 그 순간 진정한 학습을 이루는 데 활용했다. 그의 편향은 자신이 진실이라고 믿고 싶은 것을 확증하는 쪽으로 기울지 않았다. 그는 팀이 다음 단계에 해야 할 일을 확증하는 쪽으로 편향의 방향을 바꿨다.

이 기법은 '이 회의에서 얻은 정보와 교훈을 바탕으로 내가 할 수 있는 일은 무엇일까?'라는 질문에서 시작한다. 내가 활용할 수 없는 정보와 교훈은 머릿속에 오래 머물거나 입력되지 않는 경향이 있다. 선임 파트너는 자신의 임무를 잘 알았다. (1) 프로젝트의 전반적인 진척 현황을 정확히 설명한다. (2) 진척이 더딘 영역이 속도를 내도록 팀원 각자에게 일련의 우선 사항을 안내한다. 이를 위해 그는 다음의 질문에 답을 얻는 방향으로 자신의 확증 편향을 재구조화했다.

- 이 프로젝트의 전반적인 진척 상황은 어떤가? 어떤 영역들이 잘 진행되었고 그 이유는 무엇인가? 진행이 미흡한 영역들은 무엇이며 그 이유는 무엇인가?
- 진행이 미흡한 영역들을 담당하고 있는 팀원은 누구인가?
- 문제가 되는 영역이 발전 속도를 내도록 내일 팀 회의에서 계획을 세우려면, 각 담당 팀원은 지금부터 어떤 일을 해야 하는가?

선임 파트너는 이 구조 아래 자신이 모은 정보와 교훈을 분류하고 이를 실행 계획의 토대로 삼는 데 사용했다. 덕분에 그는 집중력을 유지하면서 중요한 내용에 초점을 맞추고, 관련성이 없거나 덜 중요한 내용은 폐기할 수 있었다.

여러분도 이 기법을 활용할 수 있다. 먼저, 자신이 바라는 학습 결과를 정의해야 한다. 다음으로 학습에 맞는 구조를 수립하고, 이를 활용해 회의 동안 질문을 던지고 자신의 아이디어를 검증하는 한편, 가장 중요한 통찰을 분류하고 조직한다. 회의 직후에는 적어둔 메모나 서면 자료를 참고하지 않고 회의 내용을 복기(십

속히 요약)해야 한다.

모든 직업인은 과거 학창 시절에 활용했던 요령과 비슷하게 정교한 학습 및 숙지 방법을 계발해야 한다. 더 중요한 것은, 자신이 정보를 받아들이고, 처리하고, 활용하는 방식에 관해 생각하고 이를 어떻게 개선할지 고민해야 한다는 것이다.

얼마 전 나는 미시간 오클랜드대학교의 바버라 오클리Barbara Oakley 교수가 진행하는 '학습법 배우기Learning How to Learn'라는 제목의 놀라운 온라인 강의를 수강했다.[2] 여러분이 직접 이 수업을 들었으면 하지만, 우선 내가 배운 몇몇 기법을 여기에 소개하고자 한다.

여러분의 업무와 관련된 중요한 기사, 논문, 책의 한 장을 읽고 있다면 이렇게 시작해보자. (1) 자료를 쭉 훑어보며 요점이라고 생각되는 두세 가지를 적는다. (2) 자료를 꼼꼼히 읽으면서 각각의 요점 아래 (a) 이미 알고 있는 것, (b) 새로운 것, (c) 제대로 이해하지 못했던 것을 기록한다. (3) 읽은 자료와 적어둔 메모를 치운다. 다음으로 빈 종이를 한 장 꺼내어 읽은 내용을 복기해본다. 이때 요점 및 그 아래 적어둔 내용들을 최대한 떠올리려고 노력한다. (4) 복기한 내용과 처음에 적었던 메모를 비교해본다. 아직 파악하지 못한 것에 초점을 맞추고, 이를 이해하기 위한 구체적인 전략을 수립한다. 이해를 도울 만한 자료를 더 찾아보거나 자문할 만한 전문가를 구한다.

그 밖의 학습에 유익한 요령과 비결은 다음과 같다.

- 어떤 아이디어나 문제를 가지고 씨름할 때는 이를 어린아이에게 어떻게 설명해줄 수 있을지 생각해보자.
- 그 설명을 머릿속으로만 생각하지 말고 크게 소리 내어 말하거나 글로 적어보자. 말하기, 쓰기에 드는 추가적인 노력이 정보를 신경 기억 구조로 변환하는 데 유익하다.
- 손으로 직접 적어본다. 기억의 측면에서 손글씨는 타이핑보다 더 탄탄한 신경 구조를 형성한다.
- 운동선수들의 신체 운동 방식처럼, 새로운 것을 배울 때는 간격을 두고 반복하라. 여러분의 뇌는 근육과 같아서 한 번에 한 주제에 관해 제한된 양만 다룰 수 있다.
- 더 잘 이해하거나 해결하려고 노력 중인 다양한 문제 유형 중 아무거나 골라서 스스로 테스트하고 퀴즈를 내보자.

6

시간 예산을 짜고 날마다 시간을 추적하라

자기 일을 사랑하는 직업인들은 시간과 우호적인 관계를 맺는다. 시간이야말로 가장 귀중한 자산임을 알고 이를 현명하게 투자하기 때문이다. 이들은 일, 취미, 가족과 친지 사이에서 건강한 균형을 유지하길 원하는데, 이를 위해서는 시간 낭비를 멈추는 것이 관건임을 잘 알고 있다.

내가 보기에 우리는 마침내 장시간 근무가 훌륭한 업무 수행 능력의 증거가 아니라 오히려 게으름, 무질서, 준비와 계획 미비를 한데 보여주는 증거임을 대다수가 깨닫는 시점에 이른 듯하다. 나는 고객과의 첫 만남에서 이를 강조하고, 이후 회의 때마다 이를 누누이 말한다.

나의 고객 대다수는 시간과의 관계에 어려움을 겪어서 나를 찾아온다. 그들은 할 일은 너무 많은데 시간이 턱없이 부족해 답답하다고 하소연한다. 나는 우선 어떻게 해야 그 상황이 해결될지 물어보는데 대개 그들은 이렇게 답한다. "업무를 몇 개 포기해야겠죠. 아니면 자원을 더 확보하든가요." 흥미롭게도, 현재 자신의 과업을 어떻게 수행하는지를 물으면 대부분 답을 내놓지 못한다. 생각을 거의 하지 않고 습관적으로 일을 수행하기 때문이다. 그러니 일을 대하는 더 현명하고 효과적인 방법을 고려하지 않는다는 사실도 전혀 놀라운 일이 아니다.

나는 시간에 관해 입증된 몇몇 전략과 습관을 도입하면 곧 자신에게 필요한 모든 시간 외에 여분의 시간까지 얻게 된다고 고객들에게 힘주어 말한다. 여러분에게도 똑같은 말을 건네려 한다.

시간 습관 1
실행 시간은 줄이고 수행 능력은 높여라

원리는 간단하다. 근무 시간은 줄이되 수행 능력은 유지하거나 향상하려면 일하는 방식을 바꿔야 한다. 어쩌면 일 자체를 바꿔야 할지도 모른다. 다음 6단계가 이러한 시간 습관을 길러준다.

1단계: 출발점을 분석하라. 여러분은 실제로 얼마나 일하는가? 근무 시간에 더해 일을 생각하는 시간도 포함해야 한다. 그런 시간이 '나는 늘 일하고 있어'라는 느낌을 주기 때문이다. 가족들과 소중한 시간을 보낼 때도 말이다. 긴장을 풀고 머릿속을 비울 줄도 알아야 한다. 이와 관련해 반복해서 나타나는 현상이 바로 '일요일 우울증Sunday blues'이다. 다음 주에 직장에서 벌어질 온갖 일들을 예상하면서 미리 스트레스와 불안을 느끼는 것이다.

2단계: 불타는 갑판burning platform(배에 불이 나 갑판까지 불타고 있어 생존하려면 반드시 바다로 뛰어내려야 하는 상황. 이처럼 희박한 가능성을 안고서라도 대담하게 행동에 나서야만 하는 절박한 상황을 뜻한다-옮긴이)을 정의하라. 이것은 흥미로운 결과를 창출하는 데 집중하는 또 다른 방법이다.

3단계: 시간 예산을 세워라. 매주 일에 할애하고 싶은 시간의 총량을 정한다. 여기에는 업무에 관해 생각하면서 보내는 시간, 다른 일(취미, 배우자와 가족, 친구)에 쓰고 싶은 시간도 포함된다. 예산이라는 단어가 결정적인 뜻을 내포한다. 이 단어는 시간이 본질적으로 귀중한 것이므로 돈을 쓸 때처럼 최대한 신중하게 다뤄야 한다는 뜻을 담고 있다. 할애한 시간이 좋은 투자였다는 판단은 무엇을 했느냐, 더 중요하게는 무엇을 달성했느냐가 결정한다. 좋은 투자가 아니었다면 무엇을 다르게 해야 했는지도 생각해본다.

4단계: 업무 집중도를 한 단계 높여라. 주당 45시간으로 근무 시간을 줄이는 것이야말로 일에 부여할 만한 훌륭한 시간 예산이라고 믿는다면, 자신을 더 밀어붙여서 주당 35시간 일하도록 노력해보라. 현실적으로는 달성할 수 없는 목표겠으나 이를 달성하고자 노력할 때 여러분의 업무 기술, 수행 능력, 발전이 촉진된다.

5단계: 이상적인 주별 노동 시간을 스프레드시트에 정하라. 스프레드시트를 열고 여러분의 1수일 시산 예산을 근무일별로 분배하라. 예를 들어, 매주 월요일에는 오전 8시 반에 일을 시작해 오후 5시에 끝내고, 화요일에는 오전 8시에 시작해 오후 6시에 끝낸다는 식으로 정해둘 수 있다.

6단계: 시작과 종료 시각을 매일 추적하라. 준비한 스프레드시트에 업무 시작 시각과 종료 시각을 추적해 기록하고, 다음 질문의 답변을 생각해보자.

- 수립한 시간 예산을 적절히 사용했을까?
- 그러지 못했다면 원인은 무엇일까?
- 향후에 적용할 방법은 무엇일까?

시간 추적: 월요일				
예상 업무 시작 시각	실제 업무 시작 시각	예상 업무 종료 시각	실제 업무 종료 시각	여기서 얻은 통찰과 교훈

시간 습관 2

첫 계획을 바꾸지 마라

여러분이 피해야 할 흔한 덫이 있다. 보통 오후 8시에 일을 마치는 사람이 5시에 끝내기로 계획해놓고 실제로는 6시 30분에 끝냈다고 해보자. 이 정도만 해도 개선을 이뤘으니 느긋하게 쉬고 싶은 유혹이 들지도 모른다. 하지만 이런 사고방식은 내리막길의 시작일 수 있다는 점에서 문제가 된다. 머지않아 여러분은 애초의 출발점으로 돌아올 것이다. 그러므로 특히 실행 초기에는 계획한 제시간에 마치기 위해 할 수 있는 것을 다하라. 그러려면 자신과의 약속을 지키겠다는 철저한 태도로 모든 노력을 기울여야 한다.

시간 습관 3

모든 일탈을 개선의 기회로 여겨라

종종 계획을 달성하지 못하는 날도 있기 마련이다. 그런 날에는 목표를 놓치게 만든 요인을 집중적으로 살펴보고, 이를 제거할 방법을 분석하는 일이 중요하다.

시간 습관 4

팀 프로젝트에 쓸 시간을 명확히 정하라

하나 이상의 협업 프로젝트를 맡고 있다면, 협력하는 사람들에게 자신이 얼마만큼의 시간을 할애할 수 있는지 솔직하게 알리는 것도 중요하다. 내 고객 중에는 다수의 파일을 관리하면서 프로젝트마다 충분한 시간을 들이지 못해 끝없이 스트레스를 받는 이들이 많다.

우선 어느 정도의 시간을 쓸 수 있는지 명확히 한 뒤, 그 시간을 최대한 활용하기 위해 동료들과 협력하라. 그들과 함께 운영 모델을 수립하고 이를 매주 검토하라. 이로써 시간이 지날수록 통제력과 주인의식이 높아지며, 그 시간을 최대한으로 활용하는 방식을 논의할 때 여러분과 협업자들이 더 현명한 태도를 발휘할 수 있다.

7

최선을 다해 업무 일지를 작성하라

우리는 경험에서 배우지 않는다. 경험을 반성하는 데서 배운다.

_존 듀이John Dewey

삶은 뒤를 돌아봐야만 이해된다. 하지만 살아갈 때는 앞을 향해야 한다.

_쇠렌 키르케고르Soren Kierkegaard

업무 일지 쓰기는 FEO를 실행하는 강력한 수단이다. 매일 글 쓰기, 반성하기, 교훈 얻기에 15~20분을 투자하면 더 높은 통제감과 성취감을 얻어 스트레스와 불안을 줄일 수 있다. 글쓰기는 자신의 약점을 수면 위로 드러내고, 사실을 근거로 더 촘촘하게 자신을 이해하도록 이끌며, 더 확실하게 스스로의 발전을 유도한다.

기본적으로 일지 작성은 자기 경험을 반성하는 활동이다. 날마다 반성하고 교훈을 얻는 일의 유익은 과학적으로 입증됐다. 한 연구에서는 전과 유사한 과업이나 문제를 맡은 경우, 자신의 성취와 문제 해결 방식을 돌아본 사람들이 반성하지 않은 사람들보다 훨씬 나은 수행 능력을 보였다.[1]

"반성하는 데 왜 글쓰기가 필요한가?"라고 물을 수도 있다. 그냥 자리에 앉아서 지나간 하루를 생각해보는 걸로도 충분하지 않을까? 대답하자면, 앞서 언급했듯이 글쓰기는 단순히 생각만 하는 것보다 훨씬 강력한 신경 구조를 만들어낸다. 우리의 작업 기억은 제한적이다. 덧없이 흘러가는 생각을 막연히 떠올리는 것은 글로 작성한 것을 대할 때보다 온전한 통찰을 끌어내기가 훨씬 어렵다. 또한, 글쓰기는 감정 조절에도 효과적이다. 기분이 언짢거나 흥분한 상태일 때, 일지 쓰기는 우리를 제자리로 되돌려 놓는다. 마지막으로, 글을 쓰려면 자기 생각을 조직하고 다듬어야 하는 까닭에 사고력도 연마된다.

내 고객 중 대다수는 날마다 시간 추적과 일지 쓰기를 병행해 강력한 결과를 얻는다. 대부분 더 깊은 통제감을 경험하며, 자신과 자기가 놓인 상황을 훨씬 깊은 차원에서 이해하게 된다. 몇몇 사람은 근무 시간을 15~20% 줄이면서도 수행 성과를 부쩍 높일 수 있었다.

성공적인 일지 쓰기의 중요한 요령 두 가지는 다음과 같다. 첫째, 일정표에 일지 쓰기를 위한 정기적인 시간을 배치함으로써 이를 잊지 않도록 한다. 스트레스를 받거나 시간 압박에 짓눌릴 때도 열심히 일지를 써야 한다. 그런 날일수록 일지 쓰기가 통제감과 주도적인 태도를 회복해줄 뿐 아니라 크나큰 해방감을 선사한다는 사실을 깨닫게 될 것이다.

지난해 나는 일지 쓰기의 유익을 보여주는 두드러진 사례를 목격했다. 다국적 기업의 고위 임원이었던 한 고객은 회사에서 가장 규모가 크고 성공한 지부의 영업 총괄자로 승진했다. 우리는 그가 새 업무를 맡기 몇 달 전부터 협업을 시작해 부임 후 100일간 활용할 세부 계획을 수립했다.

그 고객이 담당 지역으로 이사해 자기 역할을 맡은 뒤로 첫 6주간, 우리는 줌Zoom을 통해 격주로 회의했다. 왠지 나는 일이 썩 원활히 진행되지 않을 거란 느낌을 받았다. 실제로 비행기를 타고 가서 그와 함께 며칠을 지내보니 내 느낌이 맞았다. 이에 나는 그곳에 머무는 동안 그의 이해관계자들에게서 그의 발전 상황에 관한 전방위적인 피드백을 수집했다.

피드백 내용은 냉정했다. 내가 듣기로 그는 대다수 시간을 사무실에서 보냈다. 회의에 적극적으로 참여하는 경우는 드물었고, 혹여 무슨 말을 할 때도 논의에 기여하거나 대화를 주도하지는 않았다. 게다가 그의 직속 부하들은 도무지 그를 마주할 기회가 없는 듯했다. 이런 내용을 공유하자 그는 자신이 부담감에 짓눌렸다는 사실을 인정했다. 첫째, 그 지부는 이미 '모든 것'이 잘 돌아가고 있었다. 그러니 그가 어떻게 기여할 수 있단 말인가? 둘째, 그 지부의 규모가 그에게는 너무 크고 복잡해서 도무지 파악할 수가 없었다. 셋째, 그는 이전 상사(자신을 승진시켜준 사람)를 실망시켜선 안 된다는 엄청난 압박감을 느끼고 있었다. 그의 이야기를 듣기만 했던 나마저 부담감에 짓눌리는 듯했다!

나는 그에게 뾰족한 수가 없다고 말했다. 그가 스스로 노력해 자기 입지를 단단히 해야 했다. 우리는 일일 반성과 일지 쓰기가 그의 새로운 업무 환경의 역동(이를테면 그의 동료 및 직속 부하들의 업무 수행 방식)을 파악하는 수단이 되고, 그의 발전 사항 또는 미흡한 부분을 더 구체적으로 밝히는 데 유용할 거라고 동의했다. 향후 우리의 계획은 그가 작성한 일지 내용을 공유하는 것이었다. 매주 줌에서 만나 이번 주에 한 일과 다음 주에 할 일을 논의하기로 했다. 평상시 나는 낙관적인 사람이지만, 그가 직면한 사안을 고려하자니 우려스러웠다. 그가 지구 반 바퀴를 돌아 이전 동료와 친구들의 표준 시간대로부터 14단위나 떨어져 있다는 상황은 말할 것도 없었다.

한 달 후, 변화의 조짐이 눈에 들어오기 시작했다. 그의 주변에서 벌어지는 일들, 팀의 업무와 수행 능력, 개선이 필요한 점 등을 대하는 그의 고찰과 논점이 예리해진 것이다. 그가 전보다 더 큰 통제감을 느낀다는 것을 알 수 있었다. 자신의 수행 능력에 관해 그의 설명을 들으니 그가 자신의 발전을 체감한다는 것도 느껴졌다. 하지만 나는 그와 떨어져 있었기에 확신할 수는 없었다. 넉 달 후, 그의 모든 직속 부하를 포함해 다시 한번 전방위적인 피드백을 수집했다.

총 12명과 대화하는 과정에서 놀라운 경험을 했다. 나와 대화한 모든 사람은 내 고객이 다른 사람이 되었다고 말해주었다. 처음에는 삐걱거렸으나 이제는 완전히 자기 역할에 올라탔다는 것이다. 그는 적극적으로 참여하고, 주도하고, 기여하며, 자신의 모든 이해관계자가 필요할 때마다 적절히 응대했다. 물론 그가 이렇게 할 수 있었던 원인은 단순히 일지 쓰기만 열심히 한 것이 아니라 자신의 접근법을 바꾼 데 있었다. 하지만 일지 쓰기는 그가 자신의 도전 과제들을 파악하고 이를 극복하고자 노력하는 데 유익했다.

일지 쓰기의 힘과 이점을 보여주는 또 다른 뛰어난 예로 고객 캐시를 들 수 있다. 현재 캐시는 자기 일의 모든 면면을 즐기며 높은 성과를 내는 사람이지만, 나와 처음 만났을 때만 해도 그녀는 맥킨지 앤드 컴퍼니의 말단 컨설턴트로서 최근 형편없는 성과 평가를 받은 사람이었다. 캐시가 들려준 자신의 이야기는 다음과 같다.

> 제가 바꿀 수 없는 것들은 받아들일 수 있는 평온함을 허락하시고, 바꿀 수 있는 것들은 바꿀 수 있는 용기를 주시며, 이 둘을 분별할 수 있는 지혜를 주소서.

일지 쓰기를 통해 제가 경험한 유익을 돌아보니 '평온함을 비는 기도'가 얼른 생각나네요. 일지 쓰기 덕분에 스스로를 통찰하고, 통제감과 힘을 키웠으며, 제 운명을 책임감 있게 대하고, 상황이 달라지길 바라기보다 '있는 그대로'를 받아들이며, 무엇보다도 행동하며 움직이는 제가 됐어요.

처음 일지 쓰기를 소개받았을 당시에 저는 밑바닥을 치고 있었죠. 1년 전 맥킨지에 입사했지만 제가 계획한 대로 일이 풀리지 않았거든요. 처음부터 고립감을 느끼기 시작했는데, 제게 꼭 맞는 프로젝트를 찾기까지 시간이 오래 걸렸던 것이 큰 이유였어요. 그러다 마침내 한 프로젝트를 맡았지만, 제가 동료들만큼 유능하지 않다는 느낌이 바로 들더군요. 이런 생각이 저만의 예언으로 작용하면서 악순환을 낳았어요. 무력감이 들더라고요. 제대로 생각할 수도 없었고, 뭘 해야 할지 막막하기만 했어요.

그러던 중 일지 쓰기를 소개받았고, 즉시 상황이 개선되기 시작했어요. 덕분에 정서적 치유와 직업적 성장 모두를 얻는 데 도움이 됐죠. 경험한 일들을 글로 정리했더니 경험으로부터 심리적인 거리를 두고, 사안을 다른 각도에서 보며, 여기서 뭘 배울 수 있을지 건설적으로 생각하게 되었어요. 다음번에는 어떻게 다르게 행동할지도 물론 생각했죠.

다른 사람들과의 상호 작용, 나의 중요한 성과, 느꼈던 감정 상태를 되돌아보는 것(그리고 특정 대화들이 그런 방식으로 펼쳐진 이유 및 당시 나의 감정 상태를 생각해보는 것)만으로도 저 자신을 점점 더 깊이 알게 되었어요. 머지않아 제가 고전하는 데는 저의 개인적인 이전 경험들이 큰 걸림돌로 작용한다는 걸 발견했어요. 그러자 그 경험들을 차츰 지워나가는 도구가 생겼죠. 완전히 사라지진 않았지만, 잘 관리할 수 있게 된 거예요.

각양각색의 사람들과 관계 맺는 능력도 늘었어요. 비결이요? 글쎄요. 자신에게 더 귀 기울이면, 타인을 경청하는 능력도 향상한다고 믿어요.

요약하자면 일지 쓰기는 과거에도 지금도 제 삶을 바꿔주는 도구예요. 험난한 시기에 저를 잡아주는 닻이자 순풍이 불 때 높이 올리는 돛이죠.

일지 쓰기는 재기 불능의 상황에서만 유용한 것이 아니다. 이는 최고의 성과를 내고 있을 때도 똑같이 유용하다. 내 고객 중 빛나는 성과를 냈던 팀의 이야기를 살펴보자.

저는 유례없이 높은 성과 불안을 안고 있었습니다. 너무도 많은 요인이 저의 통제권을 벗어나 제게 대항하는 느낌이었죠.

그때 일지 쓰기를 소개받았습니다. 그 후 고작 며칠이 지났을 뿐인데 통제력 상실을 느끼게 한 요인들이 눈에 들어오기 시작하더군요. 이를테면 문제를 해결하거나, 생각을 조직하거나, 과업을 수행하는 방식에 명확한 틀이 없었던 거죠.

한편, 팀원들의 성과나 결과물에 대한 통제력이나 투명성이 없었던 것도 불안감을 안겨준 요인이었습니다.

이를 깨달은 저는 주어진 상황을 고찰하고, 동료들과 논의하고, 실행 계획을 세워 문제를 분해하고 분석하기 시작했습니다. 다양한 상황에서 스트레스를 처리하는 최선의 방식에 관한 사례 모음집을 구축하려는 의도였죠. 새로운 상황에 부딪힐 때마다 이 모음집을 끊임없이 갱신하고, 스트레스를 받을 때마다 이를 참고했습니다. 외부에서 일어나는 일을 항상 통제할 수는 없지만, 일지 쓰기를 통해 제 마음에서 일어나는 일은 늘 통제할 수 있다는 것을 배웠습니다.

일지 쓰기는 그날그날 가장 중요한 목표에 맹렬하게 집중하고, 중요한 사안에서 뚜렷한 결과물을 얻도록 보장해주었습니다. 저는 매일 5분을 할애해 내일을 내다봄으로써 중요한 일들에 제 에너지와 역량을 집중하려고 노력합니다. 사소한 일을 붙잡고 씨름하지 않으려고도 노력하죠. 내 시간을 어디에 쓸지 의식적으로 결정했더니 불안과 스트레스를 줄이는 데 유익했어요. 모든 상황에서 만점을 받지 않아도 된다는 걸 알거든요. 몇몇 상황에서는 그저 적당히 괜찮은 결과를 얻는 데 만족해도 전혀 문제가 없었습니다.

여러분은 일지를 작성하면서 어떤 점에 초점을 맞춰야 할까?

간단히 답하면, 무엇이든 여러분에게 중요한 것에 집중하면 된다. 이 책에 제시한 도구와 원칙들을 활용할 경우, 자신이 거두는 (또는 거두지 못하는) 결과들을 일지에 적어라. 장기적인 목표가 있다면 이를 향해 노력하는 자신의 발전 상황에 관해 적어본다. 자신의 특징 행동이나 사고방식을 바꾸고 싶다면, 목표를 정하고 이를 글로 써보자. 구체적으로 다음과 같은 질문을 던질 수 있다.

나는 어떤 일에 감사하는가? 감사한 일을 돌아보는 것은 사람들 입에 자주 오르내리는 간단한 습관이지만, 안타깝게도 시스템 사고(사안이 서로 연결된 방식을 이해하는 능력)를 강화하는 방법으로는 턱없이 적게 활용된다. 감사하는 태도를 길러야 내 삶에 존재하는 것들의 깊은 의미를 파악할 수 있는데도 말이다. 매일 감사한 일 두세 가지를 글로 적어보라. 감사한 일들을 꾸준히 돌아보는 습관은 우울과 불안의 위험을 줄이고, 열의와 낙관성을 키우며, 수면을 개선하고, 혈압을 낮추고, 깊은 인간 관계를 수립하는 능력을 강화하기도 한다.[2]

또한, 자부심과 감사하는 마음을 심어주는 대상들을 찾는 습관을 기르면 그런 감정과 연관된 신경 세포가 구축된다. 이로써 이후에는 자부심과 감사하는 마음을 더 쉽게 느끼고, 그 결과 자신과 자기가 놓인 상황을 더 긍정적으로 전망하게 된다. 감사의 대상은 건강한 신체, 가족이라는 존재, 일이 있다는 사실 등 간단한 것일 수도 있다. 반드시 특별한 일일 필요는 없다(물론 이 책에서 제시하는 여러 방법을 적용한다면 분명 그런 일들도 경험할 것이다).

오늘 가장 강하게 느낀 감정(들)은 무엇인가? 감정, 특히 부정적인 감정에 꼬리표를 다는 것이 중요하다. 이로써 긴장이 누그러지기 때문이다.

한 연구에서는 정서적으로 각성한 상태일 때, 자신의 감정 상태를 한두 단어로 표현하기만 해도 감정을 통제하는 뇌 부위의 활동이 감소하는 결과가 나타났다. 반면에 감정을 억누르는 일은 전혀 효과적이지 않을뿐더러 도리어 역효과가 날 수 있다. 겉으로는 정상적인 듯해도 뇌 속의 감정 활동은 강화될지도 모른다. 그 감정을 자신에게 명확히 해두지 않으면 다음 날에도 동일한 감정이 쉽게 되살아날 수 있다.

긍정적인 감정은 어떨까? 그런 감정을 한두 단어로 표현하면 긍정적인 확신을 단단히 다질 수 있다. 나아가 다음 날에도 그 감정들을 되살리기가 더 쉬워진다.

오늘 저지른 실수 중 앞으로 피해야 할 일은 무엇인가? 내가 만난 고객들의 경우를 돌아볼 때, 자기가 저지른 실수를 글로 적으면 그 실수를 최대 절반까지 줄일 수 있었다. 이유는 다음과 같다. (1) 글로 적은 내용은 기억에 남는 경향이 있다. (2) 실수를 글로 적어야 한다는 사실을 알고 있으면, 자기가 하는 일에 더 주의하므로 실수가 줄어든다.

오늘 있었던 중요한 대화와 회의는 무엇인가? 이는 다음과 같은 표로 정리하여 추적할 수 있다.

주제와 참여자	잘된 점	개선할 점

타인들만큼 우리에게 많은 스트레스를 안겨주는 대상은 드물다. 특히 다른 사람들과 원활히 관계를 맺거나 효과적으로 협력하지 못하고 있다는 느낌이 들 때 받는 스트레스는 더더욱 크다. 위와 같은 방식으로 꾸준히 하루의 내용을 기록하면 사람들을 이해하는 기술을 습득해 그들과 생산적인 관계를 형성하고 이를 유지하는 데 익숙해진다.

8

매일 자신만의 '그린 존'을 방문하라

기본적으로 우리의 신체는 식량을 찾아 하루 16km를 걸어 다니곤 했던 고대 선조들과 같은 형태로 이루어져 있다. 하지만 오늘날 대다수 사람은 그렇게 강도 높은 신체 활동과는 거리가 먼 삶을 살아간다.

이로 인해 유감스럽게도 쉽사리 질병에 걸리거나 정신 건강이 나빠지는데, 그동안 이를 입증한 연구가 무수히 많았다. 한 연구에서는 중간 강도의 신체 활동에 주당 2.5시간 미만을 들이는 사람들이 그보다 많은 시간을 투자하는 이들보다 위험한 질환을 더 많이 겪는다고(예를 들어 사망률은 41%, 관상동맥 심장 질환 발병률은 43%, 대장암 발병률은 85% 더 높게) 나타났다. 세계보건기구World Health Organization·WHO가 20만 명을 대상으로 조사한 최근 연구에서는 운동하지 않는 것이 흡연보다 나쁘다고 밝혀졌다.

반대로 규칙적으로 신체 활동을 하면 다양한 이점을 누린다. 이를테면 불안과 우울감이 줄어들고, 고혈압과 나쁜 콜레스테롤 수치가 낮아지며, 뇌로 향하는 혈행이 개선된다.

미 해군 특수부대 네이비실Navy SEAL 팀은 보통 그날의 주요 사안을 토론하면서 하루를 시작한다. 그런 다음 개별적으로 또는 팀 전원이 '그린 존Green Zone'으로 향한다. 그린 존에서는 팀이 선호하는 신체 활동(달리기, 수영, 그 외 팀원들이 좋아하는 모든 것)을 실행한다.

그린 존에 머무는 동안에는 특별히 어떤 주제에 관해 생각하지 않는다. 대신 자신의 무의식적인 마음이 과거의 경험, 오늘의 문제, 삶의 여러 상황과 우선순위 속을 배회하도록 놔둔다. 이는 마음을 청소하는 데 효과적으로 작용해 에너지를 불어넣을 뿐만 아니라 그들을 더 현명하게 만들어준다. 신체 활동 덕분에 학습과 연관된 뇌 영역에서 새로운 세포가 자라나기 때문이다. 이 무의식적인 마음은 총체적인 마음에 접근하기도 한다. 즉 뇌 속의 여러 콘텐츠를 새롭게 조합해 신선한 아이디어와 해결책을 떠올리게 한다. 이는 주로 터널 시야에 갇혀 있는 의식적인 마음이 가진 취약한 부문이다. 어떤 문제에 관해 생각할 때, 의식적인 마음은 그 문제와 직접적으로 연관되는 정보 조각만을 택하곤 한다.

연구에 따르면 수많은 자료들이 연관된 복잡한 문제를 제시한 후 즉시 결정을 내리도록 강요할 경우, 자료를 숙지하고 잠시 주의를 분산했다가 결정을 내린 사람보다 더 나쁜 결정을 내린다고 한다.[1] 왜 그럴까? 실험 참여자들의 뇌 영상을 확인한 결과, 두 번째 그룹의 무의식적인 마음은 의식적인 마음이 다른 데 집중해 있을 때도 계속 그 문제를 궁리했다.

이상적이라면 개인의 그린 존은 매일 2시간의 운동으로 구성되어야 하나 이는 대다수 사람들에게는 불가능하다. 다행히 과학적 연구 결과에 따르면 하루 30분만 운동해도 충분하다. 심지어 이를 10분씩 3회로 나눠서 진행할 수도 있다. 중요한 회의 전에 10분간 활기차게 걷는다면 최대 90분간 여분의 에너지가 생겨 집중력도 높아지고 스트레스 호르몬도 태울 수 있다.

그러니 날마다 여러분만의 그린 존을 방문하도록 노력하라. 네이비실처럼 해보는 것도 좋다. 팀 전원 또는 몇몇 동료와 함께 그린 존을 찾아가 보자.

9

마감 기한을 지키고 온전한 결과물을 넘겨라

직업인들이 자기가 약속한 마감 기한을 얼마나 자주 놓치는지 따져보면 놀랍다. 설상가상으로 작업이 늦어질 것 같은데 사전에 알리지 않을 때도 많아 중대한 혼란이 초래되기도 한다. 대개 직업인들이 자신의 목표와 우선순위를 지키고자 노력하는 이유는 많은 이해 당사자들이 결부되기 때문이다.

더 심각한 문제는, 전문적인 직업인이 실제로 전달하는 결과물 다수가 불완전하며 명백한 오류로 가득 차 있다는 점이다. 그런 결과물은 믿었던 사람들에게 짐이 될 뿐 아니라 이를 바로잡아야 할 사람들에게도 큰 부담이 된다.

마감 기한 내에 온전한 결과물을 전달하는 데 어려움을 겪고 있다면 다음의 몇 가지 원칙을 적용해보자.

모든 마감 기한과 약속은 반드시 지켜야 한다는 원칙에 따라 움직여라. 매번 마감 기한을 준수한다면 크나큰 이익을 거둘 것이다. 여기에는 제시간에 회의 참석하기, 각 의제에 할당된 시간 준수하기도 포함된다. 이 간단한 원칙은 직위와 관계없이 높은 성과를 거두는 많은 직업인의 성공 비결이다.

신속함은 발전을 낳는다. 마감 기한을 맞추려면 자기가 할 일과 그 실행 방법을 끊임없이 고민해야 하기 때문이다. 또한, 한 가지 업무를 실행하는 데 드는 시간을 더 신중하게 판단하게 된다. 같은 원리가 약속을 지키는 일에도 적용된다. 믿을 만한 상대가 되려면 신중하게 약속하고, 그 약속에 수반되는 사항을 자신만큼이나 상대도 정확히 이해하도록 보장해야 한다.

문제가 발생할 때마다 사람들에게 공지하라. 잠재적으로 마감 기한을 위협할 만한 일이 발생한 경우, 관련된 이해 당사자들과 이를 논의하라.

마감 기한에 관해 의견이 엇갈린다면 토론하라. 상대가 제시한 마감 기한에 동의하지 않는다면, 적극적으로 여러분의 생각을 설명하고 쌍방이 동의할 만한 새 기한을 제시하라.

작업의 질에 관해 적극적으로 토론하라. 상대방이 요구하는 결과물의 수준이 정확히 이해되지 않는다면 분명하게 질문하라.

모든 과업은 실행에 앞서 질문을 던지며 계획을 세워라.

- 본 과업이 지니는 사업상 함의와 관계자들을 고려할 때 가장 중요한 맥락은 무엇일까?
- 어떻게 하면 내가 창출하는 가치를 극대화할 수 있을까?
- 어떻게 하면 더 흥미롭고 즐거운 일로 만들 수 있을까?
- 어떻게 하면 나의 전반적인 효율성을 높일 수 있을까?
- 이 과업을 여러 단계로 어떻게 나누고, 각 단계별로 얼마만큼의 시간을 할당해야 할까?
- 정확성, 효율성, 가치, 즐거움을 최대한 확보하면서도 마감기한에 맞춰 일을 수행하려면 매 단계마다 어떤 난제에 부딪힐까?
- 이 계획을 두고 스트레스 테스트stress-test(주어진 대상을 놓고 발생 가능한 위기 상황을 가정해보면서 대상의 취약성과 복원력을 평가하는 것-옮긴이)를 한다면 스스로에게 어떤 질문을 던져야 할까?
- 누군가의 도움이 필요하다면 이유는 무엇일까? 하위 작업을 수행하는 나의 방식을 바꿔야 한다면 무엇을, 왜, 어떻게 바꿔야 할까? 내가 사용하는 도구를 혁신할 필요가 있다면 무엇을, 왜, 어떻게 해야 할까?

10

가장 중요한 일일 목표를 정의하라

그날그날의 목표를 정의하는 일이야말로 FEO에 적합하게 자신의 뇌 회로를 재조정하는 가장 효과적이고 신속한 방법이다. 하지만 우리 뇌는 활동 중심의 행동을 뒷받침하도록 짜여져 있을 가능성이 크므로, 처음에는 이 방법이 매우 힘겹게 느껴질 수도 있다. 하지만 이는 FEO의 5대 인지 요소 중 다음 네 가지를 통합한 방법이라는 점에서 매우 강력하다. (1) 아름다운 최종 결과물을 창출하는 데 보이는 열의 (2) 끊임없이 자신에게 도전하고 스스로와 경쟁하는 태도 (3) 자신이 원하는 정서적 경험에 대한 구체적인 기대치 실현 (4) 과업의 수행 도중과 이후에 자신의 발전 현황을 추적하는 능력.

일일 목표를 수립하는 일은 복잡하지 않다. 다음 여섯 가지 간단한 단계를 따르면 된다.

1. 주간 계획을 세울 때 캘린더를 보며 다음 주의 일정을 살펴본다.
2. 근무일마다 한두 가지 이벤트나 과업을 일일 목표로 선정한다. 목표를 분명하게 정의하는 것만으로도 무의식적인 마음이 목표에 대한 주의를 활성화한다. 그 결과 실제로 그 일을 수행할 때 더 잘 준비되어 있게 만든다.
   이러한 일일 목표에 해당하는 과업들은 다음의 특징들을 지닌다.
   a. 더 훌륭하게 또는 더 효과적으로 수행해야 할 과업
   b. 불편하거나 지루하다고 느끼는 과업
   c. 처음 다루는 과업
   d. 상사, 동료, 그 외 이해 당사자들에게 중요하다고 여겨지는 과업
   e. 나의 장기적인 목표 및 포부에 중요한 과업
3. 각 과업마다 흥미롭고 포부 넘치는 결과를 정의함으로써, 이를 준비하고 실행할 때 뭔가 다른 방법을 시도해 보려는 힘을 얻는다.
4. 자신이 바라는 결과에 더 가까이 다가가도록 일일 목표의

전략적인 실행 방식을 고안한다. 이로써 실제로 그 목표를 달성하지 못하더라도 과정 속에서 발전하고 배울 수 있다.

5. 과업을 실행한 뒤에는 기대한 결과를 얼마나 달성했는지 평가하되 효과적이지 않았던 점에 초점을 맞춘다.
6. 과업을 반복할 경우, 앞서 효과적이지 않았던 부분에 주의하면서 이번에는 어떤 점을 다르게 실행할지 생각한다.

다음은 내가 만났던 한 고객의 사례다.

기록일자: 2월 18일 금요일	
일일 목표	상사와의 격주 회의 결과를 개선한다.
내가 원하는 흥미롭고 포부 넘치는 결과	영업부와의 소통 방식을 바꿔야 한다는 데 상사가 동의했으면 좋겠다. 이를 위해 지난 두 달간 노력했으나 성과가 없었다.
전략: 목표 달성을 위해 내가 더 훌륭하게 혹은 다르게 행동해야 할 부분	지난 시도들을 돌아보면, 충분한 문서 자료로 설명할 수 있을 만큼 일관된 이야기를 준비하지 못했던 것 같다. 이번에는 내 제안의 장단점을 명확히 정리한 1쪽짜리 문서를 준비하고, 정확히 그 변화를 어떻게 실행할지 설명하고자 노력하겠다. 또한, 회의를 시작하면서 현재 영업부와의 소통에서 효과적인 부분과 그렇지 못한 부분들을 짚어보도록 상사에게 요청하겠다. 이로써 이 문제에 관해 상사가 어떻게 생각하는지 이해하려고 노력하겠다.

일일 목표를 실행한 뒤의 평가	
목표한 결과를 달성했나?	거의 달성했다. 상사는 영업부와의 소통 방식에 변화가 필요하다는 점은 수긍했지만, 이를 달성하는 방법에 관해서는 더 세부적인 계획을 원한다.
더 훌륭하게 또는 다르게 행동할 부분을 실제로 이행했나? 다음번에는 어떤 부분을 더 훌륭히 또는 다르게 실행해야 할까?	그렇다. 또한, 내 생각을 제시하기 전에 먼저 사안에 대한 상사의 생각을 들어본 것은 잘한 일이다. 하지만 더 세부적인 계획을 마련해뒀어야 한다. 이 전체 절차를 실행하려면 적어도 2~4주가 더 걸릴 것이다.

흥미로운 결과를 정의하는 요령들

'적당히 좋은' 일일 목표를 수립하는 것이 중요하다. 100% 완벽한 목표를 세우려고 애쓰지 마라. 완벽주의자 같은 태도를 보이면 뇌가 감정에 압도되어 통제감을 잃게 된다.

일일 목표로 전환할 활동을 선정했다면 아래 질문들을 차근히 생각해보자. 이로써 주어진 활동의 모든 측면을 고려해 여러분을 들뜨게 하는 결과를 정확히 찾게 될 것이다.

흥미로운 결과를 낼 과업과 이를 달성하는 데 활용할 전략을 선정할 때 고려할 유일한 기준은, 내가 평소보다 더 잘할 수 있는 일을 택하는 것이다. 관건은 자신과의 경쟁이다.

어떤 과업에서든지 여러분은 다음의 세 차원에서 나 자신과 경쟁할 수 있다.

1. 시간: 그 일을 평소보다 더 빨리 실행할 수 있을까? 그렇다면 해당 과업 및 각각의 하부 작업을 실행하기까지 얼마나 걸려야 할까? 예: 프로젝트 진척 상황을 주제로 상사와 가질 회의 자료를 준비하는 데 평소에는 60분이 걸렸지만, 이번에는 질적으로 같은 자료를 만드는 데 40분을 쓰고 싶다.
2. 업무량: 그 일을 수행할 때 추가 시간 없이도 더 나은 결과를 얻을 수 있을까? 예: 상사와의 회의 자료를 준비하는 한편, 해당 프로젝트에서 동료들과 공유할 같은 유형의 자료 초안도 만들고 싶다.
3. 업무의 질: 능력의 최대치를 발휘하고 나를 들뜨게 하려면 최종 결과물이 어느 정도로 완벽해야 할까? 이를테면 일말의 실수도 없이 그 일을 수행할 수 있을까? 그 일을 하는 동안 나는 어떤 감정을 느끼고 싶은가? 일을 하는 나 또는 내가 만들어낼 최종 결과물을 확인한 사람들에게서 어떤 반응을 얻고 싶은가? 예: 상사에게 이런 말을 듣고 싶다. "스테판, 이건 우리 회의를 위해 자네가 지금껏 준비한 것 중 무엇과도 견줄 수 없는 최고의 자료야!"

여러분이 고민할 또 다른 질문은, 이 일을 더 훌륭히 수행한다면 다음의 대상에게 어떤 직·간접적인 혜택이 돌아갈까?이다.

- 나의 고객들
- 내가 속한 조직 전체
- 이 일과 연관된 각 부서
- 내 위의 관리자 및 나의 동료들
- 나 자신

여러분이 설정한 흥미로운 결과를 달성하기 위한 전략을 정의하려면, 다음 질문들도 심사숙고해야 한다.

- 이 일을 어떻게 실행해야 할까?
- 관련된 하위 작업들은 어떤 순서로 실행해야 할까?
- 각각의 하위 작업은 어떻게 실행해야 할까?
- 일을 진행할 때 피해야 할 요소들이 있을까?

또한, 과거에 이 일을 수행했던 방식을 생각해보고 이번에 실행할 때는 무엇을 어떻게 바꿔야 할지에 초점을 맞춰라. 도전적이고 흥미로운 대상에 집중하라. 예를 들어, 여러분이 택한 과업이 회의 진행이라면 다음 사항들을 생각해보라.

- 최근에 나는 회의에서 전반적으로 어떻게 행동했나? 훌륭하게 수행한 영역은 무엇이며 그렇지 못한 영역은 무엇일까? 회의의 어떤 지점이 도전 의식을 불러일으키고 나를 들

뜨게 할까?

- 이런 유형의 회의에서 나는 어떻게 행동했나? 어떤 부분이 효과적이었고, 어떤 부분이 그렇지 못했을까? 내게 도전이 되고 나를 들뜨게 했던 부문은 무엇이었나?
- 내가 바라는 결과에 더 가까워지도록 행동 방식을 바꾸거나 여기에 추가할 만한 두세 가지 요소는 무엇일까?
- 이 두세 가지 요소를 실제 회의에서는 어떻게 실행해야 할까?
- 내가 기획한 방식대로 실행하는 데 성공하려면 어떤 준비가 필요할까?

체계적으로 생각하도록 마음을 다잡는다면 자신이 정한 흥미로운 결과에 한 걸음 더 가까워질 수 있다.

게다가 일일 목표를 수행하며 배운 점을 글로 적는 습관을 기른다면 발전과 숙련도가 높아질 것이다. 이때 다음 네 가지 질문에 답해보자.

- 내가 바라는 결과를 달성했나?
- 나의 접근 방식을 고수했나?
- 여기서 나는 무엇을 배웠나?
- 다음에는 무엇을 다르게 해야 할까?

운동선수가 경기를 준비하듯

3주 뒤에 중요한 발표가 있다고 가정해보자. 발표가 예정된 날까지 주마다 잡혀 있는 몇몇 일정을 확인하고 이를 일일 목표로 전환해 발표 기술을 연마할 계기로 삼자. 중대한 프레젠테이션처럼 무거운 주제를 잡을 필요는 없다. 무엇보다도 어떤 결과를 거두느냐가 중요하다.

기력이 떨어졌을 때 사기를 북돋는 방법

기분이 언짢을 때 우리 뇌의 기본 방침은 뒤로 물러나 있는 것이다. 그저 가만히 앉아서 아무것도 하지 않길 바라고, 저조한 기분이 지나가길 기다리거나 그런 상태를 의식하지 않으려고 애쓴다. 그러나 유감스럽게도 이런 태도는 더 저조한 기분을 초래한다. 과거와 미래에 관해 생각하는 뇌 영역인 디폴트 모드 네트워크가 과잉 활동함으로써 반추에 빠지기 때문이다.

오히려 이와 반대로 FEO를 활용해 자신을 다시 움직이게 만드는 것이 적절한 해법이다. 이는 우리를 현재의 순간으로 밀어 넣고, (의사 결정과 같이 우리의 가장 중요한 뇌 기술을 담당하는) 집행 네트워크executive network를 활성화한다. FEO가 주도하는 활동 도중과 이후에는 더 큰 유능감을 느껴 자신을 더 나은 사람으로 여기게 된다. 유달리 대단한 일을 할 필요는 없다. 나는 늘 고객들에게 말하길, 에너지나 의욕이 떨어져 있을 때는 '점심때까지 급히 회신할 대상 그리고 덜 급한 대상별로 이메일을 분류한다'는 식으로 간단한 일일 목표를 세워보라고 한다. 이렇듯 겉보기에 단순하고 욕심 없는 FEO만으로도 성취감을 얻고 활력을 느끼기에 충분하다.

날마다 같은 일을 같은 방식으로 수행하다 보면 금세 나 자신과 업무에 싫증을 느끼게 된다. 그러다 보면 실수도 더 잦아지곤 한다. 루틴은 우리를 '생각 없이' 움직이게 만든다. 미하이 칙센트미하이의 연구는 문제 해결력과 같은 정신 역량을 활용할 때 우리가 가장 살아 있다고 느낀다는 사실을 증명한다. 새로운 목표를 적극적으로 정의하는 일은 잠재적 실수를 줄일 뿐 아니라 지루함과 싸워 이기는 가장 확실한 방법이다.

목표한 과업을 색다르게 수행할 방법을 도출할 수 있도록 여러분이 바라는 결과에 바짝 긴장을 더해 보라. 이를테면 의도적으로 혹독하게 타임 박싱time-boxing(어떤 일을 완료하는 데 필요한 시간을 떼어놓고 그 마감 기한을 지키기 위해 노력하는 것-옮긴이)을 실천하는 식이다. 루틴 하나를 소화하는 데 보통 한 시간이 걸린다면, 이에 할애하는 시간을 30분으로 뚝 잘라보자. 그러면 결과를 염두에 둔 새로운 실행 방법을 고안할 수밖에 없다. 그 일을 새로운 방식으로 수행한 뒤에는 자신의 성과를 평가하고 배움을 얻을 수 있다. 또 다른 접근법으로 익숙하거나 편안하거나 혹은 지루한 과업을 수행하는 데 걸리는 시간은 그대로 지키되, 산출량 또는 질적 측면의 기준을 대폭 높이는 방법도 있다. 둘 중 어느 쪽이든 여러분을 성장시키고 더 흥미로운 경험을 얻게 해줄 것이다.

내가 직접 경험한 예를 하나 살펴보겠다. 나는 집안 대청소라면 딱 질색이다! 이 일은 지루하지만 꼭 해야만 한다. 대청소가 너무 지루하다고 생각한 탓에 실제로 청소할 때면 두뇌 회전이 느려져 청소 시간이 더 길어진다. 이 일을 더 흥미롭게 만들고 싶었던 나는 완료 시간을 줄이겠다는 목표를 세우고 이를 달성할 새로운 전략들을 고안했다. 즉 어떤 도구로 청소하고, 어떤 순서대로 방들을 청소할지 생각해본 것이다.

이렇게 접근하자 모든 것이 달라졌다. 더는 청소라는 행위 자체에 초점을 두지 않고, 계획에 따라 움직이는지에 집중하면서 그 효과를 살펴보았다. 나 자신과 경쟁하며 긴장감을 높였더니 대청소가 썩 유쾌하진 않아도 전보다 훨씬 재밌게 느껴졌다. 게다가 청소에 관해 배운 지식도 많은데 그것만으로도 청소가 전보다 덜 지루했다. 어떤 주제 또는 과업에 관해 더 많이 알수록 '숙련'을 경험해야겠다는 심리적 필요 때문에 그 일을 더 즐기는 경향이 있다.

상처와 트라우마를 넘어서서

내 고객 중 다수가 트라우마, 즉 투쟁이나 경직 혹은 도피 반응을 일으키는 지울 수 없는 고통스러운 기억을 지니고 있었다.

트라우마는 건전하고 건강한 기능으로서 미래에 유사한 사건이나 상황을 피하도록 일깨워주는 역할을 한다. 트라우마를 없앨 수는 없다. 그러므로 이를 관리할 방법에 초점을 맞춰야 한다.

우리 마음은 주변 환경을 탐색하고 파악할 때 과거의 경험을 기준으로 삼는다. 그러므로 최초로 트라우마를 겪은 사건은 가장 큰 영향력을 행사하는 필터로 작용한다. 트라우마가 끊임없이 현존하는 이유도 여기에 있다. 더 심각한 문제는, 최초의 트라우마와 그 사건을 상기시키는 것들의 유사성을 마음이 과장한다는 것이다.

회사 회의실에서 끔찍한 회의를 겪으면서 모욕당하고 조롱당한 기분이 들었다고 해보자. 오늘 그 회의실 옆을 지나가거나 그냥 그 일을 생각만 해도 그 자리에 있던 사람들을 상대하는 듯한 반응이 일어난다. 그 일에 관한 생각 자체가 투쟁 혹은 도피 반응을 일으킬 수 있고, 마음이 해석하기에 그 일과 관계 있는 타인들 역시 유사한 반응을 일으킨다.

트라우마를 제거할 수는 없지만, 이를 촉발할 만한 사건이나 경험을 적극적으로 규명함으로써 트라우마의 크기를 축소할 수는 있다. 일일 목표라는 방법을 활용해 여러분의 전략을 정의하고 바라는 결과를 세워보자. 회의실에서 나쁜 경험을 했다면 이를 상쇄하는 데 도움이 될 반한 결과를 정의해보자. 이번에는 다르게 행동할 수도 있고, 트라우마 반응이 일어날 때 자신을 환기할 무언가에 주의를 집중할 수도 있다. 이런 방식으로 일일 목표를 사용하면 최초의 사건, 현재 순간, 미래의 사건 및 경험 사이의 유사성을 정확히 규명하도록 자신의 마음을 재교육하게 된다. 트라우마 반응이 촉발되면 그런 반응이 나타나는 원인을 이해하고 자신의 마음을 누그러뜨릴 수 있을 것이다.

일일 목표의 이점

일일 목표 한두 가지를 날마다 추구하면 다음과 같은 이득을 얻는다.

- 뇌의 신경 회로가 재조정되어 흥미로운 결과와 전략 중심으로 세상을 바라보기 시작한다.
- 외부의 평가에 덜 예민해진다. 자기의 성과에 대해 자각하고 타인의 인식을 해석하는 능력이 높아졌기에 이에 기반해 균형 잡힌 방식으로 판단할 수 있다.
- 성취감이 높아진다. 특히 스트레스를 받을 때면 자신이 아무것도 성취하지 못한 기분이 들기도 한다. 일일 목표는 다

음과 같이 생각하는 패턴을 기르는 데 유익하다. "뭐, 오늘 하기로 한 일들을 전부 완수하지 못했을 수도 있지. 하지만 실제로 해낸 일들은 정말 잘했잖아."

- 수면의 질이 높아진다. 우리가 숙면하지 못하는 이유 중 하나는 다음날을 위한 명확한 목표나 우선순위가 없기 때문이다. 그 결과 우리의 무의식은 현재 직면한 난제를 곱씹는다. 내일을 위한 명확한 목표를 설정하면 뇌의 긴장을 풀 수 있다.
- 전반적인 기억과 학습 능력뿐만 아니라 집중력과 주의력도 강화된다. FEO는 뇌에서 노력 중심의 보상 회로를 활성화하므로 과업을 수행하기 전후 모두에서 주의력이 높아진다. 이에 따라 과업을 수행하는 과정에서 배운 것들뿐만 아니라 그날 하루 동안 기억하는 양도 늘어난다.
- 더 끈기 있게 '장기적으로' 행동한다. 일일 목표를 수립하면 무언가를 완수하는 것의 장 · 단기적인 영향을 모두 고려하게 되므로 간접적인 보상 체계가 강화된다.

일일 목표의 힘

공교육 분야에서 행정가로 일하는 모니카와 협업한 적이 있다. 모니카는 자신의 업무 결과를 향상하는 것 외에 일일 목표를 활용함으로써 금연에도 성공했다. 그녀는 이렇게 말했다. "제 생각에 이 방법의 가장 큰 선물은 높은 수준의 동기를 수립하고 유지할 수 있었다는 점일 겁니다. 저는 목표 자체가 아니라 결과와 전략을 수립하고, 접근 방식을 정의하며, 그 결과를 평가하는 과정에서 가장 큰 동기가 생긴다는 사실을 배웠습니다. 자신의 문제를 규정하고 해결책을 모색한다는 점에서 거의 탐정과 같죠. 무엇보다도, 제 경우에는 금연의 이점보다 문제를 해결한다는 도전 과제 자체가 동기를 유지하게 해주었다고 생각합니다."

그 외 고객들이 들려준 경험담을 소개하면 아래와 같다.

"일일 목표를 두고 일한 지 단 며칠 만에 전 깨달았습니다. 그동안 기껏해야 내 잠재력의 30%만 발휘하며 움직여왔다는 걸요. 대부분의 일을 세부 사항이나 실제 결과물에 크게 주의하지 않은 채 습관에 따라 실행한 거죠. 일일 목표를 세우면 하루하루가 더 의미 있고 재미있습니다. 일일 목표를 두고 일하는 것은 양치처럼 자연스러운 일이 되어야 합니다."

_래리, 금융서비스회사 이사장

"무슨 이유에서인지 하루 동안 모든 일에 집중도가 높아진 느낌입니다. 실제로 일어나는 일들에 더 주의하는 기분이 들었죠."

_니나, 제조회사 비서실장

"저의 경우 일일 목표가 선사한 진정한 선물은 높아진 자기 인식이었습니다. 일일 목표와 연관된 난제들을 사전에 생각하다 보니 제가 피하려고 애쓰던 것들에 관해 많이 배울 수 있었죠. 사실상 저의 기술을 확장하고 있던 건 아니더군요. 이런 난제들을 곰곰이 생각하면 그것들을 이해하고 극복하기가 더 쉬워집니다."

_브렛, 유틸리티회사 최고재무책임자

다음은 국가대표 하키 골키퍼인 한 운동선수가 들려준 일일 목표와 관련된 경험담이다.

저를 비롯해 다른 운동선수들은 두 가지 특성을 갖고 있습니다. 첫째, 더 똑똑하게 기량을 높일 방법을 찾아내려고 끊임없이 노력한다는 점입니다. 둘째, 개선할 부분이 많다고 여기며 정신적 스트레스에 시달린다는 점입니다. 이런 두 가지 특성이 반드시 숙달하고 넘어서야 할 끝없는 내면의 게임을 만들어내죠.

정신적 스트레스에 빠지면 너무 많은 일을 손에 쥐고 한번에 모든 것을 개선하려고 버둥거리는 상황에 쉽게 빠져버립니다. 그리고 이 때문에 훨씬 더 큰 정신적 스트레스에 짓눌리죠. 내가 충분히 빠르게, 실질적으로 발전하고 있는 건지 캐묻게 되니까요.

일일 목표를 세우고 노력했더니 이런 정신적 난제를 다루는 데 도움이 되었습니다. 이제 저는 장기적인 목표와 개선 영역들을 구체적이고 통찰력 있는 방식으로 날마다 분리해서 평가할 수 있습니다. 이렇게 하면 마음의 평화가 느껴지고, 실제로 발전하고 있다는 느낌도 듭니다. 게다가, 포부 넘치는 흥미로운 결과와 전략들에 관해 생각했더니 저의 개선 영역 각각에서 결정적인 세부 사항들을 훨씬 명확하게 인식할 수 있었습니다. 저의 발전과 수행 성과를 가속하려면 바로 이런 부분을 공략해야 하죠.

일일 목표 덕분에 연습 때나 실제 경기에서 더 나은 성적을 냈을까요? 물론입니다. 내면의 경기에서 승리하고 나면 제가 바라는 높은 수준으로 경기하는 데도 큰 도움이 됩니다.

11

주간, 월간으로 확장된 목표를 세워라

일일 목표 설정을 일상의 루틴에 안정적으로 포함했다는 느낌이 들었다면, 이제 다음 단계로 나아갈 차례다. 이제 하루 안에 달성하고 싶은 일을 넘어 더 확장된 장기 목표나 흥미로운 결과를 수립해야 한다. 하지만 이때도 1년보다는 1주일, 1개월 등의 기간을 사용하길 권한다. 시간의 틀이 짧을수록 명확하고 실질적인 FEO를 정의하고 이를 달성하기 위한 단계별 세부 계획을 훨씬 수월하게 세울 수 있다.

끊임없이 자신의 안전지대를 벗어나도록 유도하는 장기 목표는 학습과 혁신을 가속한다. 예를 들어, 특정 기술을 눈에 띄게 향상하고 싶다는 마음은 그 기술을 빨리 익히거나 평소보다 훨씬 빠르게 주어진 프로젝트를 완료하도록 이끈다. 어려운 목표를 대할 때는 기량을 급속히 높여야 할 엘리트 운동선수의 사고방식이 필요하다. 그들은 끊임없이 현재 자신의 역량을 훨씬 넘어서는 목표를 수립한다.

중요한 점은 다음과 같다. 주간 또는 월간 확장 목표를 수립할 경우, 그 목표를 기존의 일일 목표 및 최우선 과업과 연결하여 일지를 쓰거나 학습을 거듭하라.

예를 들어, 내가 코칭 실력 면에서 어려운 발전 목표를 세우고, 이를 '내 실력의 효과성과 고객 가치를 대폭 향상하기'라고 정의했다고 하자. 이때 매달 달성할 흥미로운 결과 중 하나는 한 번에 관리하는 고객 수에 집중하는 것이다.

고객 20명을 담당하는 상태에서 한 달간 이룰 흥미로운 결과로 '효과적으로 관리할 수 있는 고객 수를 25명으로 늘리기'를 택했다고 하자. 이 목표는 합리적인 동시에 충분히 해낼 수 있겠다는 심리적인 안정감도 준다. 이는 분명 좋은 느낌이지만, 무엇을 바꾸고 개선해야 할지 끊임없이 생각하게 만들어 결국 최종 결과를 제한할 것이다.

이와 달리 '효과적으로 관리할 수 있는 고객 수를 20명에서 40명으로 늘리겠다'는 목표를 세우면 머릿속에서 뭔가 흥미롭고 가치 있는 일이 일어난다. 이때 나는 고객 선정, 시간 효율성 등 기존 접근 방식의 면면을 촘촘히 분석하고 실험해야 한다는 사실을 깨닫는다.

- 고객 선정에는 어떤 기준을 적용해야 할까?
- 현재 담당한 고객 포트폴리오 전반에 걸쳐 어떻게 시간을 배분해야 할까? 그 이유는?

또한, 내 코칭 모델의 어떤 요소들이 효과적으로 작용하지 않는지도 평가할 수 있다. 예를 들면 다음 요소를 검토할 수 있다.

- 고객의 역량과 사고방식에 관한 사전 평가
- 고객의 사업 목표와 발전 목표 수립
- 목표 달성을 위한 구체적인 행동 방식
- 발전 현황 및 개선 조치 평가
- 코칭 상담을 앞두고 나와 고객이 실행하는 준비 작업의 효과성
- 대면 회의, 스카이프Skype 회의, 전화 회의, 이메일 교환, 문자 메시지 등 각 채널을 통한 상담의 효과성
- 시간 분배 및 채널 혼합의 효과성

이러한 분석 결과를 토대로 현재 접근 방식 외의 것들을 고려해야만 한다. 그러려면 다음과 같은 질문을 던지게 된다.

- 더 효과적인 코칭을 위해 애플리케이션 등 활용할 만한 스마트한 도구들이 있을까?
- 고객들로 구성된 동료 견습 팀을 꾸리면 어떨까? 이로써 현재 나의 고객들 중 누구든 서로 협력하면서 더 나은 발전과 성장을 뒷받침할 수 있을까?

여기서 중요한 점은 내가 고객 40명을 관리할 수 있느냐가 아니다. 오히려 잠재적인 목표를 달성할 때까지 40명이라는 야심찬 목표가 나를 얼마나 현명하게 이끌 수 있느냐가 더 중요하다.

12

성공을 향한 4대 지레로 불가능을 넘어서라

대다수 직업인은 자신의 꿈, 또는 자신이나 주변 사람들이 거의 성취할 수 없다고 여기는 높은 목표를 향해 노력하는 과정에서 고군분투한다. 이렇게 고생해야 하는 숱한 이유 중에서도 주된 원인은 성공을 위한 4대 지레를 전부 잡아당길 정도로 시야를 충분히 넓히지 않았기 때문이다. 여기서 4대 지레는 다음과 같다.

1. 나에게 보상, 지지, 가르침을 줄 수 있는 사람들을 식별하고 동원한다.
2. 어떻게 하면 나의 환경, 상황, 활동을 변화시켜 달성하려는

목표에 더 능숙하게 다가갈 수 있을지 끊임없이 생각한다.

3. 일일 목표를 활용해 작업을 흥미롭게 만듦으로써 내가 밟는 모든 단계가 보람차도록 노력한다.
4. 목표를 향해 노력하는 과정에서 주의를 빼앗거나 노력을 멈추게 할 만한 모든 요소를 적극적으로 규명하고 관리한다. 피해야 할 사람을 목록으로 정리하고 그들을 피하는 일도 이에 포함된다.

이러한 의도적인 접근법의 효과성을 보여주기 위해 내가 만난 두 고객의 성공 사례를 공유하고자 한다.

24개월 만에 존경받는 지도자 되기

짐은 한 다국적 기업의 영업 이사였던 2016년 가을에 나를 만났다. 그 회사의 CEO는 향후 2~3년 안에 자신이 자리에서 물러나면 CEO 직책을 넘겨받을 후보가 될 수 있게 짐의 대인관계 기술을 길러 달라며 나를 영입했다. CEO로부터 간략히 전해 들으니, 짐은 똑똑하고 사업에 정통했으나 종종 함께 일하기가 불가능한 사람이었다.

나는 어느 이른 아침에 짐의 사무실에서 그를 처음 만났다. 내가 그에게 던진 첫 질문은 일 그리고 함께 일하는 사람들을 어떻게 생각하냐는 것이었다. 짐은 주저 없이 대답하길, 일은 재미있지만 그를 둘러싼 사람들은 똑똑한 사람과 멍청이 이렇게 두 종류라고 했다. 다음으로 그의 포부와 꿈에 관해 물었다. 그는 공익기업의 CEO가 되고 싶다고 했다. 나는 보충 질문으로 CEO 직책의 요건, 특히 하나의 전략에 관해 다양한 그룹의 사람들을 동원하고 조직 전체에 걸쳐 탄탄한 지지와 신뢰 기반을 구축하는 능력을 이해하고 있느냐고 물었다. 짐의 대답은 모호했지만, 그는 분명 이것이 CEO 자리를 꿈꾸는 사람이라면 누구에게나 중요한 능력임은 이해하고 있었다.

다음으로 나는 사람들을 똑똑한 사람과 멍청이 중 하나로 보는 그의 관점에 집중했다. 방금 한 이야기를 놓고 볼 때 과연 이것이 장차 CEO가 될 사람으로서 적절한 관점이라고 생각하는지 물었다. 잠시 말을 잃은 그는 이렇게 말했다. "아무래도 사람들에 관한 저의 생각과 대응 방식을 대대적으로 바로잡아야 할 것 같군요."

우리는 짐의 강점과 개선할 점 등 그에 대해 다양한 그룹, 많은 사람의 피드백을 모으는 일부터 시작하는 것이 좋겠다고 동의했다. 사람들이 제공한 피드백에는 다음의 명백한 사실이 담겨 있었다. 사람들은 짐이 똑똑한 사람이지만, 그가 상대를 존중하면서 원활하게 협력하는 사람의 유형은 정해져 있다고 입을 모아 말했다. 좋아하지 않는 사람일 경우, 짐은 이를 고통스러울 만큼 노골적으로 드러냈다. 나와 대화한 몇몇 사람은 짐과의 회의가

두렵다고 토로했다.

그 후 짐과 나는 그의 사람 관리 방식을 구체적으로 들여다보았다. 이를테면 회의 준비 및 회의 도중의 행동부터 특정 동료나 부하들과의 관계에서 빚어진 문제들에 집중했다. 나는 그가 직속 부하들을 위한 구체적인 발전 계획을 세우고 그들을 코치할 수 있는 여러 방법론을 제안했다. 행동과학과 신경과학 등 그가 참고할 만한 지식도 공유했다. 예를 들면, 마음이 정보를 처리하는 방식이라든가 사람들의 동기 수준 및 사고 패턴을 평가하는 방법 등을 일러주었다.

만남이 계속되자 짐이 동료들에 관해 말하는 투가 달라졌다. 그는 전보다 훨씬 그들의 강점에 초점을 맞췄다. 그는 차근차근 모두와 협력할 생산적인 방법들을 수립해 나갔고, 이제 막 만난 사람들과 효과적인 협업을 구축하는 능력도 향상됐다.

22개월 후, CEO는 은퇴를 선언했고 후임으로 짐을 지목했다. 나는 그가 더 큰 발전을 이루도록 다시 한번 전방위적인 피드백 인터뷰를 진행했다. 이것은 이사진이 그를 평가할 때 잠재적으로 활용할 자료이기도 했다. 나는 전에 대화했던 모든 사람을 다시 한번 인터뷰했고, 최대한 폭넓고 심층적인 느낌을 얻도록 몇 사람을 더해 총 29명을 인터뷰했다. 결과는 매우 흥미로웠다. 모든 인터뷰에서 나타난 핵심 주제는 짐이 몰라보게 달라졌다는 말이었다. 그의 똑똑한 재능은 그대로였지만, 이번에 두드러지게 나타난 사실은 그가 모든 종류의 사람을 건설적으로 대할 줄 알고,

자기 직원들이 번성하고 성장하도록 돕는다는 것이었다. 한 사람은 이렇게 말했다. “예전의 그가 아니더군요. 지도자로서 그가 이룬 발전을 보면 몹시 놀랍습니다. 어떻게 그렇게 할 수 있었는지 모르겠습니다.”

짐은 결국 CEO 직책에 올랐고, 우리는 그 후로도 협업을 지속했다. 그간의 여정을 설명해달라는 나의 질문에 그는 다음과 같이 답했다.

> 어떻게 자신을 변화시켰냐고요? 여러 가지 덕분에 가능했다고 생각합니다. 먼저, 제가 리더로서 걸어온 길이 제가 원하는 곳, 즉 CEO가 되는 길로 인도하지 않을 거라는 깨달음이 있었죠. 사내 모든 유형의 사람과 협력하기 전까지는 그 지점에 도달할 수 없을 터였습니다. 이 사실을 깨달은 순간에 제가 앉아 있던 방의 풍경도 생생히 기억납니다.
>
> 두 번째는 자기 통찰이었습니다. 주변 사람들을 대할 때 제가 왜 그런 식으로 행동하고 생각하는지를 알게 된 거죠. 사람 관리 기술을 고민하기 시작했더니 이제껏 일하면서 제가 만사를 훌륭하고 현명하게 평가한다는 데 대단한 자부심을 느꼈다는 것을 깨달았습니다. 어떤 조직에서 가장 똑똑한 사람이 되는 일이 제게는 너무도 중요했던 거죠. 그 점을 바꿔야 한다는 것을 깨달았습니다.
>
> 세 번째는 지지를 얻었다는 점입니다. 저는 상사, 아내, 코치로부터 지지를 받았습니다. 덕분에 사람 중심의 지도자가 되려면 뭘 해

야 할지 날마다 상기할 수 있었습니다. 그 목표를 이루기 위한 저의 노력을 두고 날마다 의견을 나눌 기회도 있었죠.

네 번째는 대인관계 기술에 초점을 맞추도록 주변 환경을 바꾼 것이었습니다. 제가 실행한 방법 중 하나는 팀원들과 일대일 회의를 자주 가진 것이었습니다. 이로써 팀원들이 자기가 놓인 상황을 어떻게 느끼는지, 무엇이 효과적이며 무엇이 그렇지 않은지 등을 함께 논의했습니다. 힘들어하는 팀원과는 더 많은 시간을 함께 했습니다. 처음에는 그를 보내줘야겠다고 생각했지만 결국 그에게 진심으로 투자하기로 했습니다. 그의 수행 성과가 나아지도록 도울 뿐 아니라, 저와 다른 사람을 더 잘 이해할 수 있도록 자신을 밀어붙이는 기회로도 삼은 거죠. 이 밖에 대인관계 기술 개발을 저의 중요한 의제로 지킬 수 있도록 사람 중심의 절차들을 팀 내에 구축하기도 했습니다. 그중 한 방법으로 연 2회 모든 팀원이 저의 리더십을 비판적으로 평가하는 자세한 피드백 메모를 제게 써주도록 했습니다. 저 또한 그들에게 연 2회 메모를 남겨 그들의 성과, 강점, 발전이 필요한 부문을 전달했습니다.

다섯 번째가 가장 중요했을 겁니다. 처음에는 CEO가 되겠다는 저의 포부보다 발전의 여정 자체가 목표이자 초점이었습니다. 제가 밟는 모든 단계가 즐거웠습니다. 한 단계 한 단계 밟을 때마다 너무나 유익했으니까요. 그러다 별안간 다른 사람들의 강점과 발전을 위한 필요 사항들을 살피다 그들 하나하나가 고유한 존재임을 깨닫게 되었습니다. 그러자 그들이 자기 일을 더 즐기고 회사에 더 많은 가치를 더하도록 도우려면 어떻게 해야 할지 알겠더군요. 다른 사람들의 의견, 관점, 경험을 고려할 줄 아는 능력이 향상되자 저의 생각 또한 풍부해졌습니다.

8주 만에 외국어 배우기

클라리타는 대규모 사모펀드 회사에서 근무하는 나의 고객이다. 처음 만났을 때 그녀가 스웨덴어를 유창하게 구사한다는 사실을 듣고 깜짝 놀랐다. 어떻게 그 언어를 배웠냐는 내 물음에 클라리타는 놀라운 이야기를 들려주었다. 이 이야기는 깊은 숙고와 잘 짜여진 계획이 확장 목표를 달성하는 데 얼마나 중요한지를 잘 보여준다.

제가 새 일을 시작한 것은 미국에서 스웨덴으로 이주한 직후였어요. 스칸디나비아에는 한 번도 가본 적이 없어서 스웨덴어를 전혀 몰랐죠. 일자리를 얻으려고 면접을 보러 갔더니 다들 영어를 할 줄 안다며 언어는 전혀 문제 되지 않는다고 하더군요.

제가 참석한 첫 회의는 전 직원 회의였어요. 영어로 진행되겠거니 했는데 제 생각이 틀렸어요. 전부 스웨덴어를 쓰는 통에 한마디도 못 알아들었죠. 나중에 회사 파트너 중 한 사람이 제게 자신을 소개하더니 이렇게 말했어요. “기한을 정해놓고 언어를 배워보길 권합니다. 10월 15일부터 스웨덴어로 말하겠다고 정해보면 어떨까요?"

그날은 8월 14일이었어요. 지금 돌이켜보면 그 파트너는 저를 격려하고 싶었던 것 같은데 사실 농담이기도 했죠. 의도야 어쨌든 그의 말 덕분에 믿을 수 없을 만큼 동기 부여가 됐어요. '내가 못 하리라 생각하나 본데, 제대로 보여줘야겠어!' 하는 생각이 든 거죠.

1주일에 두 번 저와 한 시간씩 공부할 어학 강사를 구했어요. 그러고는 10월 15일부터 스웨덴어로 일하는 게 목표라고 말했죠. 그녀는 피식 웃었지만, 제가 상당히 진지하다는 걸 금방 알아차렸어요.

첫 단계에서는 강사와 있을 때 그리고 업무 외 모든 상황에서 무조건 스웨덴어로만 말하겠다고 마음먹었어요. 이를테면 식료품점이나 택시를 타고 있을 때, 아이들의 어린이집 등하교 때 말이죠. 대화 중에 제가 곤란해하면 영어로 바꿔 말해주는 사람도 있었지만, 저는 꿋꿋하게 서툰 스웨덴어로 계속 답했어요.

시간이 좀 지나 간단한 대화는 할 수 있겠다는 느낌이 들자 두 번째 단계로 회사에서 만나는 제 비서까지 안전지대를 넓혔어요. 원한다면 그녀는 얼마든지 영어로 말할 수 있었지만, 저는 고집스럽게도 스웨덴어로 대답했죠.

세 번째 단계는 회사에서 이루어지는 전반적인 대화를 스웨덴어로 바꾸는 것이었어요. 이 지점에서 강사의 도움을 많이 받았죠. 저는 업무 발표를 비롯해 일과 관련된 의사소통을 강사 앞에서 테스트한 뒤에 팀원들 앞에서 실행했어요.

스웨덴어로 일하는 것은 서서히 이루어졌어요. 하지만 저더러 스웨덴어를 해보라고 자극했던 파트너 앞에서는 정말 10월 15일부터 늘 스웨덴어로 말했고, 그 어떤 내부 회의에서도 절대로 영어를 쓰지 않았어요.

두 이야기 모두에서 두드러진 첫 번째 원리는 목표 달성의 가장 중요한 지레 중 하나인 다른 사람들의 지원이다. 목표에 도달할 수 있도록 여러분이 알아야 할 지식과 기술을 가르쳐줄 사람을 구하고, 꾸준히 목표에 집중하도록 자신을 밀어붙이며, 진척을 이룰 때는 이를 기념하라. 여러분은 자신이 잘하고 싶은 것을 잘하는 사람, 또는 자신이 달성하려는 결과를 능숙하게 달성하는 사람 곁에 있고 싶을 것이다. 어린 시절 우리는 모두 이를 잘 알고 있었다. 우리를 지원하고, 보상하고, 지도해주는 교사, 코치, 친구들이 있었으니 말이다.

두 번째는 신중한 사고다. 과연 어떤 활동과 상황을 추구하는 것이 적절할까? 여러분의 목표를 위해 노력하려면 주변 환경을 어떻게 조정해야 할까? 새로운 활동, 상황, 습관, 관행을 추가해야 할까 아니면 지금의 상태에서 살짝만 변경해야 할까?

세 번째는 매 단계에서 느끼는 보람이다. 목표의 중요도와 관계없이 지금 밟는 단계에서 보람이 느껴지지 않으면, 목표를 향해 꾸준히 정진할 수 없을 것이다. 이를 실현하는 데는 일일 목표가 필수적이다.

네 번째는 목표를 향해 노력하는 나의 주의를 빼앗거나 경로를 이탈하게 만드는 요소를 파악하는 것이다. 스스로를 대하는 방식이 문제인가? 아니면 현재의 습관이나 기술이 잘못되었나? 아니면 과거의 경험일까? 목표와 견줄 만한 다른 우선순위가 있는가? 현재 삶에서 여러분을 방해하는 사람이 있는가? 여기서 마지막 물음은 자신의 행동을 바꾸는 것이 목표일 때 특히 중요하다. 인간은 행동 규범을 어기는 사람들을 처벌하도록 프로그램되어 있기 때문이다. 그러므로 여러분의 변화된 행동을 좋아하지 않을 사람과 어울리고 있다면 더는 그들과 어울리지 말자.

이 네 가지 지레를 모두 잡아당기려고 노력함으로써 여러분의 꿈을 실현해내길 바란다.

13

'일이 너무 많다'고 생각되면 우선순위를 버려라

우선순위 결정에 관한 내용을 별도의 장으로 다룰까 생각하면서 처음에는 망설이기도 했다. 왜일까? FEO에 숙달하도록 뇌 회로를 재조정할 때 우선순위 결정은 문제가 되지 않기 때문이다.

그럼에도 이 장을 포함하기로 한 것은 직장에서의 온갖 히스테리가 '할 일이 너무 많다'는 생각과 연관되기 때문이었다. 그러므로 여러분에게 다시 한번 일러두고 싶다. 추가 지원이나 도움 없이는 그 어떤 목표도 추구할 수 없다는 생각을 거둬라. 절대 그렇지 않다. 시간을 더 훌륭하게 사용하고자 노력하는 사람에게는 언제나 여유가 있다는 사실을 먼저 이해하라. 이 사고방식을 기르고 나면 성공적으로 시간을 활용하는 방법을 찾아내는 작업이 시작될 것이다.

나를 예로 들어보겠다. 어느 시점에서든 나와 작업하는 고객은 30명 정도 된다. 그중 약 3분의 1은 매주, 또 다른 3분의 1은 격주, 나머지 3분의 1은 매월 만나 코칭을 제공한다. 이 고객들과의 모든 회의 그리고 여기에 필요한 준비 작업까지 더하면 캘린더가 꽉 찬다.

내가 만나는 고객은 모두 역동적인 직업 환경에서 일하는 사람들이다. 그들의 환경에서는 새로운 문제와 도전 과제 및 기회들이 끊임없이 생겨나는데, 이 때문에 약속 시각이 방해를 받을 때도 많다. 며칠 전 아침, CFO로 일하는 고객이 내게 전화를 걸어 이렇게 말했다. "스테판, 방금 이사회의 일원에게 통지를 받았는데, CEO가 회사를 떠날 예정이라 이사회에서 저를 후보로 고려하고 싶다는군요. 이번 기회가 상당히 기대되는데요. 혹시 저의 주주 몇 분을 면담해주실 수 있을까요? 면담 결과를 참고해 지원서를 보강해볼 생각입니다."

나는 면담 인원을 몇 명으로 할지, 면담 결과 자료는 언제까지 필요한지 등을 물어보았다. 그녀는 이렇게 답했다. "스물여섯 분을 생각 중입니다. 3주 안에 결과 자료를 받아볼 수 있을까요?"(!) 글로벌 기업이니 그렇게 많은 주주를 꼽은 것은 이해하지만, 마감 기한을 지키는 건 '불가능'하다고 직감했다. '이번 일을 도우려면 적어도 30시간은 걸릴 텐데, 도대체 이 작업을 어디에 끼워 넣을

수 있지?'

얼른 떠오른 마음으로는 "아니오, 도와드릴 수 없습니다. 불가능한 일입니다"라고 말하고 싶었다. 하지만 나는 '불가능하다'는 직감이 들 때마다 그 반응을 다스려 '이건 흥미로운 상황이야. 추진해보는 동안 발전의 기회들이 있지 않을까?'라고 생각하며 마음을 조정해왔다. 결국, 나는 고객에게 적절한 방법을 고민해보고 한 시간 뒤에 연락해주겠다고 말했다.

나는 말한 바를 그대로 행하는 사람인지라 캘린더를 보면 내 삶을 고스란히 확인할 수 있다. 이에 앞으로 3주간 계획된 일들을 쭉 살펴보면서 다음 질문을 고민해보았다.

- 뒤로 미뤄도 되는 일은 없을까? 이는 내가 평소에는 꺼리는 방법이다. 일을 미루면 밀린 일이 산더미처럼 쌓일 위험이 있다. 스트레스와 불안을 유발하는 데다, 유연하게 움직여 높은 수준의 서비스를 제공하자는 나의 포부와도 배치된다. 하지만 중요하면서도 시간상 전혀 촉박하지 않은 일 하나를 찾아냈다. 덕분에 대략 3시간이 확보되었다.
- 이 일들 가운데 더 현명하고 신속하게 실행할 만한 것은 무엇일까? 이 방법은 발전을 가져다준다는 점에서 첫 번째 방법보다 훨씬 이롭다. 나는 더 효율적으로 빠르게 수행할 수 있다고 느껴지는 일을 14개 찾아냈다. 이로써 8시간이 더 생겼다.

- 피드백 면담 및 관련 업무를 더 효율적으로 실행할 수는 없을까? 이는 중요한 질문이자 개선 가능한 영역을 포착할 훌륭한 기회다. 평소에 나는 이런 전방위적인 피드백 면담을 훨씬 앞서서 기획한다. 면담 일정을 전부 내가 짠다는 뜻이다. 그러려면 시간이 좀 걸리는데, 이메일과 문자를 주고받으면 면담인 한 사람당 약 15분이 걸린다. 이와 달리 고객의 비서에게 일정 조율을 맡긴다면 면담자 26명 각각마다 15분, 총 6시간 30분이 절약되는 셈이었다. 내가 고려한 또 다른 시간은 평소 면담에 할당하는 30분이었다. 사실 대다수 면담은 이보다 빨리 끝난다. 이 점을 고려해 나는 한 사람당 면담 일정을 20분만 잡기로 했다. 이렇게 하면 26명 곱하기 10분, 총 4.3시간이 절약되는 셈이었다.
- 대개 한 주에 55시간으로 잡아둔 나의 시간 예산은 어떨까? 여기에 주마다 3시간을 추가했더니 9시간이 더 생겼다.

이렇게 했더니 약 20시간을 투자할 수 있었다(전체 면담에 15시간, 면담 내용을 문서로 종합하는 데 1시간, 피드백 내용 분석에 2시간, 피드백 내용을 고객과 논의하는 데 2시간 등). 내가 절약한 모든 추가 시간과 더불어 근무 주마다 3시간을 추가했더니 불가능해 보였던 일을 수월하게 완수할 수 있었다.

이후 3주는 빡빡하게 지나갔지만, 약속한 것보다 하루 일찍 최종 문서를 고객에게 전달할 수 있었다. 그다음 날에는 보고 회의를 가졌다. 일을 마쳤을 때 나는 어떤 기분이었을까? 슈퍼맨이 된 듯한 느낌이었다! 나만의 약점, 즉 어떤 일이 불가능하다는 직관적인 반응을 극복했으니 말이다.

이처럼 시간을 가지고 해결 방법을 궁리한다면 어떤 일도 불가능하지 않다.

2부

운명은 스스로 결정한다

슈퍼스타가 되려면 사고방식을 혁명하라

FEO가 일상의 습관으로 자리 잡으면, 이제 하고 싶거나 해야 할 모든 일을 사랑하는 방법을 터득한 셈이다. 다음 단계로 넘어가 보자. 여러분이 슈퍼스타가 되기 위해 자신의 무한한 잠재력을 펼칠 때가 왔다. 이를 위해서는 여러분이 실질적으로 통제할 수 있는 유일한 자산, 즉 마음 또는 사고방식을 발전시켜야 한다. 자신을 어떻게 생각하느냐가 운명을 결정할 것이기 때문이다. 이 점을 날마다 상기하라!

우리의 사고방식은 무엇을 열망하고, 어떤 일을 우선시해야 하며, 어떤 사람들에게 이끌리는지에 관한 우리의 온갖 의식적·무의식적 신념으로 구성되어 있다. 일련의 신념들로 이뤄진 자신의 사고방식을 명확하고 구체적인 방식으로 시각화하고 이를 숙고할 때, 가장 강력한 뇌 영역인 무의식적인 마음을 활성화하게 된다.

무의식적인 마음은 하루 24시간 내내 돌아가는 놀라운 정보처리 엔진으로, 여러분이 주변에서 벌어지는 일들을 관찰하고 신념을 기반으로 빠른 결정을 내리도록(때로는 내가 그렇게 하고 있다는 것을 깨닫기도 전에) 도와준다. 앞서 언급했듯이, 무의식적인 마음은 우리의 통합적인 마음에 접근할 수 있다. 다시 말해 뇌 속의 여러 콘텐츠를 조합해 새로운 아이디어와 해법을 떠올리게 한다. 또한, 무의식적인 마음은 어떤 문제를 그만 궁리하고 다른 데 의식적인 마음을 쏟기로 한 뒤에도 해당 문제를 계속 궁리하게 만들 수도 있다.

게다가 사고방식에 관한 최근 연구에 따르면 의식적·무의식적 신념과 기대들은 성격이 아니라 생리적 특성에 영향을 끼친다고 한다.

이를 증명하기 위해 심리학자 알리아 크럼Alia J. Crum과 엘렌 랭어Ellen J. Langer는 호텔 청소부 80명에게 운동을 얼마나 하는지 물어보았다.[1] 대다수는 규칙적으로 운동하지 않는다고 답했고, 3분의 1 이상은 하루 평균 객실 15곳을 청소하고 있었음에도 운동을 전혀 하지 않는다고 보고했다. 그런데 사실 15분간 침대 시트를 바꾸는 데 40칼로리, 15분간 진공청소기를 돌리는 데 50칼로리, 15분간 화장실을 청소하는 데 60칼로리, 그 외 다른 객실 청소에도 분명 칼로리가 소모된다.

연구자들은 호텔 청소부들의 체중, 체지방, 혈압을 체크한 뒤 이들을 두 그룹으로 나눴다. 한 그룹은 평소대로 업무에 복귀했다. 두 번째 그룹은 연구자들과 잠시 함께 머물면서 평소 근무일에 소모하는 칼로리가 얼마나 되는지 전해 들었다. 알고 보니 이들의 활동량은 미국 질병통제예방센터CDC에서 활동적인 생활 방식으로 권고한 기준을 채우고도 남았다. 그리고 4주 후에 연구자들은 두 그룹의 체중, 체지방, 혈압을 다시 체크했다. 청소부들의 행동에 변화가 없었음에도 두 번째 그룹은 평균 체중, 혈압, 체지방, 허리와 엉덩이 비율, 체질량지수인 BMI가 모두 개선되었다.

얼마나 흥미로운 결과인가! 하지만 생각이 발휘하는 엄청난 힘을 보여주는 예는 이 외에도 많다. 예를 들어 미래에 일어날 잠재적으로 어려운 일(이를테면 내게 종종 스트레스를 안겨주는 동료와의 회의)을 시각화하면, 이 생각은 실제 그 사건을 겪고 있을 때와 똑같이 고통스러운 신체 반응을 일으킨다. 뇌는 상상과 현실을 구분하지 않고 단지 반응할 뿐이다. 이 현상을 보여주는 더 가벼운 예로, 개 한 마리가 방 안에 들어왔다고 상상하면 뇌는 실제로 방 안에 개가 들어왔을 때와 똑같이 반응한다.

생각의 힘을 증명하는 흥미로운 예로, 앞서 말한 심리학자 엘렌 랭어가 1979년에 80대 남성 그룹을 대상으로 실험한 연구 결과를 들 수 있다.[2] 랭어는 수도원 한 곳을 인수하고 그곳을 실험 참여자들이 20년 더 젊었던 시절(1959년)처럼 보이도록 꾸몄다. 게다가 실내에는 1959년에 발행된 신문과 LP 음반을 가득 채우고 당시 개봉한 영화들도 상영했다.

그런 다음 실험 참여자들을 두 그룹으로 나눴다. 실험 그룹은 실제로 수도원으로 이주해 최대한 1959년에 머물러 있는 듯 지내며 시간을 보냈다. 통제 그룹은 1959년에 어떻게 살았었는지를 이야기하기만 했다.

연구자들은 실험 전후 이들의 신체적·정신적 역량을 모두 검사했다. 참여자 전원이 체중, 걸음걸이, 자세 등의 영역에서 다소 '젊어'졌지만, 실험 그룹의 63%는 지능이 향상되었다(이에 비해 통제 그룹은 44%가 향상되었다). 또한, 실험 그룹은 기동성과 손재주도 좋아지고, 심지어 관절염도 완화됐다. 더 놀라운 것은 실험 지속 기간이다. 실험을 고작 1주일 진행했음에도 이 같은 유익한 결과가 나타났다.

사고방식의 변화는 미미했으나 여파는 대대적이었다. 그렇다면 사고방식을 대대적으로 바꿀 경우 여러분에게 어떤 대단한 결과가 나타날지 한번 상상해보라.

쉴 새 없이 떠드는 내면의 목소리

대다수 직업인은 사고방식의 중요성을 인정하면서도 자신의 사고방식을 적절히 조성하지 못해 애를 먹는다. 왜 그럴까? 사고방식은 이미 사전에 형성되기 때문이다. 이런 사전 형성은 나쁜 아이디어, 불완전한 생각, 불필요한 공포, 그 외 우리의 무한한 잠재력을 펼치지 못하도록 주의를 빼앗는 수다쟁이인 내면의 목소리로 나타난다. 영성 지도자 마이클 싱어Michael A. Singer는 그의 저서 『상처 받지 않는 영혼』에서 사전 형성된 우리 마음이 매 순간 어떻게 움직이는지 설명했다.

> 아직 알아채지 못했을지도 모르지만, 여러분의 머릿속에서는 절대로 멈추지 않는 대화가 이루어지고 있다. 그 대화는 계속 이어진다. 왜 거기서 대화가 일어나고 있는지 한 번이라도 궁금해한 적이 있는가? 무엇을 언제 말할지는 어떻게 정할까? 말하는 것 중 사실로 밝혀지는 것은 얼마나 될까? 거기서 말하는 것 중에 중요하기라도 한 건 얼마나 될까? 지금 이 순간 "무슨 소릴 하는지 모르겠군요. 내 머릿속에는 아무 목소리도 없다고요!"라는 소릴 듣고 있다면, 그게 바로 지금 말하고 있는 목소리다.

싱어의 주장에 따르면 내 마음은 온전히 나의 것이 아니며, 내 마음은 자기만의 삶이 있다. 마음의 부정적인 영향에서 벗어나려면 한 걸음 물러서서 마음을 관찰하는 법을 배워야 한다.

내면의 목소리는 인간이 존재해온 지난 20만 년의 시간이 낳은 환경의 산물이다. 원시 환경에서 식량을 비롯한 양식은 특정 계절에만 구할 수 있었으므로 늘 해결하기 어려운 문제였다. 게다가 인간은 맹수, 경쟁 관계에 있는 부족 등 끝없는 위협 속에 살았다.

이런 환경에서 생겨난 내면의 목소리는 오직 하나만 생각한다. 바로 생존이다. 이 논리에 따라 내면의 목소리는 최대한 위험을 피하고 에너지 소모를 줄이며, (온갖 수단을 써서) 타인의 눈에 매력적으로 보여야 한다고 조언한다.

내면의 목소리는 나의 잠재력을 펼치는 일과는 완벽히 배치되는 수많은 행동을 강요한다. 직장에서 이해되지 않는 아이디어나 결정을 접했을 때, 내면의 목소리는 그것을 피하라고 경고하며 이렇게 말한다. '정말 어리석은 아이디어로군. 대체 누가 이런 걸 떠올린 거야?' 그 목소리는 나의 세상을 우리 편과 상대편으로 구분하고 누구든 나와 다른 사람은 피하라고 지시한다. '우리' 편에는 좋은 점만 연결 짓고, '상대' 편에는 나쁜 점만 연결 지음으로써 스스로 결정을 내리기보다는 속해 있는 그룹에서 공유하는 의견을 따르려고 노력하게 한다. 대인관계에 문제가 생겼을 때, 내면의 목소리는 상대의 뒤에서 그를 헐뜯도록 압박한다(내면의 목소리는 겁쟁이다). 여러분의 꿈과 포부를 대할 때, 내면의 목소리는 위험과 불확실성만 바라보면서 의심의 눈초리로 이런 말을 퍼붓는다. '내가 이걸 정말 할 수 있을까? 이걸 하는 사람은 아무도 없는 것 같은데. 그냥 내가 하던 방식을 고수하는 편이 낫겠어.'

에너지 소모를 최소화하려는 뜻에서 내면의 목소리는 새로운 지식을 습득하고 새로운 능력을 익히는 대신, 이미 잘 알고 능숙하게 해내는 일을 고수하도록 압박한다. 특정 목표를 성취하거나 어떤 활동을 수행할 때도 가장 쉬운 길을 택하라고 부추긴다. 그 방법이 남을 속이거나 중간 과정을 건너뛰는 것이어도 말이다. 대체로 내면의 목소리는 내가 영향을 미칠 수 있는 것보다 그럴 수 없는 것에 집중하라고 부추긴다. 왜 그럴까? 내가 영향을 미칠 수 있는 것(나 자신)에 초점을 맞추면 에너지 소모가 크기 때문이다.

일이 잘못됐을 때, 내면의 목소리는 주도적인 태도로 행동에 나서서 상황을 개선하기보다 자신을 안타까워하고 타인에게 비난을 돌리라고 부추긴다. 재능은 내가 아닌 남들이나 가진 것이라면서, 스스로 무언가에 능숙해질 만큼 연습하기보다 로저 페더러Roger Federer와 세레나 윌리엄스Serena Williams의 테니스 경기를 TV로 지켜보는 데 만족해야 한다고 말하기도 한다. 또한, 타인에게 매력적으로 보이기 위해서는 남들 앞에서 나의 성과를 한껏 부풀려 말하고, 지킨 수 없음을 알면서도 약속을 내뱉으라고 압박한다.

여러분의 나쁜 행동, 의심스러운 감정, 터무니없는 생각은 대개 성격이나 성장 배경 또는 삶의 경험과 아무런 관계가 없다. 이들 대부분은 바로 내면의 목소리가 주도한다. 그런 내면의 목소리를 갖게 해달라고 요청한 적은 없다. 그러므로 그 목소리가 여러분의 개인적·직업적 삶에 끼친 피해를 두고 스스로를 비난할 수도 없다. 하지만 이를 변화시키기 위해 무언가를 할 수는 있다.

첫 단계는 진짜 내가 누구인지 깨닫는 것이다. 특정한 생각, 감정, 능력이나 행동을 가지도록 뇌를 재구성하고, 삶이 선사하는 무한한 잠재력을 창조하고 추구할 힘은 나에게 있다. 나는 나의 꿈이자, 배우고 발전하려는 나의 의욕이자, 미지의 세계를 탐구하려는 나의 욕구다. 나는 무한하다. 여러분 안에는 고유한 방식으로 세상에 기여할 수 있는 사람(모차르트, 데이비드 보위, 스티브 잡스, 세레나 윌리엄스, 마틴 루터 킹, 오프라 윈프리, 알버트 아인슈타인, 레이디 가가, 또는 자신이 추앙하는 다른 누군가)의 씨앗이 들어 있다.

여러분 내면의 스타성을 펼쳐내고 싶다면 더는 재능을 믿지 말자. 재능이 존재한다고 믿을 경우, 자기에게 재능이 없다고 생각되는 일에는 에너지를 쓰지 않으려 할 것이다. 내가 아는 한 재능이란 존재하지 않는다.

나를 훌륭하고 효과적인 코치로 만드는 비결 중 하나는 내가 모든 고객을 잠재적인 슈퍼스타로 바라본다는 점이다. 고객이 달성하고 싶거나 달성해야 할 일이 무엇이든 간에 나는 목표를 달성한 그들의 모습을 상상할 수 있다. 덕분에 그들이 밟아야 할 단계, 익혀야 할 도구와 접근법을 찾을 수 있다. 또한, 재능이란 존재하지 않는다는 확신은 고객들이 꿈과 포부를 실현하기 위해 해결해야 할 자신의 단점들과 발전 영역을 인정하도록 용기를 심어준다.

이 슈퍼 연료는 여러분도 쉽게 활용할 수 있다. 자신을 올바른 각도에서 바라보기만 한다면 말이다.

무한한 잠재력을 펼쳐라

문제를 인지하고 이를 해결하는 방식을 개선함으로써 여러분의 무한한 잠재력을 펼쳐보자. 문제 해결력은 동기 부여, 행복도, 일의 수행과 발전에 있어 근본적으로 중요하다. 나의 멘토 미하이 칙센트미하이는 최적의 기능을 발휘하는 인간에 관한 그의 연구에서 이와 같은 진리를 발견했다. 인간에게 문제를 풀고 있을 때만큼 강하고 살아 있다는 느낌을 주는 것은 거의 없으며, 이해할 수 없거나 풀 수 없는 문제를 대할 때처럼 의욕을 죽이는 순간도 드물다는 것이다.

대다수 직장인이 문제 해결 과정에서 상당히 잘못된 길로 가게 되는 것은 내면의 목소리 때문이다.

"유명한 말이 있죠. 의견이란 다 멍청한 거라고요. 모두들 하나씩 가지고 있으니까요." 작곡가이자 연주자인 동시에 코미디언이자 배우기도 한 팀 민친Tim Minchin은 2013년 서호주대학교 졸업생들에게 이렇게 말했다. "이 말에는 놀라운 지혜가 담겨 있죠. 하지만 저는 모든 의견이 멍청하지는 않다고 덧붙이고 싶습니다. 여러분은 의견을 끊임없이 그리고 철저하게 점검해야 하니까요."[3]

물론 객관적인 관점을 유지하고 당면한 문제를 논리적으로 따지는 편이 더 낫지만, 기존의 내 의견과 모순되는 관찰, 아이디어, 사실을 받아들이는 일만큼 내면의 목소리가 어려워하는 일은 없다. 심지어 모순이 일어나는 순간이 새로운 통찰과 지식을 얻는 신호가 된다는 것을 직관적으로 감지하는데도 말이다. 우리는 모순을 받아들이는 데 어려움을 겪을뿐더러, 내면의 목소리는 이런 모순에 노출되는 상황을 언짢아한다. 이런 상황에서 모순되는 증거들은 기존의 신념을 더 꽉 붙들도록 압박하기도 한다.

신경과학과 심리학을 처음 공부하기 시작한 1990년대 후반

당시, 나는 마음이 보수적으로 편견을 고수하고 이를 보존하고자 번번이 새로운 지식을 거절한다는 사실을 알고 깜짝 놀랐다. 이런 경향성을 경고하기 위해 맥킨지의 한 동료와 나는 H-파일(휴먼 파일)이라는 프로젝트를 앞장서서 추진했다. 이 프로젝트는 인간 마음의 약점들을 중점적으로 다뤘는데, 여기에 다음과 같은 그래프를 실었다.

나는 오랜 기간에 걸쳐 수천 명에게 이를 보여주었다. 대개는 웃으면서 "그렇네요. 이게 바로 나의 믿음과 모순되는 것을 맞닥뜨렸을 때 내 머릿속에서 일어나는 일이군요"라고 말한다. 이 과정은 다음과 같다.

첫째, 우리는 모순된 의견을 내놓는 사람이 외부인이라거나 충분한 자격, 경험, 연공 서열을 갖추지 않았다며 그 의견을 거절

새로운 지식 앞에서 보수적인 인간의 마음

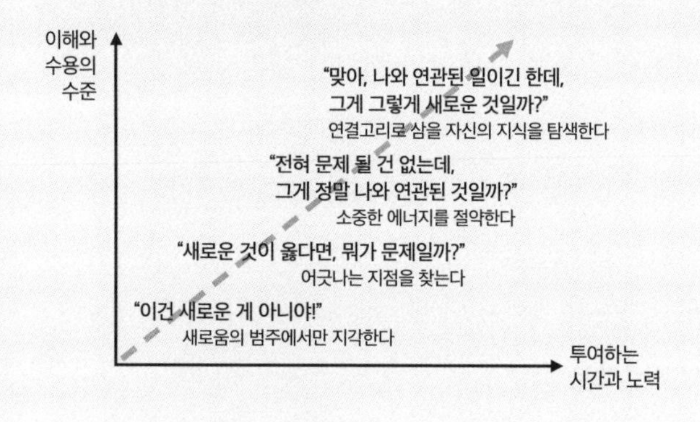

하려 한다. 하지만 여러분 혹은 여러분과 똑같은 배경, 관심사, 자격, 경험을 갖춘 사람이 모순(이를테면 완전히 새로운 작업 방식)을 생각해낼 가능성은 적다. 그런 의견은 거의 늘 여러분이 속한 그룹 외부의 사람에게서 나온다.

둘째, 내면의 목소리는 나와 내 상황은 고유하다며 모순을 회피하려 한다. 그 모순(새로운 작업 방식)이 좋아 보이기는 하나 나의 고유한 상황에는 적용되지 않는다고 주장하는 것이다.

셋째이자 최후의 수단으로, 내면의 목소리는 새로 제안된 작업 방식을 이미 시도해봤으나 효과가 없었다고 선언하게 함으로써 여러분을 거짓말쟁이로 만든다.

컨설턴트들은 어떤 조직을 도우려고 할 때 이런 수법에 부딪히곤 하는데, 이는 사내에서도 자주 일어나는 일이다. 특정 작업 방식을 훌륭하게 실행한 부서가 이 방법을 다른 부서에도 공유하려고 할 때, 타 부서 사람들은 새로운 작업 방식을 배우지 않을 목적으로 온갖 수법을 이용한다. 컨설턴트로 활동하던 초기에는 우리의 제안이 적절하지 않다거나 이미 시도해봤다는 고객의 말을 믿었지만, 오래지 않아 그들이 거짓말하고 있다는 사실을 알게 되었다.

물론, 모순된 제안이 실제로 잘못된 일일 수도 있고, 추구하기에 부적절한 일일지도 모른다. 하지만 다시 말하건대, 그렇지 않은 일일 수도 있다.

내면의 목소리에 속지 마라

내면의 목소리는 새로운 아이디어에 저항하게 만들기도 하지만, 반대로 아주 잘 속아 넘어가게 만들기도 한다. 다음 시나리오를 한번 상상해보자.

길을 걷다가 커피를 한잔하기로 했다. 찾아 들어간 커피숍 안은 북적거렸지만, 간신히 빈 테이블을 찾았다. 얼마 후, 한 남자가 앞에 나타나더니 합석해도 되겠냐고 묻는다. 그가 자신을 소개했고 두 사람은 가벼운 대화를 시작한다. 알고 보니 그는 빅데이터를 전문으로 하는 소프트웨어 기업의 영업사원이라고 했다. 그가 자기 일에 능숙한 괜찮은 사람이라는 느낌이 든다. 그런데 느닷없이 그가 주제를 바꾼다. "오늘 아침에 친구에게 전화를 받았는데요. 그 녀석 친구의 친구의 직장 동료 스티븐슨 씨가 실종된 지 좀 됐는데, 당국은 사망한 것으로 추정한다더군요. 그 사람이 어떻게 죽었을까 궁금해요." 이 말을 하자마자 시계를 확인한 그는 회의에 늦었다는 것을 깨닫고 부리나케 커피숍에서 나갔다. 커피를 다 마신 여러분은 스티븐슨 씨에 관한 생각을 멈출 수가 없다. 그는 어떻게 죽었을까? 그러고는 그 문제를 모든 측면에서 바라보기 시작한다.

'그는 자연사했을까?' 여러분은 이런 궁리를 해본다. '아마 살해당했을 거야. 어쩌면 자살했을 수도 있지.' 그러고는 자연사, 살해, 자살 등의 대안을 추려본 뒤에 이렇게 생각한다. '그래. 모든

선택지는 이 정도로 압축될 거야.'

하지만 틀렸다! 여러분은 비판적 사고의 최대 장애물인 닻 내림 효과anchoring에 빠진 것이다. 닻 내림 효과는 안전을 지키고자 신속한 결정을 내려 에너지 효율을 높일 목적에서 내면의 목소리가 발달시킨 강력한 인지 편향이다. 이 효과는 자신과 세상을 지각하는 방식에 항시 작용한다. 다시 말해, 어떤 문제나 상황에 관해 처음 얻은 정보 조각이 후속 사고를 편향시키곤 한다는 뜻이다.

이 상황에서 여러분이 빠진 닻 내림 효과는 '그는 어떻게 죽었을까?'라는 질문이다. 앞으로 돌아가서 처음 만난 그 사람이 말해준 것을 생각해보면, 한 가지 이 문제의 명백한 측면 혹은 선택지를 포착해야 한다. 스티븐슨 씨가 죽었다는 것을 확실히 아는 사람은 없다.

스티븐슨 씨는 실종 상태이고 당국은 그가 사망했을 거라고 추정할 뿐임을 기억하라. 그렇다고 그가 실제로 죽었다는 뜻은 아니다. 그의 실종은 자발적인 행동이었을까? 납치되진 않았을까?

주어진 정보를 놓고 볼 때, 반드시 고려해야 할 중요한 측면 혹은 선택지는 직관에 어긋난다. 스티븐슨 씨는 애초에 존재하지도 않았으므로 아마 죽지 않았을 것이다! 인정하라. 여러분이 만난 남자는 제3자 또는 제4자로부터 얻은 정보를 들려준 것일 수 있다. 그것을 믿어야 한다고 생각할 만한 사실적인 정보는 하나도 없다.

처음 만난 그는 좋은 사람 같았다. 하지만 그는 사기꾼이거나 병적인 거짓말쟁이일 수도 있다. 그를 신뢰한 것은 또 다른 인지 편향 때문이었다. 우리는 공감할 만한 사람을 신뢰하는 경향이 있다. 하지만 인상 좋은 사람이라고 해서 그보다 인상이 덜 좋은 사람보다 본질적으로 더 신뢰감이 있는 것은 아니다.

그러므로 모든 상황에서 여러분이 내린 닻이 무엇인지를 항상 유념하라. 나와 비슷해 보이면 신뢰할 수 있다고 무조건 추정하지도 마라. 늘 그런 것은 아니다.

이런 점들을 모두 염두에 두었다면 이제 시작해보자. 2부에서는 내면의 목소리를 극복하고 새로운 지식을 받아들이며, 더 논리적으로 사고하고, 더 효과적으로 문제를 해결하는 데 유용한 도구와 원리들을 제공할 것이다.

14

부정적인 대화에 참여하지 마라

부정성negativity은 내가 만났던 대다수 조직의 기본적인 분위기였다. 사람들은 일상적으로 서로를 헐뜯고 업무를 불평하는 한편, 경영진에게 냉소적인 태도를 보였다. 일터에 나타나는 이런 분위기는 내면의 목소리 때문에 대다수 사람이 공유하는 약점에서 비롯된다. 위험을 감수하고 불편한 상황을 직면하기를 꺼리는 약점 말이다. 내면의 목소리도 근본적으로는 게으른 탓에 일을 재고하기보다는 불평만 늘어놓으려 한다. 실제로 팔을 걷어붙이고 상황을 개선하기보다 불평하는 쪽이 에너지 소모가 적기 때문이다. 동시에 내면의 목소리는 내가 중요한 사람으로 보이길 간절히 원한다. 다른 사람이 결정한 일이 내게 영향을 미칠 때 기본적으로 혐오나 분노 등의 부정적인 태도로 반응하는 이유도 여기에 있다.

직장에서 부정적인 대화에 엮이면 내가 꿈꾸는 슈퍼스타가 되기 위한 여정에서 필요한 주의를 빼앗길 뿐이다. 게다가 그런 대화는 내가 나쁜 사람이 된 듯한 느낌마저 준다. 마음 깊은 곳에서는 불평, 뒷말, 험담이 잘못된 것임을 우리 모두가 알고 있다. 그러므로 다음의 원칙을 마음에 새기길 바란다.

- 한 동료와 겪는 갈등이나 의견 차이는 그 동료 외에 누구와도 공유하지 마라.
- 지금 겪는 인간관계의 문제를 적극적으로 해결할 생각이 없다면, 그 문제에 관해 그만 생각하라! 그리 중요한 일도 아니다.
- 누군가 다가와서 어떤 동료에 관해 험담을 늘어놓으려고 한다면 대화에 참여하길 거부하고, 그런 의견 차이는 당사자와 논의하라고 독려하라.
- 누군가 여러분이 이해 못할 의사 결정을 내린다면 그 결정을 속단하지 마라. 결정의 배경 정보를 파악하고 현실에서 그 결정이 어떻게 작용할지 생각해보라. 여러분이 가진 두뇌를 활용하라.

15

매주 위험을 평가하고 비상 계획을 갖춰라

미 해군 특수부대 네이비실은 위험 평가와 비상 계획 수립에 많은 시간을 투자한다. 그들은 자신들의 계획을 꼼꼼하게 세우지만, 그들 사이에는 "어떤 계획이라도 적과 처음 만나는 순간 무너진다"라는 말도 있다. 그들은 '불쾌한 일은 벌어지기 마련'이라는 사실을 알고 있다. 언제나 그들의 통제를 벗어나는 요인 또는 그들이 충분히 고려하지 못한 갖가지 상황이 생겨날 수 있다는 뜻이다.

이 말이 여러분과 무슨 관계가 있을까? 생각해보면 여러분은 내면의 목소리가 부정적인 사고의 소용돌이에 휘말리지 않기를 바란다. 하지만 현실적으로 잘못될 만한 일들의 위험성을 진지하게 고려할수록 더 든든히 준비를 갖춰 눈앞에 닥치는 어떤 일들을 처리할 수 있다.

다음은 나의 고객들이 흔히 경험했던 뜻밖에 발생한 부정적인 일의 몇몇 예다.

- 중요한 의사 결정이 변경된다.
- 새로운 업무들이 내게 할당된다.
- 마감 기한과 요청 사항이 달라진다.
- 사안을 둘러싼 주요 이해 당사자들의 의견이 서로 다르다.
- 협업 파트너들이 맡은 역할을 해내지 못한다.

'잘못될 만한 일이 무엇일까?'를 미리 생각하고 고민하는 것을 주간 습관으로 삼아보라. 그러면 실제로 위험이 발생할 때를 대비할 만한 계획을 세울 수 있다.

나는 좋은 위치와 상황에 놓여 있는 직업인들이 위험 평가를 거의 하지 않는다는 사실을 경험을 통해 알고 있다. 위험 평가가 불필요하다고 생각하기 때문이다. 모든 일이 순조롭게 흘러가는데 굳이 잘못될 만한 일에 왜 초점을 맞추겠는가? 나쁜 일을 생각하는 것이 그들에게는 정서적 고통을 유발하는 듯하다. 나는 여기에 작용하는 심리를 이해한다. 이는 마치 결혼식을 준비하는 동시에 최후의 이혼을 대비해 비상 계획을 수립하는 일과 비슷하다.

몇 년 전, 나는 급성장하는 생명공학 기업의 CEO에게 합병과 인수 전략에 관해 조언한 적이 있다. 그의 회사는 마케팅 차원에서 자사 제품의 이점을 홍보하기 전에 규제 당국의 승인을 기다리던 중이었다. 승인이 떨어지면 거물급 파트너와 세계적인 유통 계약도 체결할 수 있을 터였다.

나는 승인 결과를 수시로 물어보았는데 그때마다 CEO는 승인이 확정된 것이나 다름없다고 힘주어 말했다. 심지어 그는 자사와 규제 당국이 주고받은 일부 서신도 보여주었는데, 내용을 보니 유망해 보였다. 하지만 나는 모든 일이 끝날 때까지는 끝난 게 아니라는 기조로 일하는 사람인지라 플랜 B에 관해 적어도 세 번은 물어보았다. 그때마다 그는 화를 낼 뻔했지만, 나중에는 웃어넘기며 이렇게 말했다. "스테판, 걱정해 주는 건 고맙지만, 솔직히 말하면 규제 당국이 어떤 식으로 생각하고 움직이는지 내가 잘 알아요. 우리 회사의 성과를 놓고 볼 때, 이미 확정된 것이나 다름없다니까요."

그의 회사가 규제 당국으로부터 승인을 받았는가? 아니다.

그의 회사는 비상 계획을 수립해 두었는가? 아니다.

CEO는 자기 자리를 지켰는가? 아니다.

위기를 평가하고 비상 계획을 수립하는 데는 이유가 있다. 상황이 얼마나 좋아 보이든 간에 모든 일은 끝날 때까지 끝난 것이 아니기 때문이다. 성공을 위한 모든 요인을 빠짐없이 통제하기란 불가능하다. 여러분은 언제나 다른 사람들 그리고 관련된 사건들, 때로는 관련되지 않은 사건들이 전개되는 양상에 의존할 수 밖에 없다.

어떤 일로 고군분투하고 있거나 이미 실패한 상황에서도 위험 평가와 비상 계획 수립은 똑같이 중요하다. 지금 직면하고 있는 위험들에 관한 균형 잡힌 관점을 얻어야 하기 때문이다. 상황이 나쁠 때는 또 다른 실패 가능성을 과대평가하곤 하는데, 이는 분석 마비 또는 무반응으로 이어질 수도 있다. 또 다른 이유는 처음에 내가 실패한 원인(나는 애초에 왜 실패했을까?)을 더 똑똑하게 파악하기 위해서다.

일간, 주간 위험 평가를 시작한 한 고객은 이렇게 말했다.

> 한 주, 하루를 시작하기 전에 잠재적인 위험 요소들을 생각해봅니다. 크나큰 영향을 미칠 만한 위험 요소들에 관해서는 실행 방법들을 세웁니다. 그 위험이 실제로 나타났을 때 대처할 방법에 관한 실행 계획을 짜놓는 거죠. 위험 평가를 시작하기 전에 제가 스트레스를 받았던 주원인 중 하나는, '상황을 엉망으로 만드는' 위험이 늘 존재한다는 걸 알았기 때문입니다. 적극적으로 위험 요소들을 규명하고 그 요소들의 발생 가능성을 낮췄더니 통제감이 훨씬 커졌습니다. 이제 저는 언제든지 제가 최악의 결과를 피하기 위해 최선을 다했다는 사실을 압니다. 실제로 위험들이 발생한다고 해도 이에 대처할 계획도 있습니다.

16

일터에서 피해자가 아닌 탐정이 되어라

여러분은 일터에서 더 회복력 높게 생활하기 위해 마음을 관리해야 한다. 우리가 가장 멀리해야 할 사고방식은 인간이 지닌 기본 사고방식, 즉 피해자 의식일 것이다.

피해자 의식은 단기적으로는 우리에게 유익하다. 내가 상황 또는 타인의 행동의 피해자라면 직접 나서서 해결할 만한 일이 전혀 없다. 나를 비참하게 만들고 있는 그 사람만이 내 상황을 바꿀 권한이 있다. 이제 이런 사고방식은 지워버리자. 이런 사고방식을 내면 세계에 들여놓을 때, 여러분은 자신이 무력감을 느끼도록 허용하는 것이나 다름없고 이는 상황을 악화시킬 뿐이다.

대신 내가 '탐정의 사고방식'이라고 이름 붙인 태도를 연습해보라. 심술궂거나 같이 일하기 어려운 사람이 있다면, 생각을 바꿔 그를 풀어내야 할 흥미로운 문젯거리라고 여겨라. 이 사람이 왜 그런 식으로 행동하는지, 어떻게 하면 그를 더 효과적으로 상대할지 알아내는 것을 여러분의 프로젝트로 삼아라.

내 고객 중 상사나 동료와의 어려운 관계 때문에 괴로워하고, 그런 '나쁜 사람들'과 동떨어진 다른 일을 찾아 현 직책을 내려놓는 쪽을 진지하게 고민한 이들은 셀 수 없이 많다. 이는 자연스러운 경향이다. 나쁜 인간관계만큼 우리에게 정서적·정신적으로 큰 상처를 안겨주는 것도 드물기 때문이다. 문제는 세상이 까다로운 사람들로 가득 차 있다는 것이다. 그러므로 스스로 성장하여 자기 운명을 개척하길 원한다면, 풀어낼 수 없을 듯한 상황을 생산적인 문제로 변화시키는 기술에 숙달해야 한다.

나는 고객들에게 2~3주 정도 시간을 두고 자신의 앙숙을 관찰하면서 그들이 왜 그런 방식으로 말하고 행동하는지 알아내 보라고 권한다. 그리고 고객의 어떤 말이나 행동이 그런 나쁜 행동을 자극하는지도 생각해보라고 말한다. 나는 고객들에게 상대와 다양한 방식으로 상호 작용해보라고 적극적으로 권한다. 대다수 경우에 이는 좋은 효과를 낳는다. 일부 고객은 불가능해 보이던 관계의 흐름을 몇 주 만에 완전히 바꾸는 데 성공했다.

이를 실천했던 한 고객의 이야기를 들어보자.

저는 제대로 된 설명 하나 없이 번번이 저의 아이디어를 깎아내리는 거친 사람과 일했습니다. 그 사람을 어떻게 대해야 할지 도통 알 수가 없어서 점점 더 좌절감이 쌓였죠. 그러던 중 탐정의 사고방식을 소개받았는데 덕분에 두려움을 지적 호기심으로 바꿀 수 있었습니다. 제가 내놓는 아이디어에 그가 왜 그런 식으로 느끼는지, 그가 나라면 어떻게 행동할지를 탐구하기 시작했습니다. 그의 동기, 그가 내리는 의사 결정도 살펴봤죠. 머지않아 그가 개인적으로나 직업적으로 엄청난 압박에 짓눌려 있고, 이것이 저와 관계를 맺는 능력에도 영향을 미치고 있다는 결론을 내렸습니다. 이런 배경을 알고 나니 생각이 바뀌더군요. 제가 먼저 그의 입장이 되어 신뢰와 신용을 쌓은 후에 그와의 협력을 시도해야 한다는 사실을 깨달았습니다. 이렇게 제가 익힌 것을 실천했더니 그는 저를 신뢰할 만한 동료이자 조언자로 봐주기 시작했습니다.

탐정의 사고방식은 인간관계를 넘어 직업 생활 전 영역에 적용할 수 있다. 목표에 도달하지 못했을 때 불쾌히 여긴다고 상황이 달라지지는 않는다. 실패의 최대 문제는 실패 자체가 아니라 여기서 파생되는 정서적 고통이다. 실제로 이 고통은 실패의 규모나 심각성에 대한 나의 인식을 한껏 부풀려놓는다. 성공을 경험할 때도 마찬가지다. 성공이 만들어내는 정서적 쾌감은 자신을 쉽게 과대평가하게 만든다. 지금 경험하는 것이 실패든 성공이든 중요한 것은 정서적 도취에서 신속히 빠져나오는 일이다. 분석적인 태도로 상황을 균형 있고 냉정하게 바라보라. 즉, 그것을 배움의 기회로 삼으라는 것이다. 나는 왜 성공하지 못했을까? 목표 설정이 잘못되었나? 준비가 형편없었나? 계획이 불완전하고 신중하지 못했나? 실행 단계에서 노력과 확신이 부족했나? 다음번에 다르게 하려면 무엇을 해야 할까? 아니면 반대로, 내가 잘한 점은 무엇일까? 또 그렇게 하려면 어떻게 해야 할까?

50-50 원칙을 사용해보라. 나의 고객 중 한 사람이 알려준 이 원칙은 자신의 과거, 현재, 미래의 성공과 실패에 관해 생각하는 방식이다. 이 고객은 사업에 뛰어들기 전에 엘리트 운동선수로 활약했었다. 그때부터 그녀는 대다수 사람에게는 부담스럽게 여겨질 만한 '불가능한' 프로젝트를 연이어서 해냈다.

그녀는 징징대거나 불평하는 법이 없었다. 언제나 사실을 토대로 냉정하게 자신의 도전 과제를 이야기했다. 그렇게 건설적이고 균형 잡힌 관점을 유지하는 비결을 묻자 그녀는 이렇게 답했다. "음, 저는 스포츠계에 몸담았을 때 가지고 있던 사고방식을 사용합니다. 실패하거나 성공할 때마다 절반은 내 책임이고 절반은 나의 통제를 벗어나는 요인들 때문이라고 보는 거죠. 그러니 실패했다고 자살할 이유도 없고, 성공했다고 과하게 도취할 이유도 없지 않겠어요? 제가 할 수 있는 건 최선을 다하는 것뿐입니다."

탐정의 사고방식은 불가능해 보이는 도전 과제에 맞닥뜨렸을 때도 중요한 태도다. 업무상 나는 날마다 불가능한 일을 마주하는 고객들을 끊임없이 만난다. 게다가 나는 살아오면서 2000년대 초반의 닷컴 위기, 2008년 금융위기, 2020년 코로나바이러스 확산 등 '불가능한' 상황들을 여럿 겪었다. 이러한 상황에서 의욕을 유지하려면, 탐정처럼 생각하면서 우리 모두가 마음 깊은 곳에서 인정하는 다음의 사실에 다시 한번 집중해야 한다. 즉 불가능한 일은 없으며, 불가능에 가까운 일일지라도 언제든 지금보다 더 나은 상황을 만들 수 있다는 사실 말이다. 불가능한 상황이 만들어내는 난제들에 감사해야 한다. 그런 상황이야말로 자신과 다른 사람들의 최선의 노력을 끌어낼 것을 요구하기 때문이다.

탐정의 사고방식은 순식간에 여러분의 세계를 더 흥미로운 장소, 분석할 주제가 가득한 곳으로 바꿔준다. 거의 모든 문제는 해결할 수 있다. 문제는 얼마나 많은 시간과 주의력을 투자하느냐 하는 것뿐이다.

다른 누구도 아닌 여러분만이 자신에게 벌어지는 일들을 대하는 방식을 결정할 수 있다는 사실을 받아들이고 나면 신체적·정신적 건강이 향상될 것이다. 언제든지 한 걸음 물러나 자신이 맞닥뜨린 도전 과제를 어떻게 인지할지 신중하게 결정하는 습관을 기르면, 스트레스에서 자신을 분리하는 능력도 얻게 된다.

17

언제든지 회사에 올바른 일을 하라

여러분이 급여를 받는 이유는 무엇일까? 이 질문을 잘 생각해보라. 여러분의 답은 자신에 관한 생각, 그리고 직장에서 처신하는 방식에 중대한 영향을 미칠 것이다. 내가 생각하는 정답을 말하기 전에 그 답을 떠올리게 된 계기를 말해주고 싶다. 그때가 내 경력의 전환점이 되었기 때문이다. 수년 전 맥킨지 앤드 컴퍼니를 떠나 처음으로 임원 직책을 맡았을 때, 나는 개인적으로나 직업적으로 위기에 봉착해 있었다. 내 주변은 자기 일을 거의 해내지 않는 사람들로 가득했는데, 그들은 비생산적으로 행동하고 끝없는 정치 게임에 발을 들이곤 했다(나는 이것이 대다수 조직의 일반적인 행태임을 나중에 알게 되었다).

나는 딱할 정도로 사람들을 이끌 준비가 되지 않은 상태였다. 맥킨지에서 함께 일하던 모든 사람은 이례적으로 건설적이었고, 다양한 팀은 물론 온갖 유형의 사람들과 효과적으로 일하는 방법을 알고 있었다. 직원들은 예외 없이 늘 기대 수준만큼 해내거나 그보다 더 훌륭한 성과를 냈다. 마감 기한을 놓치는 경우는 들어 본 적이 없었다. 그런 일은 전혀 일어나지 않았으니 말이다.

임원직을 맡고 첫 6개월을 보내는 동안 나는 힘겨운 나날을 보냈다. 상황을 완전히 파악하고 훌륭한 일을 해내고 싶었다. 하지만 어떻게? 새 회사의 관행들을 그대로 답습하기는 싫었다. 그래서 나는 직무 기술서에 적힌 구체적인 과업을 넘어 내 역할과 기본적인 책무가 무엇인지 깊이 생각하기 시작했다. 그러자 한 가지 중대한 질문이 천천히 머릿속에서 틀을 잡기 시작했다. '내 고용주는 왜 내게 급여를 지급할까?' 뒤이어 해답이 떠올랐다. '나는 회사의 최대의 이익을 위해 생각하고 행동하는 대가로 급여를 받는다.' 바로 이것이었다!

회사의 최대 이익에 초점을 맞춘다는 말의 뜻을 분명히 설명해야겠다. 이 말은 상사나 중역실 또는 CEO, 그 외 사내 다른 사람의 최대 이익을 생각한다는 것이 아니다. 여러분의 일, 성과, 행동, 여러분이 감독하는 사람들 등 모든 요소가 회사를 더 튼튼하고 건전하며 더 일하기 좋은 곳으로 만들도록 주의를 기울이라는 뜻이다. 도덕적인 측면에서 회사에 반대하고 있다면(회사의 사업이 사회에 해악을 끼치고 있거나 경영진이 부패한 경우) 퇴사를 생각해봐야 한다. 그런 경우가 아니라면 내가 할 일은 팀의 구성원들과 회사가 번창하도록 돕는 것이다.

새로운 관점으로 무장하고 나니 직속 부하와 동료, 그리고 상사를 대할 때 명확한 방향성이 생겼고 더불어 마음 편하게 생각하고 행동할 수 있었다. 그들이 나쁜 행동을 했거나, 해야 할 일을 놓쳤거나, 명백하게 회사의 최대 이익에 부합하지 않는 방식으로 행동하면 당사자를 불러냈다. 공격이 아니라 질문을 하려는 의도였다.

두 명의 직속 부하 사이에 갈등이 생겨 원활한 협업이 어려울 때는 두 사람을 모두 내 사무실로 불러 이렇게 말하곤 했다. "밥 그리고 제인, 여러분의 업무 결과를 훼손하는 갈등을 겪고 있는 게 명백하군요. 이 상황이 어떻게 회사의 최대 이익에 부합하는지 설명해줄 수 있을까요?"

만약 그들이 이런 '문제'를 겪는 이유를 설명하려 들면 나는 말을 자르면서 이렇게 말했다. "여러분이 왜 이런 문제를 겪는지는 관심 없습니다. 제가 묻는 건 이 상황이 어떻게 회사의 최대 이익에 부합하느냐는 겁니다." 나는 묵묵부답인 그들에게 앞으로 30분을 줄 테니 해결책을 짜서 보고하라고 지시했다. 그리고 다시는 같은 문제가 발생하지 않도록 제대로 해결해야 한다고도 분명히 일러두었다.

나는 이 접근 방식이 매우 강력하다는 사실을 확인했다. 덕분에 지도자인 나뿐만 아니라 함께 일하는 모든 사람의 삶이 훨씬 수월해졌다. 갑자기 우리의 행동, 업무 결과, 아이디어, 우선 사항 등을 평가하는 데 납득할 만한 기준이 생긴 덕분이었다.

하지만 유익은 여기서 그치지 않는다. 나와 주변 사람들은 회사의 최대 이익에 초점을 맞추면서 생각하는 방식도 더 훌륭해졌다. 왜일까? 우리의 초점을 회사의 최대 이익에 맞추려면 온갖 이기적인 필요 사항과 함께 내면의 목소리도 내려놓아야 했기 때문이다. 자신의 이기적인 필요 사항을 회사에 들여놓을 때, 여러분의 지적 능력 대부분은 어쩔 수 없이 개인의 욕구 뒷전으로 밀리게 된다.

의식에서든 잠재의식에서든 자신의 이기적인 필요에 지배당하면 시야가 좁아져 당면한 상황에서 나와 연관된 요소들만 고려하게 된다. 이 편향은 과업을 수행하는 방식, 동료 및 이해관계자와 관계 맺는 방식, 배우고 익힐 대상 등 여러분과 관계된 모든 일에 스며든다. 게다가 자신의 이기적인 필요 사항을 앞세우면 부정적인 스트레스가 발생한다.

왜일까? 이유는 간단하다. 자신의 필요 사항을 충족하지 않는 모든 것은 자신을 모욕하는 것으로 치부하기 때문이다. 이렇게 되면 매일 부정적인 생각 때문에 좌절감, 분노, 부담감에 짓눌린 채 퇴근할 가능성이 크다.

무엇이 회사의 최대 이익에 부합하는가에 관한 통찰력을 꾸준히 기른다면, 상대가 누구며 그가 어떤 생각을 하든 자신감 있게 대화할 수 있다. 개인의 행동 방식과 관계없이 대다수 사람은 기업의 관점에서 합당하다고 여기는 자신의 책무를 최우선으로 해야 한다는 것을 알고 있다. 이것이 여러분의 유일한 동기임을 분명히 해두기만 한다면 그들은 여러분이 청렴한 사람임을 신뢰하고, 여러분이 자신의 이익에 부합하도록 자기 문제나 의견을 밀어붙이는 사람이 아님을 믿어줄 것이다.

이에 관해 생각하는 또 다른 방식은, 언제나 회사의 최대 이익에 부합하는 것인지를 고민하는 것이다. 다음 세 가지 사항을 고려해보라.

1. 여러분이 하는 모든 일은 실행 비용보다 많은 가치를 창출해야 한다. 그러므로 여러분의 업무 결과물을 활용하는 사람들과 함께 결과물의 가치를 주기적으로 검토하라.
2. 다른 사람들과의 협업의 질 또는 다른 사람을 대하는 행동에 있어서 개인 간의 합, 다양한 관심사, 외모, 그 외 요인들은 절대로 영향을 끼쳐서는 안 된다.
3. 자기 리더십과 주도적인 자세를 발휘하라. 필수적인 업무가 방치되고 있다는 사실을 알아차린 경우, 적어도 담당자가 이를 실행하지 않는 이유를 확인하는 것은 여러분의 책임이다. 만약 그에게 수긍할 만한 이유가 있다면 도움을 건네도 좋다.

올바르게 일하지 않는 상사에게

그렇다. 회사를 위해 옳은 일을 하지 않는 상사들도 존재한다. 주된 원인 중 하나는 많은 회사의 채용 절차가 부실하고 빈틈이 있기 때문이다. 게다가 사측이 지도자들과 직원들의 수행 성과를 평가하는 데 서툴 수 있다. 나쁘고, 무능하고, 자기만 생각하는 상사들은 존재할 뿐만 아니라 추궁당하는 경우도 거의 없다.

나도 나쁜 상사들을 겪어본 적이 있다. 임원 경력 후반부에 한 회사의 혁신을 돕고자 합류했을 때, CEO는 사회성이 상당히 발달한 좋은 사람 같아 보였다. 하지만 이내 그가 야비한 태도로 사람들을 대한다는 사실을 알게 되었다. 그에게 가장 중요한 기준은 잘 차려입고 좋은 인상을 주는 것이었다. 그는 자기 기준에 미치지 못하는 사람이 있으면 해고하고 싶어 했다. 내가 그 회사에 있는 동안 무수히 많은 사람이 그 기준에 미치지 못했다. 게다가 그는 회사 밖 사람들이 자신을 어떻게 생각하는지에도 지나치게 민감했다. 고객이나 사업 파트너가 아니라 그가 사는 호화로운 동네의 불특정 다수 말이다. 그는 주말에도 내게 전화를 걸어 그의 이웃이 건넨 얄팍한 의견을 근거로 회사의 운영 방식을 대폭 변경하라고 지시하곤 했다. 내 상사라는 이 남성이 대표하는 모든 면면이 나와는 딴판이었다.

처음에는 사임할까도 고민했지만, 내가 이 회사를 훨씬 더 나은 곳으로 만들어줄 수도 있겠다는 생각이 들었다. 그래서 회사에 머물면서 상사에게 이의를 제기했다. 그가 누군가를 해고하거나 말도 안 되는 변화를 추구하려 할 때마다, 나는 그에게 생각의 요점을 정리하고 그의 아이디어가 회사의 최대 이익과 혁신에 어떻게 기여하는지 구체적으로 설명해달라고 요청했다. 그로서는 도무지 설명할 길이 없었다. 결국 그는 아무도 해고하지 못했고 그가 말한 '개선 아이디어'를 실행하지도 않았다. 점차 그는 형편없는 아이디어를 더는 떠올리지 않았는데, 덕분에 나는 회사를 탈바꿈하려는 작업에 온전히 집중할 수 있었다. 그리고 결국 성공적으로 임무를 완수했다. 그런 CEO가 있었음에도 말이다.

나쁜 상사 밑에 있을 때 여러분은 무엇을 할 수 있을까? 할 수만 있다면 퇴사하라는 것이 내가 건네는 첫 번째 조언이다! 나쁜 상사의 언행처럼 내면의 목소리를 부추기는 것도 없다. 이는 끝없는 스트레스를 일으키고 비참한 상태에 놓이게 한다. 하지만 어떤 이유에서든 퇴사할 수 없는 상황이라면 어떻게 해야 할까? 이때 맨 먼저 고민할 질문은 상사의 나쁜 행동이 회사를 위해 늘 옳은 일을 하려는 여러분을 가로막느냐는 것이다. 여러분의 답이 '아니오'라면 계속해서 회사를 위해 옳은 일을 수행하면서, 상사가 교체되거나 아니면 때가 되어 여러분이 주목받고 보상을 얻길 바라야 한다.

만약 여러분의 답이 '예'라면 그때는 두 가지 선택지가 있다. 첫째는 나처럼 상사에게 대꾸하면서 그가 옳은 일을 하도록 설득하려고 노력하는 것이다('옳은 일'이라고 해서 상사에게 그만두라고 설득하라는 말은 아니다. 사실 그 사람에게는 그것이 진정 옳은 일이긴 해도 말이다). 이때 상사가 시키는 대로 하라고 강요한다면, 비록 회사의 최대 이익에는 배치되더라도(하지만 명백한 불법은 아니라면) 여러분에게는 하나의 선택지만이 남는다. 정확히 상사가 지시하는 대로 하는 것이다.

절대 하지 말아야 할 일이 있다. 상사의 지시를 거부하거나 눈에 띄게 상사와 부딪히는 것이다. 대다수 사람은 '손뼉도 마주쳐야 소리가 난다'는 믿음 아래 움직이므로, 그 갈등에 관한 한 여러분에게도 일말의 책임이 있다고 간주할 것이다. 또한, 사내 다른 사람들 앞에서 상사에 관해 불평해서도 안 된다. 역효과가 날 수 있다. 상사의 상사에게 불평하는 일은 더더욱 안 된다. 그는 여러분의 상사를 고용했을 가능성이 있으므로 그의 면을 세워주는 데 지속적인 관심을 보일 것이다.

듣고 보니 우울해지는가? 그렇다면 여기서 위안의 말을 좀 건네야겠다. 나쁜 상사를 없애는 가장 확실한 방법은 그의 말을 그대로 실행하는 것이다. 여러분이 상사의 아이디어와 우선 사항을 토대로 움직이고 있음이 분명하고 그것이 가치를 창출하지 못한다는 사실이 명백해지면, 아마 여러분의 상사는 퇴사를 요청받을 것이다.

18

자신에게 환영 편지를 써두고 휴가를 떠나라

휴가에서 돌아온 직후에는 다시 업무 속도를 내거나 신나게 일에 뛰어들기가 어렵다고 느껴지는가? 한 가지 훌륭한 속임수가 있다. 휴가를 떠나기 전에 자신에게 보내는 복귀 환영 편지를 쓰는 것이다. 이 편지에는 떠나기 전 여러분이 달성한 몇몇 흥미로운 성과에 관한 짧은 글, 복귀 첫 주에 할 만한 단순하면서도 흥미로운 일들에 관한 아이디어들, 그리고 향후 몇 개월간 집중해야 할 주요 업무의 우선순위가 담겨 있어야 한다.

이 편지를 작성하면 여러 가지 유익을 얻을 수 있다. 첫째, 떠나 있는 동안 느긋하게 긴장을 풀 수 있다. 미리 계획을 세워둔 덕분에 복귀 후에 무슨 일에 집중해야 할지, 어떻게 의욕을 끌어올릴지 걱정할 필요가 없기 때문이다. 둘째, 편지를 쓰는 일 그리고 휴가 후에 이를 읽는 일 모두가 그 자체로 재미있는 활동이다.

한 글로벌 기업의 인사 디렉터로 일하는 나의 고객 린다가 쓴 편지의 예를 살펴보자.

> 휴가에서 돌아온 걸 환영해, 린다!
>
> 새로 장만한 여름 별장에서 가족과 함께 즐겁게 지냈길 바라. 아이들이 호수에서 수영하는 걸 정말 좋아했겠지.

사무실에 복귀한 여러분은 휴가 전에 몇 주, 몇 달간 자기가 달성한 모든 놀라운 성과를 토대로 일할 준비가 된 활력이 넘치는 상태여야 한다.

- 너의 이해관계자들은 새로운 인재 구성도를 보고 리더와 직원들에 대한 회사의 평가 방식 면에서 크나큰 진전이 있었다고 인정했어.
- 서비스 부서 대표인 밥과의 관계를 개선한 덕분에 서비스 부서의 리더십 개발 부문에서 더 큰 투명성을 확보할 수 있었어.
- 제니가 혼자 힘으로 인사 평가를 주도하도록 코치한 덕분에 너만을 위한 귀중한 시간을 얻었을 뿐 아니라 제니의 업무 만족도도 높아졌어.

업무에 복귀한 첫 주는 어떻게 시작해야 할까? 다음에서 몇몇 아이디어를 찾아보자.

- 팀원들을 한자리에 모아 향후 2주간 각자의 업무 우선순위를 공유할 뿐 아니라 휴가 때 만든 최고의 추억을 서로 이야기하게 하자.
- 밥과 만나 그의 휴가를 논의하고, 그가 담당한 지도자들을 위한 탄탄한 계획을 세우는 데 필요한 다음 단계들을 논의하자.
- 연구개발 부문의 채용 개선 방법에 대해 일차적인 생각들을 간략히 정리하자.

다음은 향후 두세 달 동안 그녀가 달성하려는 몇몇 중요한 목표들이다.

1. 글로벌 사업 운용에서의 성과 관리 프로젝트를 진행한다. 10월 인재 평가 제안서를 주제로 임원진과 후속 회의를 열어 마감 기한을 확인한다.
2. 9월 30일까지 인도, 중국, 미국의 모든 핵심 부서를 위한 탄탄한 실행 계획을 수립한다.
3. 10월 15일까지 인도의 모든 리더를 위한 심리 안전 트레이닝을 완료한다.
4. 제임스, 연구개발 부서 대표와 함께 연구개발 엔지니어들의

채용 절차를 개선한다. 세부 계획은 11월 1일 전까지 마련해야 한다.

린다, 휴가를 마치고 흥미로운 사무실로 돌아온 걸 다시 한번 환영해.

19

내면의 불안을 적극적으로 관리하라

내면의 목소리는 우리를 안전하게 지켜야 한다는 생각에 극도로 불안한 상태에 놓여 있다. 따라서 모든 사람은 이따금씩 초조와 불안을 느끼게 된다. 문제는 이런 상태에서는 명료한 생각이 불가능하다는 것이다.

삶의 전반적인 불안을 줄이는 좋은 방법은 마음챙김mindfulness 명상을 날마다 실천하는 것이다. 자신의 호흡에 집중하는 방법을 배우면 문득 불안이 찾아들 때 이를 다스릴 수 있다. 나는 20여 년간 마음챙김 명상을 실천하면서 큰 효과를 얻고 있다.

그러나 날마다 마음챙김 명상을 실천한다고 해서 초조함과 불안을 유발하는 상황을 피할 수는 없다. 문제는 우리가 그런 상황을 곧 맞닥뜨릴 것을 알면서도 잘못된 방식으로 대처하곤 한다는 것이다. 그 상황을 떠올리는 것만으로도 고통스럽다며 생각조차 안 하려 한다거나, 반대로 이를 지나치게 고민하면서 실제 상황을 현실보다 훨씬 심각하게 부풀려 생각하기도 한다.

이런 상황에 대처하는 최선책은 사건이 일어나기 전에 마음속에서 초조함과 불안을 끄집어내는 것이다. 이로써 상황을 객관적으로 바라보고 합리적으로 접근할 수 있게 된다.

아래 단락들에는 불안을 다루는 데 활용할 몇 가지 도구가 실려 있다. 자신에게 맞는 대로 각 도구를 별도로 사용해도 좋고, 여러 도구를 조합해서 활용해도 좋다.

불안을 유발하는 일정 체크하기

캘린더를 보면서 이렇게 자문해보자. '앞으로 몇 주 사이에 내게 불안을 일으킬 만한 사건은 무엇일까?' 캘린더를 출력해 해당 사건에 표시하라. 더 바람직한 방법은 캘린더에 색깔별로 표시를 하는 것이다. 까다로운 사건은 빨간색으로 강조 표시를 해두고 나머지는 녹색으로 표시한다.

이 방법이 제공하는 유익은 다양하다. 첫째, 초조함을 유발하는 사건과 일상적인 사건의 실제 비율을 확인하면 더 균형 있는 관점이 생긴다. 무언가를 예상하는 데서 오는 스트레스는 우리 마음을 장악해 주어진 상황이 실제보다 더 나쁘다고 믿게 만든다. 둘째, 사건을 표시하는 간단한 행위는 통제감을 구축하는 첫 단계인데 이 자체로 마음이 안정된다.

나만의 전략 세우기

초조함을 일으키는 사건을 마주하기 2~3일 전, 자리에 앉아 여러분만의 전략을 생각해보라. 준비 및 실행 단계에서 할 일과 하지 말아야 할 일은 무엇인가? 최악의 시나리오 두세 가지를 예상해보고, 실제 그런 일이 벌어지면 어떻게 대응할지 정해두자. 사건 전에 적어도 두 번은 자신의 목표와 전략을 재검토하고 다듬어라. 사건이 종료되면 사후 검토를 하는 것도 잊지 말자. 평가하고 교훈을 얻어라!

내가 어려워하는 주제는 대중 강연이다. 지금까지 수백 번 연단에 서봤음에도 강연해야 한다고 생각하면 여전히 속이 메스꺼워진다. 이때 나는 다음과 같이 대처한다.

- 강연 내용을 철저히 준비한다.
- 초반 10분을 어떻게 진행할지 상세히 계획한다. 시작하는 말은 무엇으로 할지부터 어떤 자세와 몸짓으로 메시지를

전달할지도 생각한다. 구체적으로 청중과 어떻게 관계를 맺을지에 집중한다. 만약 내가 좋아하는 지인이 객석에 있다면 그와 직접 대화하듯 말할 수 있다. 관객 중 몇몇 사람에게 집중해 그들과 상호 작용해볼 수도 있다.

- 여러 번 강연을 연습하며 메시지를 전달하는 다양한 방법을 시험해본다. 특히 첫 메시지를 어떻게 전달할지에 주의를 기울인다.

이 모든 계획은 내가 초조함에서 벗어나도록 도와준다. 무대 위에 있는 동안 아무리 스트레스를 받더라도 각 단계에서 해야 할 일을 정확히 알고 있기 때문이다.

생각을 글로 적거나 큰소리로 혼잣말하기

사건 당일 아침에 점점 초조해진다는 느낌이 들면, 자리에 앉아 빈 종이나 캘린더에 간단히 메모를 해보자.

마음속에 있는 생각을 전부 글로 적어라. 구조나 논리는 전혀 중요하지 않다. 그저 생각을 글로 적되 분석하지 마라. 적을 만한 것을 전부 적었다면 이제 분석해보자. 발표를 잘 해낼지 의구심이 든다면, 스스로에 대한 통제감이 들 때까지 자신과 토론해보라.

또 다른 방법은 문을 닫고 큰소리로 혼잣말을 하는 것이다. 처음에 든 생각들을 전부 꺼내놓고 그것들의 정체를 '확인'했다면, 지금 느껴지는 기분이 논리적으로 합당한지 자신과 토론해보라. 만약 그렇지 않다면 어떤 기분이 더 적절할지 자문해보라.

주어진 시간의 양에 따라 이 방법들을 여러 번 되풀이할 수도 있다.

4+4 호흡법 활용하기

사건을 코앞에 두고 점점 초조해진다면 자리에 앉아 4초간 천천히 숨을 들이마시고 4초간 천천히 내뱉는다. 이를 적어도 2분간 반복하라. 이는 심장 박동과 호흡을 정상으로 되돌리는 데 긍정적으로 작용해 정신을 맑아지게 한다. 필요하다면 사건이 진행되는 동안에도 이 호흡법을 활용할 수 있다.

20

불확실성 앞에서 논리적으로 사고하라

불확실성만큼 내면의 목소리를 자극하는 것은 드물다. 불확실성을 맞닥뜨릴 때 우리는 온몸이 마비될 정도로 큰 스트레스를 받을 수 있다. 실제로 압박이 심하고 숨 가쁘게 돌아가는 업무 환경에서는 온갖 상황이 더욱더 불확실해진다. 조직 최상부에서 이루어지는 의사 결정에는 상세한 설명이 따르지 않으며(흔한 일), 회사의 새로운 우선순위나 업무 방식을 인트라넷에 공유할 때는 이에 관한 이유와 향후 절차를 자세히 말해주는 법이 없다(역시 흔한 일).

우리 뇌는 불확실성을 위험으로 간주하며 이는 디폴트 모드 네트워크를 과열시킨다. 그 결과 강박적인 태도를 발휘해 위험 가능성과 그 규모를 한층 민감하게 인식한다.

그동안 번아웃으로 힘들어하는 많은 고객을 만나보았다. 거의 모든 상황에서 번아웃의 원인은 업무가 너무 많았거나 업무 시간이 너무 긴 것이 아니었다. 문제는 마음속에 해소되지 않은 불확실성이 너무 많았다는 것이었다. 그들은 이를 환한 빛 아래 드러내기보다 억누르려고 애쓰고 있었다. 이 고객들이 맞닥뜨린 불확실성은 배우자나 자녀와의 관계와 같은 개인적인 일부터, 어디로 튈지 모르는 상사나 자신에게 적대적인 근무 환경, 직업적 미래와 관련된 뚜렷한 비전 부재 등 종류도 다양했다.

부정적인 감정을 억누르면 뇌에서 경고와 공포를 담당하는 중추가 활동하면서 더 많은 스트레스가 발생한다.[1] 더 높은 스트레스는 과민증으로 이어지고, 이는 부정적 소용돌이를 일으킨다. 이렇게 잠재의식 속에서 불확실성과 씨름하는 동안 점점 더 많은 정신적 대역폭이 소모된다. 그 결과 의식적인 마음은 낮에도 쉽사리 집중하지 못하고, 밤에도 충분한 수면을 이루지 못한다. 피곤이 커질수록 사고력이 저하되며, 주어진 과업과 주변 상황에 대응하는 데 필요한 에너지와 의욕도 줄어든다. 이렇게 점점 더 뒤처지게 된다.

중요한 것은 뇌 속의 또 다른 네트워크, 즉 실행 기능을 활성화하는 것이다. 다음의 방법을 따라해보자.

1. 자기가 가진 불확실성을 글로 적고 이를 설명해본다. 사적인 것, 직업적인 것 또는 둘 다일 수도 있다.
2. 각각의 불확실성을 조금이나마 덜어낼 방법에 관한 간단한 계획을 수립한다.
3. 이 계획 또는 그동안 수립했던 계획을 바탕으로 날마다 작은 행동을 실천한다.

이를 실행하는 동안 자신에게 세 가지 질문을 던져보자.

1. 내가 해야 한다고 완전히 확신하는 일은 무엇일까?
2. 해야 한다고는 생각하지만 확신하지 못하는 일은 무엇일까?
3. 내가 해야 할지 전혀 갈피를 못 잡는 일은 무엇일까?

다음 표에 제시한 것처럼 여러분의 답을 별도의 '칸'에 적어보라. 내용을 살펴보면 자신이 확신하는 일이 꽤 많다는 사실을 알게 될 것이다. 이 작업은 비교적 신속하게 이루어지는 디폴트 모드 네트워크의 전개를 상쇄하는 한편, 통제감을 높여 스트레스를 경감시킨다. 나아가 이러한 불확실성을 인지하고, (여러분이 그 문제를 억누르려고 애쓸 때조차) 이를 해소하려고 고군분투하던 잠재의식의 작업도 수월해진다. 무엇보다도 이 작업은 부정적인 감정의 순환을 깨뜨리기 위한 중요한 첫걸음이다.

불확실성을 이겨내고 생산성을 발휘하는 논리적인 방법

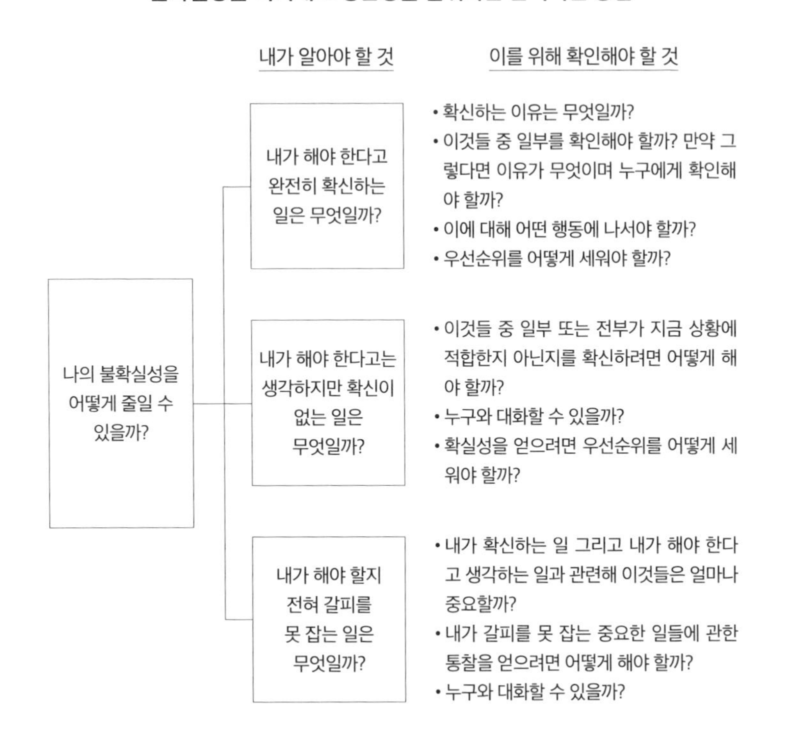

21

불확실성 속에서도 의사소통을 해내라

나의 고객들은 새롭게 맡은 업무에 관한 계획과 우선순위를 수립하라고 요청받았을 때 불안을 느낀다고 말했다.

나와 작업했던 한 신임 CEO는 첫 이사회 회의를 앞두고 있었다. 그는 CEO 직책을 맡은 지 얼마 되지 않았다는 이유 말고도, 이사회 일원 중 두 명이 유난히 세부 사항에 중점을 두고 있어 자신들의 질문에 명확한 답변을 요구한다는 점 때문에 초조해했다(전임 CEO가 해고된 데는 그들의 질문에 만족스럽게 답하지 못했던 이유도 한몫했다).

세부 사항을 중시하는 사람들을 대하는 최악의 방식은 그들에게 평범하고 일반적인 내용을 쏟아부으려 하는 것이다. 내가 답할 수 없는 영역의 세부 사항에 초점을 맞추지 않도록 그들의 관심을 선점해야 한다. 이에 대처하는 간단한 방법은 나의 제시 사항을 세 범주로 구성하는 것이다. 이는 앞에서 소개한 내용과도 유사하다.

1. 내가 완전히 확신하는 내용과 그 함의
2. 사실이라고 믿으나 아직 확신하지 못하는 내용과 그 함의
3. 그 일을 수행하는 것의 중요성, 그리고 이를 파악하고자 현재 실행하는 업무들 중 아직 명확한 관점을 수립하지 못한 부분

내가 만났던 CEO는 이를 정확히 실행했다. 그러자 이사회 일원들은 그가 지금까지 얻은 통찰을 만족스러워하면서 그가 보여준 투명성을 존중했다. 이로써 그는 이사회와 견고한 관계를 구축할 수 있었다.

내가 말하고 있는 내용에 정통하다는 인상을 주는 요소 중 1순위는 구조, 2순위는 내용이라는 점을 늘 기억하라. 다시 말해, 무언가를 말하거나 제시할 때 사용하는 구조는 언제나 그 구조에 담아내는 내용보다 더 중요하다.

불확실성을 이겨내고 의사소통하는 논리적인 방법

오늘 내가 발표할 문제 X의 세 가지 측면

주요 내용의 흐름	세부 요소 예시
문제 X에 관해 내가 완전히 확신하는 것, 이것이 의미하는 시사점	• 결론: 문제 X를 해결하는 데 따르는 사업적 이점, 비용, 도전 과제 • 결론을 뒷받침하는 사실 정보와 분석 내용 • 결론의 시사점 • 시사점을 기반으로 수립한 다음 단계들
문제 X에 관해 내가 믿고 있으나 확신이 없는 것, 이것이 사실일 경우 뒤따르는 잠재적 함의	• 가설: 문제 X를 해결하는 데 추가로 따르는 잠재적인 사업 이점, 비용, 도전 과제들 • 가설을 뒷받침하는 추측과 지표들 • 가설이 사실일 경우의 잠재적 함의 • 가설 검증을 위한 다음 단계들
문제 X에 관해 아직 일정한 관점이나 통찰을 얻지 못한 부분, 이를 해결하기 위한 나의 계획	• 추산: 문제 X를 해결하는 것과 관련해 내가 아직 관점이나 통찰을 확보하지 못한 부분들이 사업적 이점, 비용, 도전 과제 차원에서 차지하는 잠재적 중요도 • 추산을 뒷받침하는 추측과 지표들 • 추산의 타당성을 명확히 하기 위한 다음 단계들

22

이메일을 똑똑하게 활용하라

내 고객들은 메일함에 들어오는 온갖 이메일들에 부담을 느낀다고 자주 하소연한다. 사실 분석적으로 접근해보면 여러분의 메일 수신함은 매우 귀중한 자원이 될 수도 있다. 다음은 이메일을 최대한으로 활용하는 데 유용한 몇몇 지침이다.

1. 이메일 수신량을 측정하라. 4주간 이메일을 수신하고 이를 분석해보라. 보통 하루에 몇 개나 받는가? 나의 고객 대다수는 자기가 느끼는 것보다 실제로 수신하는 메일의 양이 너무 적다는 사실에 놀라곤 한다. 보통 하루에 받는 이메일 중

정확히 여러분에게 온 것은 몇 개나 되는가? 그중 여러분의 답변이 필요한 것은 몇 개인가?

2. 이메일 작성자를 분석하라. 여러분에게 이메일을 가장 많이 보내는 사람들을 모아두는 폴더를 생성해 수신함을 정리하라. 그들이 작성한 글의 주제 및 글쓰기 방식을 분석해보라. 작문 방식만큼 글쓴이의 태도, 기술력, 사고방식을 잘 드러내는 것은 드물다.
3. 어떤 주제들이 이메일로 다루기 부적합한지 구분하라. 사람들이 이메일을 통해 여러분에게 전달하는 주제 다수는 다른 채널을 활용했더라면 훨씬 더 효율적이었을 수도 있다. 몇몇 이메일은 발신자가 너무 무지하거나 게으른 탓에 스스로 얻지 못했던 정보를 요구한다. 때로는 얼른 전화 한 통을 거는 편이 시간이 오래 걸리는 문자 소통의 필요성을 제거할 수 있다.
4. 매일 이메일을 읽고 회신하는 데 30분을 할애하라. 물론 이 시간은 날마다 10분씩 세 번, 15분씩 두 번으로 나누어 사용할 수도 있다. 관건은 이메일 회신에 고정된 시간을 할당하는 것이다.
5. 정서적으로 예민한 주제는 절대로 이메일로 소통하지 마라. 여러분의 이메일을 받는 사람과의 관계가 좋지 않을 때도 이메일 소통은 절대 금물이다. 내 고객 중에서도 협업 문제를 논의하거나 해결할 요량으로 이메일을 사용하는 실수를

저지른 사람이 많았다. 이런 이메일은 전혀 효과적이지 않을뿐더러 문제를 악화시킬 위험이 있다. 모든 유형의 예민한 주제는 대면해서 다루는 쪽이 최선이다. 그럴 수 없을 때는 줌Zoom이나 전화를 사용하는 편이 좋다.

23

소셜 미디어에서 허비하는 시간을 줄여라

내가 방문했던 고객사 가운데 직원들이 지나친 스트레스에 짓눌리고 업무량이 너무 버겁다고 보고했던 곳은 셀 수 없이 많았다. 고객사에 방문하면 대개 사무실을 둘러보며 직원들을 관찰하고 그들과 가볍게 대화를 나누는 데 몇 시간을 보내곤 한다. 특히 나는 그들이 컴퓨터 화면에 띄워놓은 것들을 유심히 살펴보는데, 소셜 미디어 플랫폼이 열려 있는 경우도 많다.

그러니 그렇게들 스트레스에 짓눌리지! 귀중한 업무 시간을 소셜 미디어에 허비한다면 당연히 자기 일이 버겁게 느껴질 것이다. 니콜라스 카Nicholas Carr는 〈월스트리트 저널〉에 기고한 탁월한 기사에서 스마트폰이 우리의 생활과 업무 수행 능력을 방해하는 방식을 주제로 한 몇몇 흥미로운 연구 결과를 요약했다.[1]

애플 사가 수집한 자료에 따르면, 평균적인 아이폰 사용자는 하루에 약 80번 휴대전화를 꺼내 사용한다. 여기에 365를 곱해 보면 1년에 거의 3만 번 휴대전화를 쓰는 셈이다.

스마트폰이 이 정도까지 우리의 삶을 지배하도록 허락했을 때 마음속에는 어떤 일이 일어날까? 이 질문을 다룬 연구에서 우려스러운 결과가 나왔다.

텍사스대학교 오스틴 캠퍼스에서 조교수로 재직 중인 에이드리언 워드Adrian Ward는 스마트폰이 우리의 사고와 판단에 영향을 끼치는 방식을 연구해왔다. 스마트폰을 사용하거나 심지어 벨소리 또는 진동을 듣기만 해도 어려운 문제에 집중하기가 훨씬 어려워진다. 2015년 연구에 따르면 사람들은 전화벨 소리를 들었으나 받을 수 없을 때, 혈압이 상승하고 맥박이 빨라지며 문제 해결 능력이 감소하는 것으로 나타났다.[2]

워드와 동료들은 실험 참여자의 가용 인지 역량(특정 과제에 온전히 집중하는 정도), 그리고 그들의 유동적 지능(낯선 문제를 해결하는 능력)을 측정하는 검사를 진행했다.[3] 그런 다음 피험자를 세 그룹으로 나누어 다시 한번 검사를 진행했다. 한 그룹은 자신의 휴대전화를 책상 위에 올려놓았고, 다른 한 그룹은 휴대전화를 호주머니나 핸드백에 넣어 두었으며, 마지막 그룹은 휴대전화를 아예 다른 방에 보관했다.

결과는 명확했다. 두 차례의 측정에서 휴대전화를 다른 방에 두었던 참여자들이 가장 높은 점수를 얻었다. 휴대전화를 호주머니나 가방에 보관했던 참여자들은 앞의 그룹보다 점수가 나빴지만, 눈에 보이는 곳에 휴대전화를 놓아두었던 사람들만큼 나쁘지는 않았다. 다시 말해 휴대전화가 더 가까이 있을수록 두뇌 활용 능력이 줄어든 것이다.

휴대전화를 주변에 둘 때 손상되는 것은 추론 능력만이 아니다. 사회적 기술이나 관계 수립 능력도 저하된다. 2013년 연구에서는 참여자들이 짝을 이루어 10분간 대화를 주고받았다.[4] 이 중 절반이 휴대전화를 소지했고, 다른 절반은 그렇지 않았다. 휴대전화의 존재는 대인관계에서 형성되는 친밀감과 신뢰감을 저해하고, 공감과 이해를 축소시켰다.

그렇다면 스마트폰을 어떻게 다뤄야 할까? 간단한 규칙 세 가지를 제안한다.

1. 회의 석상에는 절대로 휴대전화를 들고 가지 마라. 급한 연락을 기다리고 있다면 동료에게 휴대전화를 맡겨놓고, 회의 중에 잠깐 들어와 알려달라고 부탁하라.
2. 까다로운 업무나 문제를 다룰 때는 휴대전화를 무음으로 해놓고 눈에 띄지 않는 곳에 보관하라.
3. 휴대전화를 꼭 사용해야 한다면 낮 동안 이를 위한 시간을 따로 지정하라.

24

모든 문제는 논리적으로 접근하라

자신의 신념과 경험 또는 편견에 휘둘려 판단 능력이 저하되지 않으려면 어떻게 해야 할까? 간단하다. 논리적으로 생각하는 능력을 기르면 된다.

논리적 사고는 생각뿐만 아니라 행동과 습관과도 연관된다. 논리적 사고를 뒷받침하는 다음의 네 가지 습관을 기르자.

언제나 펜과 종이를 사용하라. 우리의 작업 기억 용량은 제한되어 있다. 따라서 온갖 자잘한 세부 사항이 머릿속에 존재할 경우, 어떤 유형의 문제도 쉬이 해결할 수가 없다. 생각을 글로 적으면 문제를 분석하기가 훨씬 수월해진다.

완벽히 확신한다고 느낄 때 적색경보를 울려라. 어떤 문제와 그 해법에 관해 완벽하게 확신한다고 느낄 때마다 머릿속에 적색경보를 울려야 한다. 왜일까? 그러한 확신 때문에 자신의 신념과 대비되는 신호들은 무시할 수도 있기 때문이다.

영국 옥스퍼드 유니온의 한 강연에서 조던 피터슨Jordan Peterson 교수는 이렇게 말했다. 어떤 문제에 봉착했을 때는 '이 문제에 대한 고화질 이미지가 필요한가, 아니면 내가 가진 기본적인 저화질 화면으로도 충분한가?'라고 고민해야 한다고 말이다. 내 경험에 비추어 볼 때, 대다수 직업인은 자신이 다루는 문제에 대한 저화질 이미지에 의존해 행동하고, 그 결과 수많은 실수를 저지르면서 에너지를 허비한다.

내가 저질렀던 실수들도 거의 늘 내가 옳다고 완벽히 확신했을 때 발생했다. 반면 일말의 의구심이 들 때는 세세한 정황을 살펴보고 생각에 빈틈이 없는지 주의를 기울인다.

문제를 맞닥뜨릴 때마다 이렇게 자문해야 한다. '나는 여기에 적절한 방식으로 대응할 수 있을 만큼 충분히 알고 있을까, 아니면 더 알아야 할까?' 또는, '내가 무언가를 놓치고 있는 까닭에 이 문제에 관해 잘못된 방식으로 생각하는 것은 아닐까?'라고 고민해볼 수도 있다.

주어진 문제에 관해 알고 있다고 생각하는 것들을 목록으로 정리하되 다음의 세 가지를 기준으로 삼아라.

1. 이것이 문제임을 증명하는 사실 정보
2. 이것이 문제임을 인지하는 나의 의식적·잠재의식적 추측이나 신념. 이러한 추측이나 신념의 타당성 또는 허위성을 어떻게 입증할 수 있을지 고민해보라.
3. 아직 이해하지 못하고 있는 영역들. 이 영역에 관한 정보의 타당성 또는 허위성을 어떻게 입증할 수 있을지 고민해보라.

문제를 대하는 자신의 관점의 빈틈과 약점에 초점을 맞춘다면 다음 세 가지 편향을 적극적으로 피할 수 있다.

- 이케아 효과Ikea effect: 나의 아이디어를 포함해 내가 부분적으로 조립한 대상에 대해 지나치게 높은 가치를 부여하는 경향성을 가리킨다. 문제나 해법에 관한 자신의 관점에 지나치게 집착하도록 내면의 목소리가 애쓰고 있다는 점을 인식하라.
- 도구의 법칙: 내면의 목소리는 익숙한 도구나 방법에 과잉 의존하는 한편, 대안적인 접근법은 무시하거나 경시하도록 이끄는 경향이 있다. "손에 쥔 도구가 망치뿐일 때, 모든 문제는 못으로 보인다." 직업적 맥락에서 말하자면, 마케팅 분야에 종사하는 사람의 눈에 모든 비즈니스 문제는 마케팅 측면에서 해결할 수 있다. 기억하라. 여러분이 마주한 문제가 중대할 수도 있지만, 여러분이 이를 해결할 적임자는 아

닐지도 모른다.

- 닻 내림 효과: 앞서 언급했듯이, 내면의 목소리는 우리가 들은 첫 번째 정보 조각에 과잉 의존하도록 유도하는 경향이 있다. 나중에 이에 대비되는 추가 정보를 접하더라도 말이다.

예외 없이 언제나 여러분이 마주한 문제를 정량화하라. 그 문제는 실제로 얼마나 중요한가? 그토록 중요한 이유는 무엇인가? 이를 따져보면 우선순위를 세우는 데 유익하다. 문제의 규모가 파악되면 이를 자신의 다른 모든 문제와 비교해 적절한 시간과 노력을 안배할 수 있다. 문제의 규모와 이를 해결하는 일의 가치를 이해한다면, 이 문제를 푸는 데 어느 정도를 지출할지 계산하기가 쉬워진다.

또한, 이런 자세는 불편한 문제를 덮어두지 않도록 도와주기도 한다. 대대적인 문제라면 분명 해결에 나서야 한다. 사소하거나 미미한 문제라면 그 규모에 맞게 처리할 수 있다. 추산컨대 회사에서 사람들이 다루는 모든 문제의 약 80%는 (1) 미미하거나 (2) 중요하지 않거나 (3) 잘못된 규모의 자원을 동원해 그릇된 방식으로 처리되고 있다. 이러한 추산은 내가 지금껏 관찰한 100여 곳의 회사를 근거로 한다.

내가 임원으로 근무했던 한 회사에서는 스웨터를 만들어 사내 모든 리더에게 나눠주었다. 그리고 스웨터에는 '리더의 가장 좋

은 친구: 얼마나 큰 문제인가?(A LEADER'S BEST FRIEND: HOW BIG IS THE PROBLEM?)'라는 표어를 새겨넣었다.

문제를 더 잘 파악하기 위해 탐색할 사항들을 목록으로 만들었다면, 이를 탐색할 시기(일자와 시간)를 캘린더에 적어두자. 필요한 지식을 얻는 데 도움이 될 만한 사람과 자료의 출처도 알아두자.

모순은 진보의 원동력

모순은 새로운 지식과 기술을 발전시켜 새로운 발견을 이루게 한다는 점에서 진보의 원동력이라고 할 수 있다. 심지어 어떤 모순에 반대할 때도 그 모순을 통해 새로운 통찰을 얻는다. 모순을 탐색하는 습관을 기르면 모순을 규명하는 기술도 생겨난다. 모순을 인식하고 이를 토대로 행동하는 것은 비판적 사고의 핵심적인 특징이다.

누군가 여러분의 생각에서 빈틈이나 약점을 짚어낼 때, 내면의 목소리가 짜증이나 분노를 일으키도록 허용하지 마라. 오히려 이를 선물이라고 생각하라. 이는 자신의 사고 과정(이 경우, 무언가를 놓쳤으므로 자신의 약점을 해결해야 한다는 것), 그리고 이를 짚어낸 동료의 사고 과정(상대는 어떤 사고 과정이나 분석 틀을 가졌기에 내가 보지 못한 것을 보게 된 것일까? 그들에게 물어보라!) 모두에 관한 통찰을 제공한다는 점에서 배움의 기회가 된다.

동료가 여러분의 생각에 존재하는 빈틈이나 약점을 짚어준 내용을 꾸준히 기록하는 업무 일지를 작성하기 시작하라. 때가 되면 이 자료가 자신의 분석력을 연마하는 데 귀중한 자원으로 쓰일 것이다.

여러분의 신념이 모순에 부딪힐 때마다 캘린더를 열어 날짜와 시간을 정해놓고 이를 더 깊이 탐색해보라.

25

다섯 가지 포괄적인 질문을 던져라

나는 오랜 기간에 걸쳐 수백 명의 직업인이 포괄적인 '5대 질문 접근법'에 숙달하도록 지도했는데, 이 접근법은 예외 없이 어떤 상황에서든 그들을 근본적으로 개선했다. 고객들이 가장 많이 꼽았던 유익은 (1) 자신의 관점을 명확히 하고 이를 주장하는 능력의 향상 (2) 더 신속한 문제 파악과 해결 (3) 다수의 문제 사이에서 우선순위를 수립하는 능력의 향상 (4) 더 효과적인 회의와 토론 진행 등이었다.

동료와 협업하든 혼자 작업하든 이 다섯 가지 논리적인 질문을 활용해보라. 이 질문들은 문제에 대한 해법을 모색하거나 회의 석상에서 다른 누군가의 제안을 검증할 때도 같은 효용을 제공한다.

1. 내가 해결하고자 하는 문제는 무엇일까? 주어진 문제를 하나의 질문으로 공식화하고, 원하는 결과(들)를 꼭 포함하도록 노력하라.
2. 얼마나 큰 문제일까? 또한 얼마나 빈번히 발생하는 문제인가? 이 문제가 실제로 유발할 부정적 결과는 무엇인가? 이를 뒷받침하는 자료나 객관적 관찰 지표로는 무엇이 있는가? 문제를 해결함으로써 얻을 수 있는 추가적인 가치와 이점은 무엇인가?
3. 문제의 근본 원인은 무엇일까? 그중 가장 큰 영향과 가장 작은 영향을 미치는 요소는 무엇인가? 해결하기에 가장 어려운 것과 가장 수월한 것은 무엇인가?
4. 대안적인 해법이 존재할까? 만약 그렇다면 이를 평가하는 데 우리가 활용할 기준은 무엇인가? 이와 유사한 문제에 직면해 이를 해결했던 사람들로부터 교훈을 얻을 수 있는가?
5. 최선의 해법은 무엇이며 이를 실행할 방법은 무엇일까? 실행 단계에서 '결정적 순간'으로 작용할 활동들은 무엇인가? 실행 활동을 단기적 지표(일, 주, 월 등)로 세분화해 진척 현황을 평가하려면 어떻게 해야 하는가? 진척 현황을 검토하는 주기는 어느 정도로 잡아야 하는가?

이제 이 5대 질문을 하나하나씩 조금 더 자세히 논하려고 한다.

문제를 공식화하기

특정 연도, 예를 들면 1937년에 태어난 사람의 나이를 알아내는 문제를 예로 들어보자. 전부는 아니라도 대다수 사람은 현재 연도, 이를테면 2024년에서 뺄셈을 한 후 "그 사람은 87세다"라는 답을 내놓을 것이다. 옳은 답이다. 하지만 이는 당사자가 여전히 살아 있을 때만 맞는 답이다. 우리는 그 사람이 여전히 살아 있을 거라고 추정했으나 진실은 알 수 없다. 만약 그가 살아 있지 않다면 문제 자체와 해법이 달라진다. 그러므로 문제를 정의할 때는 극도로 구체적인 자세를 취해야 한다.

여기서 좋은 습관은 주어진 문제를 구체적인 맥락에서 더 똑똑하게 생각하도록 유도하는 질문을 던져보는 것이다. 다음은 배우 존 트라볼타가 출연한 영화 〈페노메논Phenomenon〉의 어느 대화로, 구체화의 중요성을 잘 보여준다.

주어진 문제를 하나의 질문으로 공식화하면서 자신이 달성하려는 바를 표현하면 다음과 같은 여러 이점을 얻는다.

- 목표를 말로 표현하면 문제를 더 깊게 파고들게 되므로 해법도 예리해진다.

문제를 정의할 때의 구체적인 접근법

1937년에 태어난 사람의 나이는 몇인가?
그 사람이 여전히 살아 있는가?

1937년에 태어났고 여전히 살아 있는 사람의 나이는 몇인가?
그 사람이 태어난 날짜는 언제인가?

1937년 1월 31일에 태어났고 여전히 살아 있는 사람의 나이는 몇인가?
그 사람이 태어난 시각은 언제인가?

1937년 1월 31일 오전 11시에 태어났고 여전히 살아 있는 사람의 나이는 몇인가?
그 사람은 어디서 태어났는가?

1937년 1월 31일 오전 11시에 런던에서 태어났고 여전히 살아 있는 사람의 나이는 몇인가?
그렇다면 그 사람은 …

구체성을 추구하는 태도는 문제 해결에 이르는 중요한 요인이다.

출처: 영화 〈페노메논〉(1996) 중

- 긍정적인 에너지가 생겨난다. 단순히 난해한 퍼즐을 해결하는 데 급급하기보다는 무언가를 더 낫게 만들고자 노력하고 있기 때문이다.
- 자연스럽게 다음 단계로 넘어가 주어진 문제를 머릿속에서 관념적 도표로 분해하게 된다.

다음은 더 명확하고 구체적인 혹은 그 반대인 방식으로 공식화한 문제들의 예시다.

덜 명확하고 구체적인 형태	더 명확하고 구체적인 형태
동료 로버트와의 관계를 개선한다.	동료 로버트와의 대화 방식을 개선해서 자주 부딪치지 않으려면 어떻게 해야 할까?
월별 지출을 줄인다.	지속 가능한 방식으로 월별 지출을 500달러씩 줄이려면 어떻게 해야 할까?
가족과 더 많은 시간을 보낸다.	주말과 업무 외 시간에는 일하지 않음으로써 가족과 더 많은 시간을 보내려면 어떻게 해야 할까?
상사가 내 의견을 참고하도록 만든다.	상사가 A, B, C라는 주제에 관해 나의 조언을 적극적으로 구하도록 만들려면 어떻게 해야 할까?

도표 작성하기

문제를 공식화했다면 이제 이를 관념적 도표mental fork로 분해해야 한다. 이슈 트리issue tree라고도 불리는 관념적 도표는 간단히 말하면 '주어진 문제를 관련성 있는 모든 논리의 측면으로 분해한 것'을 말한다. 이때 '내가 알아야 할 것은 무엇일까?'라는 질문을 던지면 작업을 실행하는 데 큰 도움이 된다.

관념적 도표를 만드는 일은 문제 해결에 활용하는 요령 중 단연 가장 강력한 동시에 가장 어렵다. 왜 그럴까? 도표를 작성하는 과정에서 발휘하는 구체성이 직관과 대비되기 때문이다. 관념적 도표는 우리 마음이 정상적으로 작동하는 방식과 어긋난다.

간단한 관념적 도표의 한 예는 다음과 같다.

문제	내가 알아야 할 것
무엇에 초점을 맞춰야 하는가?	내가 영향을 미칠 수 있는 일은 무엇인가? 내가 영향을 미칠 수 없는 일은 무엇인가?
이 일을 어떻게 나눠야 하는가?	나의 책임 소재는 무엇인가? 너의 책임 소재는 무엇인가?
주어진 시간이 넉넉지 않다면?	나의 업무량을 줄일 수 있는가? 나의 업무 절차를 더 효과적으로 만들 수 있는가? 시간을 더 얻을 수 있는가? 자원을 더 늘릴 수 있는가?

다음은 더 복잡한 형태의 관념적 도표의 한 예다.

관념적 도표를 만드는 일은 분명 문제 해결 과정에서 가장 까다로운 부분이지만, 이를 한번 익히고 나면 다음과 같은 이득을 누릴 수 있다.

1. 흔히 저지르는 인지적 편향을 피하는 데 유익하다.
2. 여러 문제 중 해결할 문제를 선정하고 해결 방식을 정하는 과정에서 우선순위를 세우는 데 유익하다.
3. 당면한 문제 또는 유사한 문제에 관한 나의 경험을 구조화하는 데 효과적이다.
4. 하나의 아이디어, 분석, 또는 다른 과제를 실용적인 계획으로 이끄는 강력한 방법이다.
5. 기억력을 향상하고, 특정 문제에 관해 내가 흡수하고 유지하는 정보량을 높여준다.

관념적 도표는 훌륭한 의사소통 도구다. 이를 활용하면 한결 수월하게 사람들을 이끌고 확신을 심어줄 수 있다.

문제의 경중 가리기

예를 들어, 여러분과 동료 로버트의 의견이 너무 빈번히 어긋난다는 문제를 인식했다고 해보자. 이것이 영 꺼림칙해서 상황을 개선하려는 마음에 문제를 공식화해본다. '나의 동료 로버트와 너무 자주 의견이 엇갈리지 않도록 대화 방식을 개선하려면 어떻게 해야 할까?'

다음으로, 단연 가장 중요한 질문을 던진다. 이것은 얼마나 큰 문제일까?

여기서 여러분이 해야 할 작업은 이 문제를 해결하는 일의 가치를 수량화하는 것이다. 이를 조사하기 위해 다음과 같은 질문을 던져본다.

- 이 문제는 얼마나 빈번히 발생할까? 구체적으로 두 사람은 얼마나 자주, 무엇에 관해 의견이 엇갈릴까?
- 이 문제는 어떤 효과를 불러일으킬까?
- 부정적 여파를 피하는 것과는 별도로, 이 문제를 해결했을 때 얻는 이점은 무엇일까?

여기서 하나 덧붙일 말이 있다. 직장에서의 관계 문제를 예로 든 데는 이유가 있다. 내 경험상 사람들은 직장에서의 인간관계를 해석할 때, 완전히 좋거나 완전히 나쁘다는 식으로 부풀려 생각하곤 한다. 여기에는 내면의 목소리가 발휘하는 인지적 편향이 작동한다. '절정-대미 규칙peak-end rule'이라는 편견 때문에, 우리는 사건이나 관계의 종결점뿐만 아니라 감정적으로 절정에 달했던 순간을 특히 잘 기억하는 경향이 있다. 두 사람이 오랜 기간

조화롭게 협력하다가 어느 순간 느닷없이 관계가 틀어졌을 때, 이들은 그 관계 전체를 나빴다고 인식할 가능성이 있다. 서로 협력하는 가운데 수백 시간을 생산적으로 일한 뒤에 붕괴가 일어났을 때도 마찬가지다.

하지만 지금은 로버트와의 문제가 실제로 존재하며 해결할 가치가 있는 경우라고 가정하자. 추산해보니 매월 적어도 한 번은 의견이 어긋난다. 이 때문에 두 사람은 합의점에 도달하기 위해 최소 4시간을 추가로 일하고 있다. 게다가 언쟁이 벌어지고 나면, 적어도 두세 시간은 다른 모든 일에 집중하기가 어렵다. 또한, 의견이 엇갈리는 통에 다른 동료들에게 전달할 일들이 지연되고, 그 결과 그들의 작업마저 지연된다. 직접적인 영향을 받는 동료가 세 명이라고 해보자.

추산을 종합해보면 두 사람의 이견은 최소 3~4일의 추가 작업을 낳고, 이견이 발생할 때마다 작업이 지연되고 있다. 의견 충돌은 한 달에 한 번 발생하므로 이에 따른 직접 비용의 총량은 연간 약 40일이다. 이것이 해당 문제를 해결하는 데 따르는 가치인데 이는 절대 사소하지 않다.

근본적인 원인 분석하기

다음으로 이 문제의 근본 원인은 무엇일까?라는 질문을 던져야 한다. 로버트와의 문제 해결 과정에서 제일 먼저 할 일은 이견의 발생 시점 및 이때 벌어지는 일들을 떠올려보는 것이다. 두 사람은 주로 어떤 상황 또는 주제에 관해 의견이 엇갈리는가? 여러분은 자신의 의견을 어떻게 표현하는가? 또 로버트는 어떻게 표현하는가? 그는 무엇을 말하며 어떤 방식으로 드러내는가? 또 여러분은 어떻게 하는가?

한편, 여러분과 로버트의 의견이 합치되는 상황도 생각해보고, 다음과 같은 유형의 질문을 던져봐야 한다. 그런 상황에서는 무엇이 달랐는가? 그 상황으로 이어지는 과정과 상황 자체에는 어떤 차이점이 있는가?

이 질문들을 차례로 고민하다 보면 일정한 패턴이 확인되는데, 예를 들면 다음과 같다.

- 여러분과 로버트는 해당 주제에 대해 충분히 준비하지 않았으므로(직장 내 의견 충돌의 가장 흔한 원인 중 하나), 충분한 지식을 갖추지 못했다.
- 두 사람이 토론하는 시간, 토론의 흐름, 토론의 주제가 효과적이지 않다.
- 둘의 의견이 엇갈리는 문제는 두 사람이 동의하는 주제들보다 훨씬 민감한 내용이다.

여러분이 규명한 근본 원인이 어떤 조합으로 되어 있든 간에,

이제 문제를 해결할 준비를 갖췄다.

문제 해결하기

이 문제에 대한 최선의 해법은 무엇이며 이를 실행할 방법은 무엇인가? 대안적인 해법이 존재하는가? 여러 선택지를 놓고 고민할 때 고려할 만한 유용한 기준이 있다. 이 기준들은 다음과 같은 질문의 형태로 표현되어야 한다.

- 이 해법에 드는 비용은 얼마일까? 여러분은 근무일 40일에 해당하는 시간을 절약하고자 한다. 따라서 이 해법이 실제로 효과를 낸다면 꽤 높은 시간 예산을 거두는 셈이다.
- 이 해법을 실행하는 데 걸리는 시간은 얼마일까? 너무 오랜 시간은 아니었으면 한다. 이 문제로 인해 집중력이 떨어지고 업무에 투여되는 에너지도 줄어들기 때문이다.
- 나의 역량은 어느 정도일까? 완벽한 해법을 구상했다고 하더라도 여러분과 로버트에게 이를 직접 실행할 역량이 없을 수도 있다. 이 경우 여타의 지원이 필요할 것이며, 이는 추가 시간과 비용을 초래할 것이다.

당연히 언제든 '이 문제에 관해 아무것도 하지 않는다'라는 선택지도 있을 것이다. 하지만 이 경우에는 이것이 대안이 되지 못한다. 나쁜 관계가 초래하는 시간 비용이 크기 때문이다.

해법을 정의할 때는 다음의 두 가지 인지적 편향을 인식해야 한다.

첫 번째는 편승 효과 또는 집단 사고다. 내면의 목소리는 다른 많은 사람이 하는(또는 믿는) 일을 하도록(또는 믿도록) 우리를 이끄는 강력한 경향이 있다. 모든 사람이 같은 것을 생각할 경우, 누구도 깊은 생각을 기울이지 않는다. 여러분이 구상한 최선책이 자기가 속한 집단의 구성원들이 익숙하게 생각하는 방식과 어긋난다고 여긴다면, 이를 피하고 더 수월하게 받아들여질 만한 차선책을 택할 수도 있다. 하지만 이렇게 하는 대신, 어떻게 하면 사람들이 올바른 해법을 인정해줄 수 있을지 깊게 생각해보라.

두 번째는 손실 혐오다. 무언가를 손실했을 때의 감정은 이득을 즐길 때의 감정보다 두 배 강렬하다. 내면의 목소리는 손해를 혐오하므로 이익 가능성을 높이기보다 손실 위험을 제거하는 편을 택할 것이다. 이는 손실(이를테면 특정 권한 또는 책임 영역 및 영향력의 손실)을 발생시킬 해법을 피하게 만들 수도 있다. 이러한 선동을 무시하고, 옳은 쪽을 추구하겠다는 올곧은 자세를 취하라. 그러면 이에 마땅한 자부심이 따를 것이다.

두 사람 모두 최적이라고 동의한 해법을 구상했다면, 확실한 문제 해결을 위해 다음의 질문들을 던져보라.

1. 해법을 실행할 책임은 누구에게 있는가?
2. 나는 무엇을 하고, 로버트는 무엇을 할 것인가?
3. 해법의 구성 요소 중 수월한 혹은 까다로운 요소는 무엇이며, 이들은 어떻게 다룰 것인가?
4. 해법을 실행할 때 상사 등 다른 누군가의 도움이 필요한가?
5. 추가 자원이 요구되는가?
6. 어떤 위험 요소가 존재하며 이를 어떻게 다룰 것인가?
7. 로버트가 해법을 충실히 이행하지 않는다면 어떻게 할 것인가? 이런 경우가 발생한다면 그를 어떻게 대해야 하는가?
8. 어떤 지표를 사용해 해법의 효과를 추적할 것인가?
9. 얼마나 자주 진척 현황을 검토할 것인가?

26

내면의 평화를 찾는 마음가짐을 길러라

우리가 논하고 있는 도구들, 특히 논리적 사고를 활용해 내면의 목소리를 다스리려는 노력을 시작했다면, 여러분은 다음의 근본적인 진실에 걸맞게 행동할 준비가 되었다. 우리는 불완전하게 태어났고 앞으로도 절대로 완전해질 수 없다. 그러므로 삶의 목표는 최대한 배우고 발전함으로써 이 세상을 떠나는 순간 조금이나마 불완전함을 덜어내는 데 있다. 사람들은 대개 마음 깊은 곳에서는 이 진리를 인정하지만, 이를 실천하는 사람은 극히 드물다.

이 핵심적인 신념이 사실상 자신과 주변 사람을 대하는 방식의 모든 측면을 규정한다. 이 신념을 바탕으로 마음가짐을 굳게

하고 싶다면 다음의 신조를 마음에 새겨두자.

> 한 걸음 물러나 다양한 아이디어, 결론, 의견의 한계를 돌아보는 일은 언제나 중요하다. 새로운 배움, 나아가 오래된 방식을 대하는 새로운 사고방식은 늘 존재한다. 특정 사건이나 사람들의 이견 때문에 나의 신념이 시험대에 오를 때, 나는 더 깊은 고찰과 발전의 기회를 만났다고 생각하고 이를 반갑게 여긴다.

이것을 여러분의 핵심 신념으로 삼고, 이 신념이 여러분에게 스며들어 마음가짐을 규정하도록 한다면, 사람들이 '행복'이라고 말할 때 실제로 의미하는 것에 가장 가까운 것, 즉 내면의 평화를 경험할 것이다. 더불어 여러분의 진실성도 높아지며, 성장의 기회를 마주하게 될 것이다.

매사에 의견을 내놓을 필요는 없다

개인적인 것이든, 다른 사람이 말해준 것이든, 미디어에서 보고 들은 것이든 자신이 경험하는 모든 상황에 번번이 의견을 내놓아야 한다는 부담을 벗어버리자.

아이러니하게도 진정한 내면의 평화는 내가 틀린 쪽보다 옳은 쪽에 가깝다고 완벽하게 확신하지 않을 때에야 얻을 수 있다. 대다수 사람들이 실은 아무것도 모르면서 자신을 지적이고, 통찰력 있고, 항상 옳은 위치에 두고자 애쓴다. 세상이 이렇다 보니 오히려 "모르겠습니다", "의견을 내놓을 만큼 잘 알지 못합니다", "제가 틀렸습니다"라고 말할 줄 아는 태도가 내면의 평화를 얻는 지름길이다.

전혀 모르는 일을 잘 알고 있는 양 생각하도록 꼬드기는 내면의 목소리에 그만 속길 바란다. 내가 만났던 가장 확신에 찬 사람들은 하나같이 자기가 무슨 말을 하고 있는지 전혀 모르는 이들이었다.

왠지 뭐라도 말해야 할 것 같다는 이유만으로 입을 열려는 순간의 충동에 저항하라. 더 깊은 수준에서 주제의 적절성을 제대로 따져보지도 않고 말을 꺼내거나 질문을 던지는 일을 멈춰라. 직장에서 논의에 참여한다면 꼼꼼하게 준비하라. 회의에 참석할 때는 질문하거나 제안하기에 적절한 사항을 미리 알아둬라. 제발 닥치는 대로 행동하지 마라!

내가 이해하지 못하는 일들은 어리석거나 틀렸거나 불필요하다고 믿게 만들려는 내면의 목소리를 무시하라. 이해되지 않는 일은 의심해보자. 무언가를 이해하지 못한다는 것은 우리 모두가 공유하는 불완전성을 보여주는 신호다. 이때가 바로 성장할 기회다.

건강한 수준의 의심을 키워라

언젠가 읽은 위대한 테니스 선수 라파엘 나달Rafael Nadal의 프로필에는 의심이 성공의 열쇠였다는 말이 적혀 있었다.[1] 부정적으로 들리지만 사실 이 말은 완벽히 이치에 맞는다.

윔블던 경기에서 마린 실리치Marin Cilic 선수와 준결승전을 앞둔 나달은 앞서 실리치와 열다섯 번 맞붙어 열두 번을 이겼고, 최근 아홉 번은 연승을 거뒀다. 통계만 생각한다면 충분히 경기 결과를 낙관할 수 있다. 하지만 이는 경기를 준비하고 실제로 경기에 임하는 나달을 자만심에 빠지게 만든다. 따라서 그는 오히려 건강한 수준의 의심을 키움으로써 경기 전과 도중에 필요한 모든 세부 사항에 변함없는 초점을 맞췄다.

오랜 기간 나와 작업했던 한 고객도 이와 비슷한 자세를 취했다. 그가 맥킨지의 파트너로 지명된 직후에 나눈 대화를 기억한다. 그에게 "축하합니다. 정말 멋지네요!"라고 말하자 그는 이렇게 답했다. "고맙습니다. 하지만 솔직히 이건 너무 이르지 않나 싶습니다. 함께 지명된 다른 동료들만큼 제가 탄탄한 성과를 갖췄다고 생각하지 않거든요. 제가 보기에는 지명 절차 과정에서 나올 피드백이 매우 귀중할 겁니다. 이를 활용하면 제가 노력해야 할 명확한 목표를 정의할 수 있겠죠."

몇 주 뒤에 이 고객에게서 전화를 받았다. 파트너로 선출되었다는 소식이었다.

나는 어떤 기준에서 보더라도 수많은 직업인이 더 행복하고 성공적인 삶을 살도록 도와준 꽤 훌륭한 성과 코치다. 하지만 나는 나의 성공보다 실패 경험을 훨씬 많이 생각한다. 업무적으로 발전하고 싶어서다. 또 다른 이유는 고객들이 더 나은 성공을 거두는 데 내가 도움이 될지 늘 의심하기 때문이다. 이 의심 덕분에 나는 늘 경계를 바짝 세우고 고객의 상황에 집중하게 된다. 하지만 가장 중요한 이유는 이것이 인간의 조건에 부합하기 때문이다. 나는 지금도 나중에도 내가 늘 불완전하다는 것을 알고 있다. 이 사실이 마음의 평화를 안겨준다. 나는 내가 더 발전해야 할 영역이나 단점들을 자신과 세상으로부터 숨기지 않아도 된다. 약점들을 인식하고 있으므로 날마다 이를 고쳐나갈 수 있다.

의심은 어느 환경에서든 적절한 태도지만, 특히 직업 세계에서는 더더욱 올바른 자세다. 어떤 사람과 열 번이나 연속해서 좋은 회의를 열었다고 다음 회의도 그만큼 좋으리란 보장은 없다. 테니스 경기처럼 모든 상황은 고유하며 신중한 주의력이 요구된다. 이러한 주의력은 건강한 수준의 의심을 가질 때 더 쉽게 갖출 수 있다. 왜일까? 건강한 의심은 적당한 불안을 안겨주기 때문이다! 오늘날 불안은 뭔가 나쁜 존재라고 인식되곤 하는데, 이는 불안이 과한 경우를 말한다. 적당한 수준의 불안은 우리를 예리한 상태로 유지해준다는 점에서 유익하다.

나와 작업했던 사람들 가운데 사업에서든 스포츠에서든 이례적으로 높은 성과를 보인 사람들은 모두 무엇도 당연시하는 법이 없는 '불안한 과성취자'였다. 이런 태도가 그들의 성과에 훌륭한 영향을 미친 것이다.

내가 보기에 자신의 불완전성과 의심의 중요성을 인정하는 태도는 헤지펀드 크리에이터이자 경영사상가인 레이 달리오Ray Dalio가 말하는 극단적 진실과 극단적 투명성이라는 개념을 뒷받침한다. 그는 이렇게 말했다.

> 인류 최대의 비극은 사람들이 머릿속에 이런저런 아이디어와 의견을 가지고 있으면서도 이를 제대로 검증해 진실을 밝혀내는 절차를 갖추지 않았다는 것이다. 이는 왜곡된 세계를 만들어낸다. 이는 우리가 하는 일과도 연관되며 모든 의사 결정과도 연관된다. 따라서 극단적 진실과 극단적 투명성을 믿는다고 말할 때, 내가 의미하는 것은 보통 사람들이 숨기려 하는 사실을 마주하고 이를 똑똑히 드러낸다는 뜻이다. 특히 실수와 문제 그리고 약점을 드러내야 한다. 우리는 이것들을 테이블 위에 올려놓고 함께 살펴본다. 결코 이를 숨기지 않는다.[2]

성장과 건강을 동시에 추구하라

뇌 건강을 주제로 한 다수의 책을 저술한 나의 벗 존 아덴John Arden 박사에 따르면, 바람직한 뇌 건강을 결정하는 5대 핵심 요소가 있다. 이는 (1) 풍요로운 사회생활 (2) 충분한 수면 (3) 신체 운동 (4) 올바른 식생활 (5) 매일 학습하는 자세 등을 말한다.

자신을 조금이나마 덜 불완전하게 만들고자 날마다 노력하면 선순환이 일어난다. 즉 뇌가 더 탄탄한 시냅스 또는 신경 세포의 연결을 구축해 더 학습하고 발전하도록 이끈다. 이에 따라 학습이 이루어지지 않으면, 뇌는 뭔가 잘못되었다고 판단하고는 자동으로 자신의 안전지대 바깥으로 초점을 옮긴다. 그곳이야말로 온갖 발전과 학습이 일어나는 장소다. 배우고 발전하는 뇌의 능력이 견고해질수록, 새롭게 배울 만한 일 또는 자신의 영역 중 발전이 필요한 부분을 규명하기가 한결 수월해지고, 이를 실천했을 때 따르는 보람도 더 크다. 늘 대단한 일만 추구할 필요는 없다. 평소 여러분이 하던 과업을 색다른 방식으로 수행하기만 해도 배움에 대한 뇌의 흥미를 충족시킬 수 있다.

이를 실천하다 보면 삶은 더욱 흥미로워지고, 여러분은 기존의 지식과 일치하지 않는 경험을 대할 때 덜 예민해지고 스트레스도 적게 받는다. 이는 더 큰 적응성, 회복력, 창의성으로 이어진다. 그 결과 더 큰 포부를 품게 되면서 더 대담하고 까다로운 목표를 세우게 된다. 또한, 날마다 적극적인 학습과 발전 과정을 거치다 보면 '인지적 저장고'가 갖춰진다. 풀어 말하면 사고나 병으로 인한 손상이 생겼을 때 뇌가 더 큰 회복력을 발휘한다는 뜻이다. 더욱 견고해진 여러분의 뇌는 건강한 삶을 오래도록 누릴 가능성을 훨씬 더 높여준다.

존중받는 지도자의 자격을 기억하라

내면의 목소리는 호감을 얻고 존중받으며 필요한 존재가 되길 절박하게 원한다. 이는 종종 사람들, 특히 지도자들이 올바른 방식으로 행동하기를 어렵게 만든다. 여러분이 지도자거나 지도자가 되기를 꿈꾸고 있다면 부모의 훈육과 매우 닮은 마음가짐을 길러야 한다. 여러분이 이끄는 사람들은 자신들이 인정하든 하지 않든 아이들처럼 배우고 성장하려는 강한 욕구가 있다. 또한, 그들은 경계를 설정해주고 본보기가 되어줄 강인한 인물을 필요로 한다(물론 이들 대부분은 실제 아이들보다 덜 매력적이고 덜 창의적이며, 다른 한편으론 더 나은 선의를 가졌다). 훌륭한 부모가 그렇듯 훌륭한 지도자는 다음을 실천해야 한다.

- 상대가 자신을 필요로 하지 않을 때까지 노력한다. 훌륭한 지도자란 자기 사람들이 강하고, 자족적이며, 운명을 스스로 개척하도록 이끄는 이를 말한다. 여러분이 훌륭한 지도력을 발휘하고 있다면, 그들은 시간이 갈수록 여러분을 점점 덜 필요로 할 것이다.
- 사람들 주위를 맴돌지 않는다. 훌륭한 부모처럼 여러분도 늘 자기 사람들에게 최고의 것만을 안겨주고 싶을 것이다. 하지만 많은 경우에 지나치게 개입하면 오히려 사람들의 발전을 가로막게 된다. 여러분은 '도구의 법칙' 또는 에이브

러햄 매슬로Abraham Maslow가 말한 '망치의 법칙'을 피해야 한다. 이 인지적 편견들은 내가 망치이므로 모든 것을 못으로 생각하도록 만든다. 여러분이 이끄는 사람들에게 필요한 모든 통찰과 지식, 경험을 여러분이 보유할 필요는 없다. 여러분의 팀, 심지어 여러분의 조직에 속하지 않더라도 멘토가 될 만한 사람이 있다면 적극적으로 그들을 소개하라.[3]

- 공로를 가로채지 않고, 그들의 실패에 책임지는 자세를 취한다. 여러분이 이끄는 사람들이 대단한 일을 성취할 때마다 그들에게 온전한 공을 돌리고 축하하라. 그들이 실패했을 때는 이렇게 고민하라. '내가 어떤 부분을 다르게 해야 했을까? 내가 미처 생각하지 못했지만, 이 사람이 실패를 피하는 데 도움이 될 만한 것은 무엇이었을까?' 실패하게 된 이유를 당사자와 함께 검토하면서 최대한 많은 교훈을 얻어라. 실패는 불가피하다. 중요한 것은 실패를 통해 배우는 자세를 갖추는 것이다.
- 훌륭한 행동은 기리고 잘못된 행동은 단념시킨다. 준비 없이 또는 뒤늦게 회의나 토론에 참석하지 않게 하고, 문제를 맞닥뜨렸을 때 불평하거나 푸념하지 않도록 지도하라.
- 구체적인 상황을 근거로 기분을 조절한다. 여러분이 관리하는 사람들에게 화를 내거나 권위주의적으로 행동해도 괜찮을까? 그런 자세가 요구되는 상황이라면 물론 그래도 좋다. 나는 훌륭한 지도자의 다양한 기분을 기타 줄에 비유한

다. 여러분은 모든 기분을 활용할 줄 알아야 한다. 실망이나 분노를 보여줄 필요가 있거나, 여러분이 관리하는 사람들이 교착 상태에 빠져 단호함을 드러내야 할 때는 낮은음의 E코드를 연주해야 한다. 이와 반대로 높은음의 E코드는 긴장을 풀고 사람들이 무엇을 하든 완전한 자유를 허용하고 참견하지 않겠다는 의사를 나타낸다. 그 외 A, D, G, B코드는 이 둘 사이의 점진적인 기분 상태를 나타낸다.

- 사람들의 도전을 지원한다. 여러분이 관리하는 사람들이 한계 너머까지 한층 더 노력하고 자신의 안전지대를 벗어나 모험을 시도하도록 밀어붙이기를 절대로 멈추지 마라. 한편 여러분은 그들을 지원하고, 그들이 어떤 난제에 부딪히든 잘 대처하도록 도와줘야 한다. 여러분의 지원 방식에 따라 근무 환경에 대한 그들의 호감도가 결정되며, 이는 업무에 대한 그들의 헌신에도 영향을 미친다.
- 개입할 때와 자유롭게 둘 때를 파악한다. 때로 여러분은 누군가를 밀착 관리해야 한다. 이를테면 새로 합류한 사람이거나, 지금 하는 일이 낯설고 업무 수행에 어려움을 겪거나, 담당 업무가 회사의 미래에 중대한 영향을 미칠 경우에는 세심히 챙겨야 한다. 다음의 간단한 질문들을 지침으로 삼을 수 있다. 자기가 달성해야 할 일을 명확히 알고 있는가? 신뢰할 만한 계획을 구축해 놓았는가? 목표를 이루기 위해 노력하면서 눈에 띄는 진전을 이루고 있는가? 그들이 이 질

문 중 어느 것에라도 '아니오'라고 답했다면 여러분의 개입이 필요하다.

우리 모두 불완전하다는 진리를 받아들이고, 건강한 수준의 의심을 기르며, 개인적이고 직업적인 성장을 추구하고, 올바른 이유를 바탕으로 동료들에게 존중받고자 노력한다면, 이미 여러분은 자신이 결코 해내지 못하리라 생각했던 방식으로 스스로의 운명을 만들어나가고 있다.

3부

성공과 행복을 갖기 위해 넘어야 할 장애물

다른 모든 사람들

업무 시간을 철저히 관리하고, 맡은 일을 즐거워하며, 목표와 꿈을 실현해나가는 것 외에도 대다수 직업인이 몹시 어려워하는 또 다른 영역은 직장에서 훌륭한 관계를 맺는 것이다. 직업인들이 불편함을 느끼는 경우 중 열의 아홉은 개별 업무나 활동이 아닌 사람이 원인이다. 그런 상황을 겪는 이들에게 나는 다음의 비유를 들어 조언한다.

당신이 늘 다니던 헬스장에 갔는데 처음 본 운동 기구가 들어와 있다고 상상해 보십시오. 이 기구는 당신이 지금껏 한 번도 단련해보지 않은 근육을 길러줄 장비입니다. 당신을 불편하게 만드는 사람이 있다면, 반드시 섭렵해야 할 새 운동 기구라고 생각하시기 바랍니다.

사람들은 직장이나 사회 생활 전반에서 인식한 유사성을 토대로 자신을 스스로와 공통점을 가지는 특정 집단으로 분류하곤 한다. 우리는 특별한 이유 없이 자기와 비슷하다고 생각되는 사람을 본능적으로 좋아한다.

스스로의 안전을 지키도록 프로그램화된 내면의 목소리가 여기서 작동한다. 존 바그John Bargh가 그의 저서 『우리가 모르는 사

이에: 인생을 다시 설계하는 무의식의 힘』에서 지적했듯이, 기나긴 인류의 진화 역사를 통틀어 보면 우리가 직면한 가장 큰 위험은 동료 인간이었다. 고대 도시의 발굴 현장에 가보면 무려 남성 3명 중 1명은 살해당했다는 사실을 알 수 있다! 내가 모르는 또는 나와 달라 보이는 사람을 수상히 여기는 태도는 수천 년간 인류가 생존하기 위한 핵심 전략이었다. 차별은 인류의 생물학적 특성 중 하나이며, 그 기저에는 진화론적으로 합당한 이유가 존재한다.

직업 세계에서도 이러한 생물학적·진화론적 불안이 다양한 형태로 나타난다. 훌륭한 자격과 최고의 창의성을 갖췄으나 우리의 기존 사고방식에 이의를 제기할 것 같은 사람보다는, 우리와 사고방식이 가장 비슷해 보이는 사람을 채용하거나 이들과 어울리려 하는 것만 봐도 그렇다. 하지만 모든 유형의 사람을 효과적으로 상대하지 못한다면 직업 세계에서 요구되는 경쟁력과 적절성을 갖출 수 없고, 그 결과 점점 힘을 잃고 생존 가능성도 줄어든다.

이와 대조적으로, 다른 직업인들과 원활하게 소통하고 협력하는 능력을 비롯한 견고한 사회적 기술을 갖출 경우, 만약 상사로서 그들을 이끄는 위치에 있다면 여러분의 직업적 성공에 강력한 아군이 생긴다. 더불어 여러분의 일을 훨씬 더 사랑하게 된다. 어떤 유형의 사람도 감당할 수 있다면 사실상 여러분이 달성할 목표를 막아설 장벽은 아무것도 없다.

게다가 건강한 사회생활을 가꾸는 일은 여러분의 장·단기적인 성과와 발전, 건강을 이끄는 비결이다. 나와 다른 사람들이 존재하는 여러 사회적 맥락에서 개인적 그리고 직업적 삶을 적극적으로 관리하다 보면 공감을 전담하는 뇌 영역을 끊임없이 발달시킬 수밖에 없다. 일터에서는 사람들을 돕고, 일터 밖에서는 지지와 영감을 나누는 친구 관계를 형성함으로써 선상하고 상호적인 관계를 유지해야 한다. 성과라는 잣대를 들이밀지 않고 여러분을 있는 그대로 존중하고 사랑해주는 사람들(이를테면 가족과 친구들)과 정기적으로 시간을 보낸다면 설사 사회에서 한두 번 실패를 경험했더라도 부정적인 마인드로 실패를 곱씹지 않고 더 큰 회복력을 발휘하게 된다.

개인적·직업적 측면에서 훌륭하고 풍요로운 사회생활을 추구하면 (1) 옥시토신(사랑의 호르몬) 수치가 높아지고, (2) 거울 뉴런(사회적 기술을 담당하는 신경 세포)이 늘어나며, (3) 문제 해결력이 발달하고, (4) 주의력과 집중력이 향상한다. 이뿐만 아니라 코르티솔(스트레스 호르몬) 수치가 낮아지고, 긴장하거나 날 서 있던 신경계 활동이 차분해지기도 한다. 우리는 의사소통하는 역량을 갖춤으로써 번영을 이뤄온 고도로 사회적인 생물체다. 따라서 건강한 상호 관계가 고갈되면 정신적·신체적 문제가 발생할 위험도 커진다.

일과 삶의 균형 맞추기

나의 고객들 중 제일 업무 부담을 덜 느끼는 듯한 사람들은 업무만큼이나 중요한 다른 우선 사항을 적극적으로 관리하고 추구하는 이들이었다. 가족, 친구, 취미 생활 등 주제는 상관없다. 여기서 한 가지 주의할 점이 있다. 내가 말하는 고객들은 (대다수가 그렇듯) 다른 우선 사항이 있다고 말만 하는 사람들이 아니다. 그들은 이것들을 적극적으로 추구한다.

이러한 태도 덕분에 그들이 더 나은 일과 삶의 균형을 누릴까? 물론이다. 하지만 이보다 훨씬 중요한 유익은 그들의 여러 기술과 자기 인식이 향상해 자신이 중요하게 생각하는 일에서도 더 큰 성과를 발휘한다는 데 있다. 왜 그럴까? 각각의 우선 사항을 다룰 때 남들보다 현명하게 접근하기 때문이다.

나는 주니어 엘리트 하키 선수들을 코치하면서 이 사실을 확인했다. 그들에게도 이중의 우선 사항이 있다. 하나는 세계적인 하키 선수가 되는 것이고, 다른 하나는 성공적으로 학교생활에 임하는 것이다. 구체적인 통계자료는 없지만, 내가 지켜본 바로 이들 중 다수는 학교생활을 병행하지 않고 운동에 전적으로 집중할 수 있는 엘리트 하키 선수들을 능가했다. 나의 추론은 간단하다. 삶을 온전히 하키에만 쏟을 수 없다면 연습과 경기라는 목표를 극도로 신중히 대해야 할 것이다. 그래야만 하키에 기울이는 한정된 시간을 효율적으로 활용해 최대한의 결과를 얻을 테니 말이다.

가족이 있다면 함께 목표를 설정하고, 효과적인 것과 그렇지 않은 것을 끊임없이 평가하라. 배우자의 삶에 각별한 관심을 기울이고, 두 사람이 각자의 일터에서 직면하는 난제들을 공유하며 서로 조언을 구하라.

일과 그 외 우선 사항 사이에서 건강한 균형을 세우는 데 어려움을 겪고 있다면, 앞서 '시간 예산을 짜고 날마다 시간을 추적하라'에서 소개했던 방법을 활용해보라. 이 방법과 더불어 여러분만의 일지를 작성하고, 업무들의 수행 시간을 구체적으로 구획화한다면 최적의 균형을 이룰 수 있을 것이다.

더 나은 직장 공동체 만들기

유익하고 훈훈한 공동체에 속해 있다는 느낌만큼 우리의 정신건강에 도움이 되는 것은 드물다. 다음의 세 가지를 실천하면 더 나은 공동체의 분위기를 촉진할 수 있다.

베푸는 사람이 돼라. 힘들어하는 사람이 있다면 도움의 손길을 내밀어라. 누군가를 돕는 순간에는 나만의 걱정에서 잠시 벗어나게 되어 긴장이 풀어진다. 또한, 누군가를 도움으로써 내가 강인하며 통제력 있는 사람이라는 기운 넘치는 피드백을 얻게 된다.

누군가를 돕는 행위는 건강에도 좋다. 한 연구에 따르면 암과 같은 중증 질환을 겪는 사람들이 남을 돕는 경험을 하면 회복률이 높아진다. 남을 돕다 보면 불안감이 줄어들고 이를 통해 면역 체계가 강화되기 때문이다.

하지만 주의하라. 남을 돕는 일은 자신의 목표와 포부에 쏟을 주의력을 빼앗을 뿐 아니라 여러분을 지치게 만들 수도 있다. 그러므로 남을 돕는 일에 할애할 시간을 정해둬라. 연구에 따르면 1년에 100시간 정도를 쓰는 것이 가장 적절한데 이는 매주 두세 시간에 해당하는 양이다.[1]

동료 네트워크를 구축하라. 내가 느끼기에 대다수의 조직은 동료 견습 제도가 빈약하다. 그러므로 서로의 목표와 포부, 도전 과제, 바람직한 관행을 공유할 친구 네트워크를 만들어 유지하기를 권한다.

동료 네트워크는 다양한 역할을 할 수 있다. 가장 중요한 역할은 일터를 더 훈훈하게 만든다는 것이다. 한 가지 아이디어를 두고 동료 또는 친구 한 사람과 팀을 이루어 서로의 목표와 포부를 공유하는 것도 좋다. 매주 또는 격주로 30분씩 시간을 함께 보내며 서로의 발전 상황과 어려움을 논의할 수 있다.

직업인이자 임원이었던 나를 가장 가까이에서 지지해준 사람은 늘 동료들이었다. 여러분도 그런 지지 환경을 누릴 수 있다.

동료들과 기본 원칙을 만들고 준수하라. 팀원들과 관계 맺는 방법을 알지 못하면 불필요한 스트레스와 불확실성이 생길뿐더러 각종 오해와 갈등, 부적절한 행동 등 뜻밖의 원치 않는 일을 겪게 된다. 동료들과 함께 시간을 보내면서 효과적으로 협업하기 위해 모두가 함께 준수할 기본 원칙을 마련하고 이를 자주 검토하라.

다음은 나의 고객이 팀원들과 함께 만든 기본 원칙들이다.

- 어리석게 굴지 않는다.
- 열심히 일하고, 열심히 논다.
- 완벽한 사람은 없으며, 사람은 자신의 안전지대를 벗어나 실수를 저지를 때 가장 많은 것을 배운다.
- 변명하지 않는다. 실수했다면 자신의 책임을 인정하고 이로부터 교훈을 얻는다.
- 어떤 일이든 처음 대할 때부터 최대의 능력치를 발휘하고자 노력한다. 다음번에는 전보다 더 잘하려고 애쓴다.
- 다소 잔인할 정도로 서로를 솔직하게 대한다.
- 꾸준히 서로에게 정보를 제공하고, 과하다 싶을 정도로 소통한다. 나쁜 소식은 와인과 달라서 묵힌다고 좋아질 리 없다.

이와 대비되는 직장에서 피해야 할 사람들의 목록은 다음과 같다.

- 상황을 막론하고 끈질기게 부정적인 사람. 이런 사람은 여러분을 지치게 만들 것이다.

- 수동 공격적passive-aggressive(불만이나 적대감을 소극적이고 간접적인 방법으로 표현하는 태도-옮긴이)인 사람. 또는 겉으로는 신경 써주는 척하면서, 실제로는 주로 최근 자기가 겪은 사소한 문제를 늘어놓으면서 자신을 안타깝게 여겨주길 바라는 사람.
- 나와 비슷한 동료 또는 나와 비슷한 신념과 배경을 가진 이들과만 어울리는 사람. 이런 관계는 뇌를 예리하게 만들기보다 무디게 만든다. 또한 스트레스 호르몬 수치가 높아짐에 따라 뇌의 신경 화학적 상태가 변하면서 뇌 회로가 손상된다.

이 책의 마지막 3부에서는 사회적 기술을 길러준다고 입증된 여러 도구와 원리를 제공할 것이다. 모든 유형의 사람을 발전시키고, 그들과 상호 작용하고 원활하게 소통하는 방법을 살펴보자. 또한, 동료와 임원들에게 신뢰를 주는 조언자가 되고, 자신의 아이디어를 타인들에게 납득시키며, 집단의 변화를 주도하고, 업무의 적임자를 채용하는 방법 등도 함께 제시하고자 한다.

27

직장 내 역할 모델을 설정하라

여러분이 일하는 유일한 목적은 다른 사람에게 가치를 제공하는 데 있다. 자신의 개인적인 필요 사항은 언제나 그다음이다. 다른 이에게 가치와 유익을 전달하는 일을 탁월하게 해냄으로써 여러분은 자신의 역량을 확장하고 발전시키며, 현재 맡은 일에서도 전진하게 된다.

하지만 단순히 생산적인 동료가 되는 것만으로는 부족하다. 그런 사람이라고 모두에게 인식되어야 한다. 이를 위해 자신이 품은 포부를 뚜렷이 드러내는 것이 중요하다.

3대 질문에 대답하는 목표 문서 작성

여러분이 품은 포부의 힘을 충분히 활용하려면 시간과 노력을 들여야 한다. 우선 그것들을 적어야 한다. 종이에 적으면 현실적으로 느껴지는데, 이것이야말로 여러 가지 포부를 '자신의 시스템 안에' 들여놓는 첫걸음이다.

이 작업의 결과물로 2쪽 분량 문서를 만들어보자. 자신이 타인에게 어떻게 인식되길 원하는지 간략히 정리해보는 것이다. 이 문서가 여러분의 출발점이 될 테지만, 역량을 발전시키고 다듬어가면서 이 또한 조정하고 갱신할 수 있다. 수줍어하지 말자! 대담한 자세로 자신의 목표를 높게 설정하라. 단순히 믿음직한 사람으로 인식되길 바라지 말고 고위 경영진 감으로 여겨지길 열망하라. 단순히 신뢰받는 사람이 되길 꿈꾸지 말고 존경과 추앙의 대상이 되길 희망하라.

이 문서를 작성하는 첫 단계는 세 가지 핵심 질문에 글로 답해보는 것이다.

1. 사람들은 나를 누구라고 말할까? 동료, 상사, 그 외 이해관계자들이 여러분을 어떻게 생각해주길 바라는가? 더 구체적으로, 여러분에 관해 물었을 때 이들이 언급해주었으면 하는 두세 가지 특징은 무엇인가? 그들의 답변은 다른 사람들

이 여러분과 협력하거나 혹은 여러분을 고용하고 싶게끔 만드는 특징들이어야 한다. 구체적으로 작성하자. "좋은 사람입니다"라고 적기보다 다음과 같은 진술문으로 작성해보라.

- 그녀는 복잡한 문제를 풀 줄 압니다.
- 그녀는 함께 일하는 사람들의 강점과 발전 욕구를 잘 알고 있으며, 그들의 역량을 효과적으로 확장합니다.
- 그녀의 헌신, 분석 기술, 중요한 일에 사람을 동원하는 능력을 고려하면, 어떤 유형의 직책도 믿고 맡길 수 있겠다는 생각이 듭니다.

답변이 상세할수록 이러한 인식을 얻기 위한 자신의 행동과 접근법을 구성하기가 수월하다.

2. 사람들이 내게 자연스럽게 건넸으면 하는 피드백은 무엇일까? 비공식적인 자리든, 회의 석상이든, 이메일 소통이든 사람들과 관계 맺을 때 어떤 인상을 남기고 있는가? 이렇게 자문해보라. '나는 동료, 상사, 그 외 이해관계자들이 나와 소통한 후에 나에 관해 어떻게 생각하길 원할까?' 해결사, 외교 수완에 능한 사람, 또는 언제든지 한층 더 노력하는 사람이라고 평가하며 그들이 여러분을 찾게 하려면 어떤 특성이 필요한지 생각해보라. 이 활동의 목적은 사람들과 상호

작용할 때 늘 염두에 둘 하나의 틀을 수립하려는 것이다. 준비와 실행 모든 측면에서 구체적이고 실제적인 피드백에 초점을 맞추자. 내가 듣고 싶은 답변 유형의 예를 들면 이렇다. "스테판, 귀중한 도움을 줘서 고마워요. 이제야 이 문제를 어떻게 다룰지 정확히 알겠네요." 또는 "스테판, 어쩌면 그렇게 나의 강점과 발전 욕구를 정확히 이해하는지 놀랍네요. 나의 역량을 확장하도록 도와준 당신의 새로운 방식도 정말 놀랍습니다."

3. 내가 역할 모델로 삼는 사람은 누구일까? 사람들이 여러분과 연관 지었으면 하는 기술과 행동을 몸소 보여주는 이를 찾기 위해 여러분이 아는 구체적인 사람들을 생각해보라. 여기서 나는 일부러 사람'들'이라는 표현을 썼다. 여러분이 원하는 모든 행동과 기술을 한 명의 사람이 보여주기란 어렵기 때문이다. 이 활동을 통해 그들을 연구할 뿐 아니라, 여러분이 원하는 영향력을 그들이 어떻게 발휘하는지 직접 들어볼 수도 있다. 자발적 동기에 따라 움직이는 직업인들이 지닌 습관과 태도를 떠올려보라. "새로운 과제를 익히는 가장 효과적인 방법은 이를 실행하고 있는 다른 사람의 방식을 모방하는 것이다. 새로운 일을 만났을 때, 나는 그 일의 실행 방법을 알고 있는 사람을 관찰하고 그와 대화를 나눈다." 어쩌면 여러분의 역할 모델 중 한 사람은 여러분의 코치일 수도 있다.

목표 문서의 구성 요소

요소	사람들이 나를 설명하는 방식	사람들이 자발적으로 건네는 피드백	나의 역할 모델
세부 질문	사람들이 나에 관해 말하는 구체적인 특성은 어떤 것들인가?	나와 상호 작용한 사람들이 나에 관해 뭐라고 말해주는가?	그들은 내가 해내고 싶은 것들을 어떤 방식으로 실행하는가?
예시 답안	그는 복잡한 문제를 풀 줄 안다. 그는 뛰어난 분석 능력으로 사람들을 동원한다.	당신의 도움 덕분에 이제야 이 문제를 어떻게 다뤄야 할지 알게 되었습니다. 저의 발전 욕구를 정말 잘 이해하고 계시네요.	빌은 임원으로서 존재감을 드러낸다는 점에서, 팸은 늘 자신의 아이디어를 납득시키고 실행시킨다는 점에서 존경한다.
이점	내 행동의 틀을 잡아 기존 인식을 바꾸는 데 유익하다.	사람들과의 소통을 준비하고 실제로 소통하는 방식에 적용할 틀을 만들어준다.	내가 숙달하려는 모델을 이미 숙달한 사람의 실행 방식을 엿봄으로써 나의 발전 속도를 급속히 높인다.

글로벌 기술자문 회사에서 선임 고문으로 근무하는 내 고객 테리는 이 목표 문서를 다음과 같이 실용적으로 활용한다. 그녀는 매일 자신이 얻고 싶은 인식을 기준으로 최소한 두 번의 상호 작용을 계획하고, 실행하고, 평가한다.

그녀가 영향력 측면에서 사람들에게 주고 싶은 인상은 다음과 같았다.

나의 이해관계자들에게 듣고 싶은 진술

고객들에게 듣고 싶은 진술

- 테리는 가장 시급한 문제를 명확하고 단도직입적으로 이해하고 논의하도록 돕는 고유한 능력을 지니고 있다.
- 그녀는 긍정적인 에너지를 불러일으켜 우리의 기운을 북돋운다.
- 테리와 소통할 때면 최선의 결과물을 얻는다. 그녀는 우리만의 고유한 맥락과 필요 사항을 이해할 줄 안다.

동료들에게 듣고 싶은 진술

- 우리는 테리가 유망한 지도자이고 장차 우리 회사의 성장에 크게 이바지할 사람이라고 여긴다.
- 테리는 높은 성과를 이루면서도 겸손한 자세를 유지하는 직업인이다.
- 테리는 배경, 나이, 경험 수준과 관계없이 모든 유형의 동료와 소통하고 그들에게 영감을 불어넣는 능력을 갖췄다.

나의 이해관계자들에게 받고 싶은 피드백

고객들에게 받고 싶은 피드백

- 당신 덕분에 눈앞의 사안들을 새로운 관점에서 보게 되었

습니다. 당신은 탁월한 방식으로 우리를 이끌어 이 문제를 해결했습니다. 당신과 여러 해 동안 일한 결과 우리는 리더십을 발휘하는 팀으로 성장했습니다.

동료들에게 받고 싶은 피드백

- 팀 작업을 할 때, 당신은 내가 불가능할 거라고 생각했던 방식을 동원해 뛰어난 성장을 만들어냅니다. 당신과 협력해 달성한 목표들을 보면 나조차 놀랄 지경입니다. 내가 정말 이렇게까지 훌륭한가요?
- 테리, 당신의 역량에 걸맞게 내 리더십 기술도 한층 높여야겠어요.

나의 역할 모델들

- 임원으로서의 존재감: 바버라는 흡인력 있는 메시지를 제시하고 구성하는 강점을 지니고 있다. 바버라가 무대에 서면 청중은 그녀의 말 한마디 한마디에 완전히 빠져들어 귀를 기울인다. 이는 사람들을 감화시키는 특성이다.
- 공동체 분위기 조성: 로버트는 팀을 하나로 뭉치는 데서 가치를 찾는 사람이다. 그는 모두가 함께 배우고 공유하는 환경을 만들어낸다.
- 갈등 해소: 킴은 선임 지도자들과 예민한 상황이 불거졌을 때 이를 해결하는 방법을 안다. 나도 대규모의 사람들이 관

여하는 토론을 촉진할 때 킴만큼 훌륭한 능력을 발휘했으면 한다.

- 탁월한 지도력: 내 남편 짐은 나, 우리의 아이들 그리고 친구들을 사려 깊고 신중하게 코치한다.

테리는 자신의 포부를 정의하고 공유한 덕분에 경험한 유익을 다음과 같이 말했다.

> 저의 목표들은 지극히 개인적이기에 사내 핵심 지도자 몇 명만 골라 이를 공유했습니다. 이로써 많은 긍정적인 효과를 경험했죠. 저에게 가장 중요한 일을 기준 삼아 특정 상황들의 우선순위를 정하기가 훨씬 쉬워졌을 뿐 아니라, 그 지도자들이 저에게 제공하는 지원과 관심도 높아졌거든요. 이제 그분들은 발전하고 성장하는 방법에 관해 적극적으로 제게 조언해줍니다.

리더십 피드백 받기

자신의 목표 문서 초안을 완성했다면, 이제 여러분의 리더십에 관한 피드백을 수집할 차례다. 현재 여러분 밑에서 일하는 직원들, 전에 부하였던 사람 중 3~5명, 현재 함께 일하는 동료, 전에 동료였던 사람 3~5명을 대상으로 설문 조사를 하면 쉽게 이 작업을 실행할 수 있다. 워드 문서로 설문 조사를 해도 좋고, 디지털 설문 조사 도구를 다룰 줄 안다면 이를 활용해도 좋다. 답변은 반드시 익명으로 작성하자. 특정인의 답변 때문에 동요하는 일을 피할 수 있다. 다시 말해 작성자가 누구인지 알면 답변을 분석하는 데 영향을 받을 수 있다.

여러분이 눈여겨볼 것은 응답자들이 내놓은 공동된 주세나. 사람들은 익명일 때, 특히 응답자들은 여러분의 피드백 설문 조사에 순위를 매기는 질문은 포함되지 않고, 여러분의 리더십에 관한 자기 의사를 기술하도록 요구하는 질문만 있을 때 건설적으로 답변하는 경향이 있다.

다음 질문들은 꼭 포함하길 바란다.

1. 지도자이자 코치로서 제가 가진 행동과 기술의 강점은 무엇이라고 생각합니까?
2. 이러한 장점들이 저의 업무 수행 속에서 드러난 구체적인 사례를 몇 가지 제시해주시기 바랍니다.
3. 제가 가장 발전시켜야 할 부분, 개선을 이룰 수 있는 영역들은 무엇이라고 생각합니까?
4. 이렇게 발전시켜야 할 부분들이 저의 업무 수행 속에서 드러난 구체적인 사례를 몇 가지 제시해주시기 바랍니다.
5. 제가 더 훌륭한 지도자가 되기 위해 자제하거나 고쳐야 할 습관 또는 행동이 있다고 보십니까?

6. 이러한 습관과 행동들이 리더십의 효과를 저해한 사례들을 몇 가지 제시해주시기 바랍니다.

이러한 피드백 설문 조사를 실행하면 다양한 이점을 얻을 수 있다. 첫째, 여기서 얻은 답변들을 살펴봄으로써 사람들이 여러분의 리더십을 어떻게 인식하고 있는지에 관해 놀라운 통찰을 얻을 수 있다. 둘째, 여러분이 발전시켜야 할 영역들에 관한 유용한 아이디어들을 얻게 된다. 마지막으로, 여러분이 지도자로서 발전하기 위해 큰 노력을 기울이고 있다는 강한 신호를 사람들에게 보낼 수 있다.

목표 문서 공유하기

설문 조사에서 얻은 피드백을 수집해 하나하나 읽어보았다면, 이를 활용해 앞의 세 가지 질문에 대한 여러분의 답변을 정교하게 다듬어보자. 이는 여러분이 추구해야 할 여러 리더십 관련 행동을 떠올리고 공식화하는 단계다. 목표 문서를 모두 작성했다면 여러 번 읽으면서 내용이 적절하고, 중요하며, 고무적인지 확인하라. 가족, 친구, 동료, 상사 등 가깝고 믿을 만한 소수의 사람에게 완성된 초안을 공유해도 좋다.

여러분이 꿈꾸는 목표 문서 초안을 완료했다면 이제 여러분의 직원들에게 선보일 차례다. 그들에게 문서를 공유하고, 여러분이 자신의 목표를 향해 나아가는 여정에서 그들이 조력자가 되게 하라.

대다수 직원은 동료들에게 터놓고 이야기하는 일이 어렵고 불쾌하다고 생각한다. 여러분도 그중 한 사람이라면, 어렵겠지만 이를 견뎌내야 한다. 솔직한 의사소통은 놀라운 힘과 효과들 발휘하기 때문이다. 첫째, 여러분의 약점을 숨기기보다 이를 인정하는 편이 훨씬 현명하고 훌륭한 태도다. 그 약점들은 여러분 자신보다 직원들의 눈에 훨씬 잘 띌 테니 말이다.

둘째, 이로써 여러분은 자신이 노력하고 있는 바를 직원들에게 알리게 된다. 이는 그들의 기대를 변화시키고, 지도자인 여러분에 대한 이해도를 높여준다. 또한, 그들은 여러분의 여정에 도움이 되고 싶다는 마음을 품게 될 것이다. 예를 들어 스트레스 상황에서 평정심을 잃어버렸다고 가정하자. 여러분의 목표 문서에 이를 기록해둔다면, 직원들은 여러분이 화를 발끈 냈을 때 이를 좀 더 참아줄 것이다. 여러분이 이 문제를 고치려고 노력한다는 사실을 알기 때문이다.

셋째, 리더십 측면에서 이루고 싶은 것들을 직원들과 공유할 경우, 여러분 자신의 작업을 진지하게 대하도록 스스로에게 압력을 가하게 된다. 뭔가를 실행하겠다고 공언하는 일은 의도한 바를 확실히 이행하도록 자신을 종용하는 훌륭한 방법이다.

넷째, 지도자로서 마음을 터놓고 자신의 발전에 직원들을 관여시키면, 그 발전이 여러분은 물론 그들에게도 중요한 일이라는 강력한 메시지를 전달하게 된다.

목표 문서를 주제로 회의하기

여러분의 목표 문서를 직원들에게 발송한 뒤, 문서를 검토하고 논의하는 회의에 그들을 불러들이자.

첫 회의의 주제는 간단하다. 피드백을 제공한 모두에게 감사의 뜻을 표하고, 문서를 함께 살펴보는 것이다. 직원들에게 받은 '부정적인' 피드백도 열린 자세로 살펴보는 것이 중요하다. 그러지 않으면 직원들은 여러분이 정직하고 진지하다고 여기지 않을 것이며, 그들 또한 첫 회의나 후속 회의에서 정직하고 협조적인 태도를 보이지 않을 것이다.

목표 문서를 모두 살펴본 뒤에는 직원들의 개인적인 소감이나 아이디어를 들어본다. 그들이 보기에 모호하거나 불분명한 점은 없는지 물어보자.

회의를 마무리할 때는 향후 진척 상황을 논의할 첫 월간 회의 날짜를 정한다. 그다음 논의 내용을 요약하고 가장 중요한 통찰들을 기록한다. 여러분이 적은 노트는 문서에 첨부물로 덧붙인다. 앞으로 이것은 일종의 일지가 될 것이다.

월별 후속 회의는 첫 회의와 비슷한 방식으로 진행하되, 직원들이 여러분의 발전 과정을 관찰하며 느낀 점을 이야기하면서 회의를 시작하는 것이 좋다. 잘된 부분은 무엇이며 발전이 더딘 부분은 무엇인지 구체적인 예를 들어달라고 부탁하라.

그런 다음에는 여러분이 스스로 평가한 내용을 이야기한다. 이 회의들은 한 시간 내로 진행해도 충분할 것이다. 이렇게 1년간 월간 회의를 지속하라.

나와 작업했던 몇몇 지도자는 이 월간 회의를 자신의 발전을 관리하는 영구적인 방법으로 삼았다. 이 회의들은 동료들이 자신들의 야망과 발전 현황을 나누는 장이 되기도 했다. 자신의 발전 상황을 논의하는 일은 이들에게 자연스러운 일상이자 그들만의 문화로 자리 잡았다.

28

피드백을 요청하는 습관을 들여라

나는 대다수 고객에게 항상 타인들의 피드백을 요청하라고 밀어붙인다. 왜일까? 여러분이 자발적인 의지로 피드백을 요청하면 상대는 자신이 중요하고 영향력 있는 사람으로 존중받는다고 느끼기 때문이다. 이 밖에 다음과 같은 유익도 거둘 수 있다.

- 자신의 개선 방향에 관해 유용한 아이디어를 얻는다.
- 주변 사람들이 어떻게 생각하고 일하는지에 관한 통찰이 생긴다.
- 주인의식과 관록이 높아져 미래에 겪을 저항이 줄어든다.

- 사람들과 상호 작용하고 대화를 나누는 방식에 더욱 주의하게 된다(사람들에게 피드백을 요청하고 받을 거라는 사실을 알기 때문이다).

이를 정기적으로 실천하려면 어떻게 해야 할까? 모든 상호 작용(회의, 면담, 조언 요청, 보고, 짧은 통화, 이메일 교환 등) 뒤에는 항상 피드백을 요청하려고 노력하길 바란다.

피드백 질문의 몇몇 예시는 다음과 같다.

- 당신에게 도움이 되는 시간이었습니까?
- 당신이 기대한 대로였습니까?
- 투자한 시간이 아깝지 않았다고 느껴졌습니까?
- 이와 유사한 상황에서 당신이 원하는 가치를 얻으려면 제가 무엇을 해야겠습니까?

여러분의 업무와 관련된 사람들과 정기적으로 만나지 않는 경우, 적어도 1년에 두 번은 사람들에게 다가가 피드백을 요청해야 한다. 그들이 몇 명이냐에 따라 개인적으로 요청할 수도 있고 간단한 설문 조사를 실행할 수도 있다. 그들에게 다음과 같이 물어보라.

- 저의 일이 여러분의 업무를 얼마나 잘 지원하고 있습니까?

- 저의 일 중 특히 여러분의 업무를 잘 뒷받침하는 부분은 무엇일까요?
- 저의 일 중 제가 개선할 부분이 있습니까? 만약 그렇다면 제가 어떻게 개선할 수 있을까요?

29

동료들의 정신적 지주로 거듭나라

직업인으로서 여러분의 운명을 결정짓는 중요한 측면이 하나 있다. 동료든 상사든 임원이든 주변 사람들로부터 훌륭한 정신적 지주이자 조언자로 인식되도록 세심한 노력을 기울이는 것이다. 이런 지위를 얻었다는 사실은 주변 사람들이 꾸준히 내게 피드백, 경험, 그들이 맡은(또는 맡아야 할) 주제에 관한 통찰을 구할 때 깨닫게 된다. 이 지위를 얻기 위해 여러분은 이 책의 2부에서 소개한 논리적 사고와 관련된 도구들을 숙달해야 한다.

물론 동료와 상사들도 한 인간으로서 자신의 업무에 접근하고 정보를 처리하는 과정에서 여러분과 많은 유사성을 공유한다. 하지만 믿음직한 조언자 또는 정신적 지주로 여겨지려면 조금은 다른 방식으로 사안들에 접근할 필요가 있다.

내가 중요하다는 마인드는 내려놓자

동료들이 의견을 요청한 경우 또는 요청이 없을 때도, 좋은 의도로 조언을 건네는 일은 생각보다 훨씬 위험하고 복잡할 때가 많다. 특히 동료들이 전부 남성일 때는 더더욱 그렇다. 남성은 터무니없게도 자신의 책임 영역을 구분 짓는 경향이 있기 때문이다. 종종 상황을 훨씬 더 불합리하게 만드는 태도를 취한다. 자신의 책임 영역 안에서 문제 해결의 실마리를 찾지 못할수록 더욱 자기 영역을 공고히 지키려 하면서 외부의 도움을 받지 않으려 한다(결국 회사가 곤경에 빠지는 상황도 놀랍지 않다).

종종 지도자들이 고군분투할 때, 그들의 상사는 이 상황에 적절한 통찰을 제시할 만한 외부의 지인에게 지원을 요청한다. 만일 여러분이 이런 요청을 받는다면 해당 지도자들 앞에서 어떻게 행동할지 매우 신중하게 생각해야 한다.

나의 벗이자 멘토인 존 더글라스John Douglas는 FBI의 범죄 프로파일링 프로그램을 고안하고 관리했다. 그는 사람들의 행동 이면에 있는 동기를 매우 날카롭게 분석했는데, 그중에서도 연쇄살인범의 범행 동기를 예리하게 파악해냈다. 이에 지역 경찰국은 미해결 강력 범죄와 씨름할 때면 그의 조언을 요청하곤 한다. 그가 도착하면 대개 경찰관들, 특히 나이가 많고 오랜 연륜을 쌓은 사람일수록 회의적인 태도를 보인다. 존은 그들을 잘 대하는 것을 넘어 거의 세계적인 수준으로 그들을 상대한다.

미해결 범죄를 담당했던 모든 경찰이 한자리에 모이면, 그는 이렇게 말을 시작한다. "먼저, 제 경험에 비춰볼 때 제가 여러분의 작업에 조금이나마 보탬이 될 가능성이 매우 낮다는 점을 말씀드리고 싶습니다. 제가 여러분께 그 어떤 제안이나 조언을 드리게 된다 해도 이제까지 여러분이 얻은 통찰 이상일 수는 없습니다. 다시 한번 강조하건대, 여러분이 이미 발견한 통찰들에 제가 조금이라도 가치를 더할 수 있다고는 전혀 확신하지 않습니다."

존은 자신의 지위를 낮춰 이야기함으로써 자기 앞에 있는 사람들의 능력이 부족하다는 부정적 암시를 지워버린다. 그리고 이는 그의 존재가 현재 조직의 구조, 정체성, 내부 관계에 미칠 수도 있는 위협을 꺼뜨린다. 자신의 지위를 낮출 때 상대는 여러분을 덜 위협적으로 인식하고 더 수월하게 받아들인다. 또한, 이는 겸손하고 개방적인 자세로 사람들의 말을 경청해야 한다는 사실을 스스로 떠올리게 하는 행동이기도 하다.

이렇게 하고 나면 경찰은 존을 자신들의 동료로 받아들인다. 그들은 미해결 범죄의 정황, 진행한 수사 내역, 그간 얻은 통찰을 빠짐없이 검토한다. 여기에 많은 시간이 소요되더라도 존은 끈기 있게 경청하면서 기록을 남긴다.

존은 다른 사람들에게 귀 기울이고 이전에 진행된 작업을 존중함으로써 그들의 지위를 높여준다. 덕분에 그들은 자신이 중요한 존재라는 느낌을 받는다. 또한, 그가 경찰들의 안내에 따라 수사 기록을 살펴보는 데 안전성을 확보해준다. 경찰들이 몇 시간, 며칠, 몇 주간 수집하고 분석한 작업 결과물을 그가 마음대로 탈취하는 상황이 아니기 때문이다. 경찰들이 그들만의 방식으로 업무에 관해 이야기하게 해주면, 그들은 자율성과 주인의식을 갖고 조사 작업에 임하게 된다.

모든 검토를 마치고 나면 존은 이렇게 말한다. "좋습니다. 제가 생각했던 대로 여러분은 이 상황에서 할 수 있고 해야만 하는 모든 것을 진행하셨네요." 그는 자신이 전해 들은 내용을 요약한다. 잘 들었다는 것을 보여주고, 지금까지 그들이 얼마나 훌륭하게 일했는가를 인정하면서 그들의 지위를 높여주는 것이다.

상황 정리를 마친 그는 이렇게 말을 이어간다. "처음에 말씀드렸던 대로, 제가 여기에 어떤 가치를 보탤 수 있을지는 확신하지 못합니다. 유일하게 생각할 수 있는 것은, 이것이 어떤 가치를 더할지 확신할 수는 없지만, 어쩌면 이러한 측면 또는 저러한 측면 등을 더 자세히 살펴볼 수 있지 않을까 하는 것입니다."

자신의 기여도에 관해 확신할 수 없다고 말했던 첫 언급을 반복하고 확언할 뿐 아니라, 실행해볼 만한 한두 가지 작은 조치를 조심스럽게 제안하는 일은 놀라운 결과로 이어진다. 이제 경찰은 존이 자신들의 그룹에 속한 일원이라고 느낀다. 그에게 공감할 수 있으므로 그의 제안도 잘 받아들이게 된다. 또한, 존은 그들에게 건네는 제안의 수를 적게 유지함으로써 그들이 훨씬 수월하게 행동할 수 있게 해준다.

존의 방법들은 변화를 혐오하는 방어적이고 낯선 환경에 들어가 조직 구성원들의 협조를 얻어내야 하는 모든 컨설턴트들도 활용할 수 있다. (1) 자신의 지위를 낮추는 한편, 상대방의 지위를 높이거나 적어도 같은 수준에서 그들을 마주한다. (2) 고객들의 이야기를 경청하고 그들이 전체 과정을 주도하게끔 하는 등 신중하게 행동함으로써 그들의 역할과 자율성이 안전하게 지켜진다는 느낌을 준다. (3) 위협적이지 않은 방식으로 행동함으로써 그들이 더 수월하게 여러분을 새 일원으로 받아들이고 공감하도록 만든다. (4) 여러분이 원하는 것은 팀의 일원이 되어 도움을 제공하는 것이지 그룹의 성과를 가로채려는 것이 아님을 밝힌다. 이는 상대에게 공정하다고 인식되며, 덕분에 여러분은 새로운 상황에 더 수월하게 스며들어 영향력을 얻게 된다. (5) 제한된 양의 조언이나 조치를 제시함으로써 사람들이 받아들일 역치를 낮게 유지한다. 그래야 확실히 실행할 만하다는 인식을 심어줄 수 있다.

존의 방법은 분명한 효과를 낸다. 내가 이를 아는 까닭은 그 방법을 직접 적용해봤기 때문이다. 여러분도 한번 활용해보라. 장담컨대 동료들이 여러분을 신뢰할 뿐 아니라 적극적으로 여러분에게 조언을 구하기 시작할 것이다.

단순한 신념을 가진 동료를 주의하라

지나치게 단순한 신념을 지닌 사람들은 유난히 대하기가 어렵다.

사려 깊고, 식견이 높으며, 하나의 문제 뒤에 숨은 복잡한 원인을 그려볼 줄 아는 사람과는 다양한 관점을 논의하기가 훨씬 쉽다. 그런 사람은 자기가 아는 사실이 전부가 아님을 인정하므로 다른 의견을 가진 사람들과의 대화를 환영한다. 그들은 자신의 아이디어에 대한 선의의 조언을 들을 때 새로운 것을 배울 기회라고 생각한다.

반면, 문제의 원인을 지나치게 단순하게 이해하고 그 관점에 완전히 빠져 있는 사람을 다른 의견으로 설득하기란 (적어도 단기적으로는) 거의 불가능하다. 이러한 낮은 정보력과 높은 자신감의 결합은 더닝 크루거 효과Dunning-Kruger effect라고 알려져 있다.[1]

그런 사람들을 설득하기가 몹시 힘든 이유는 무엇일까? (1) 그들이 여러분의 논점을 거세게 부인할수록 여러분도 더 격렬하게 자기 주장을 펼치게 되어 사태가 악화한다. (2) 그들의 시각에서는 여러분이 지나치게 캐묻는다고 느껴질 것이다. 이런 성향의 사람들은 훌륭한 답변도, 훌륭한 반론도 내놓지 않는다. 그들은 질문을 개인적으로 받아들여 방어적으로 반응한다. 이러한 감정 중추가 활성화되는 동안 생각이 멈추는 까닭에 더욱 비이성적인 태도를 보인다.

연구에 따르면 자신이 도전받고 있다고 느끼는 사람은 생각을 멈출 뿐 아니라 자신의 신념을 더 열렬히 고수한다. 왜 그럴까? 도전받는다는 생각에 기분이 언짢아지기 때문이다! 변변한 답이 없을 때는 더더욱 그렇다.

진지한 호기심으로 '거짓말쟁이'를 배웅하라

그럼 이럴 땐 어떻게 해야 할까? 최근 나와 작업했던 한 고객은 동료들이 새로운 위기관리 방식을 받아들이고 실행하도록 설득해야 했다. 내 고객이 반복해서 마주한 반응은 이랬다. "전에 다 해봤는데 효과적이지도 않거니와 부서에 아무 보탬도 안 됐습니다." 코치이자 임원으로서 내 경험에 따르면, 모든 상황 중 열에 아홉에서 이런 자동적인 반응을 보이는 이들의 의도는 뭔가 불편한 사람을 떼어내려는 것이다.

나는 고객에게 말하길, 그들에게 그녀의 관점을 계속 주장해서는 안 된다고 일러주었다. 대신 그녀가 할 일은 위협적이지 않은 방식으로 질문하고, "전에 해봤는데 효과적이지도 않았고 아무 보탬도 안 됐다"는 동료들의 주장에 진지한 호기심을 보이는 것이다. 나는 이 접근법을 가리켜 '거짓말쟁이 배웅하기'라고 부른다.

나는 고객이 그들에게 내놓을 만한 질문 목록을 준비했는데 예는 다음과 같다.

- "이 방법을 전에 시도해보셨다니 정말 흥미롭네요. 좀 더 자세히 알려주실 수 있을까요? 제가 이 일을 직접 수행하는 데 여러분의 통찰이 도움이 될 것 같아서요."
- "이 방법을 시도했던 시점과 당시의 목표에 관해 더 말씀해 주실 수 있을까요?"
- "이 방법을 어떻게 실행하셨나요? 어떤 단계를 거쳤는지 궁금하네요."
- "어려움은 없었나요? 있다면 어떻게 해결하셨나요?"
- "만약 이 방법을 다시 시도한다면 이번에는 어떤 부분을 다르게 해보고 싶으신가요?"

내 고객이 던진 이 질문들에 답하면서 그들은 자신들이 실제로 보유한 지식과 경험을 드러낼 것이다. 정말 그들이 그녀가 제안한 일을 전에 시도해본 것이 맞다면, 그녀는 상세한 증거를 얻었으므로 제안을 철회할 수 있다. 그게 아니라면 이 질문들을 토대로 제안의 의미를 조정함으로써 동료들의 저항을 줄일 수 있을 것이다. 동시에 동료들의 의견과 경험에 진심 어린 관심을 보임으로써, 그들도 더욱 그녀에게 귀 기울이고 제안 내용을 귀담아들게 된다.

결과는 어땠을까? 나의 고객은 동료들의 헌신을 얻는 데 성공했다. 새로운 위기관리 방식이 전 부서에서 실행된 것이다.

임원들에게도 조언자가 되어라

대다수 직업인이 겪는 보편적인 난제는 상사들의 관심을 얻는 것이다. 다음은 여러분이 활용할 만한 실용적인 단계별 접근법이다.

첫째, 임원들은 현재와 미래에 직간접적으로 자기 사업에 영향을 미칠 주제에 관해서라면 아무리 많은 의견도 마다하지 않는다. 더 많은 통찰과 지식을 얻을수록 더 나은 의사 결정과 선택을 내릴 가능성이 커지기 때문이다. 여러분이 그들에게 제시하는 모든 것은 그들을 더 큰 성공으로 이끄는 데 유용한 정보로 간주되어야 한다. 그러므로 언제나 여러분이 공유하는 통찰이나 지식의 가치를 정량화하라. 이는 임원들의 관심을 끌 뿐 아니라 그들이 당면한 모든 사안의 우선순위를 정하는 데도 유용하다. 그들이 시간을 투자하고 있는 다른 몇몇 주제보다 여러분의 제안이 잠재적으로 더 큰 가치를 안겨줄 경우, 여러분의 제안을 고려할 가능성이 커진다. 그렇지 않다면 여러분이 제시하는 아이디어는 잡음 또는 기껏해야 흥미로운 이야기에 그칠 테다.

예를 들어 여러분이 노력 끝에 얻은 지식이나 통찰을 사내 몇몇 임원이 더 알아볼 만하다고 판단한다면, 다음과 같이 행동해야 한다.

우선, 이 아이디어의 수혜자라고 생각되는 임원을 파악하라. 그들의 배경이나 책임 영역 등 구할 수 있는 모든 정보를 확보하라. 특히 그들이 자신의 책임 영역 안에서 이루고 싶은 포부에 관해 언급했던 내용에 주목하라. 그들은 무엇을, 왜 달성하고 싶어 하는가?

다음은 참고할 만한 적절한 연구 사례다.

주제	사례
임원의 경험 및 경력 사항	링크드인LinkedIn을 확인한다. 그 임원이 최근 12~24개월 이내에 입사했다면 전에 근무했던 회사의 연례 보고서를 훑어본다. 언론 기사를 검색해 그 임원에 관한 언급을 모두 확인한다. 회사 안팎에서 어떤 형식으로든 그 임원을 접했던 사람 3~5명과 대화한다.
임원이 사내에서 이뤄온 성과 및 포부	회사 연례 보고서를 살펴보면서 그 임원 및 그의 책임 영역에 관해 어떤 내용이 적혀 있는지 확인한다. 그 임원의 책임 영역과 관련해 사업 계획 및 전략을 기술한 자료를 모두 구한다.

임원으로서 나는 개괄적이거나 일반적인 수준의 통찰이나 지식을 귀담아듣는 데 내 시간을 허비하고 싶지는 않다. 내게 흥미

로운 사항은 적어도 이론상 실질적이고 측정 가능한 사업적 가치, 즉 달러와 센트를 창출할 수 있는 신뢰감 있고 실행 가능한 통찰이다. 또한, 자신의 제안의 실현 가능성을 철저히 따져보지 않은 사람의 조언도 듣고 싶지 않다. 더불어 그가 나를 잘 파악하고 이해했다는 느낌도 받고 싶다. 즉, 내게 제안하는 것이 구체적으로 나의 상황과 연관된 것이었으면 한다. 그런 내용을 접할 때면 나의 제한된 주의력이 닿지 않는 곳에서도 사람들이 헌신적으로 일하고 있다는 사실을 깨닫게 된다.

여러분에게 몇 가지 통찰이 떠올랐다면, 아를 다음의 간단한 틀 안에 놓고 비교해보라.

아이디어의 사업적 가치 및 노력을 추산하는 방법

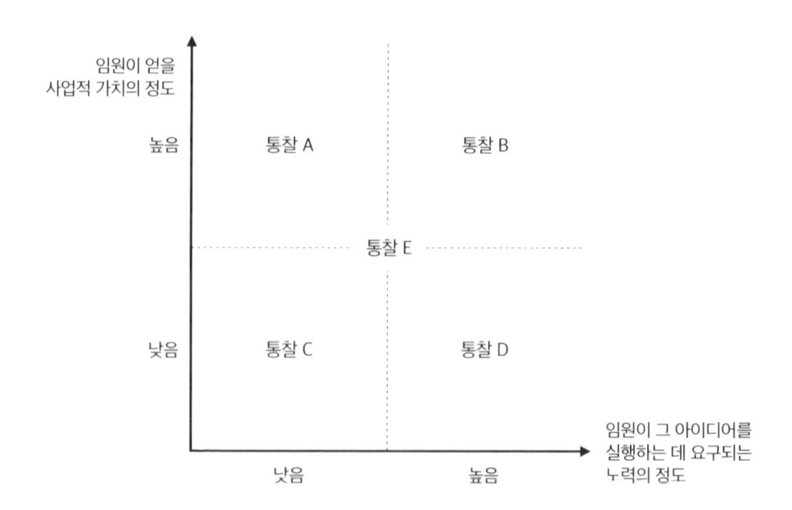

제시할 통찰을 선택했다면, 어떤 단계를 밟아야 임원이 이를 실행할 가능성이 커질지 생각해야 한다.

- 세부 분석을 통해 제안을 검증해야 할까? 그래야 한다면 어떤 단계를 밟아야 할까?
- 의사 결정이나 우선순위 설정 방식을 즉시 개선해야 할까? 그렇다면 어떤 주제나 상황에서 해야 할까?

다음 할 일은 그 통찰에 관한 여러분의 이야기를 구축하는 것이다.

효과적인 의사소통 능력을 기르는 간단하면서도 강력한 방법은 '지식Know, 생각/느낌Think/Feel, 실행Do' 모델을 활용하는 것이다. 어떤 유형의 의사소통 상황에서든 이것을 여러분이 활용할 강력한 관념적 도표로 여기길 바란다.

이에 대한 준비로 다음의 질문에 답해보라.

1. 회의를 마쳤을 때 그 임원은 어떤 사실을 알아야 할까?
    - 어떻게 하면 이 지식을 가장 명확한 방식으로 구성할 수 있을까?
    - 그 임원이 현재 알고 있는 지식은 무엇일까?
    - 그가 이 지식을 소화하려면 회의 시간을 어느 정도로 잡아야 할까?

- 보조 자료로는 무엇을 준비해야 할까?

2. 회의를 마쳤을 때 그 임원은 무엇을 생각하고 느껴야 할까?
    - 나는 어떤 단어를 써야 할까?
    - 나는 어떻게 행동해야 할까? (몸짓 언어, 문장의 어조, 단어의 강도 등)
    - 회의 장소로는 어디가 적합할까?
    - 하루 중 어느 시간대를 골라야 할까?
3. 회의를 마쳤을 때 그 임원은 무엇을 실행해야 할까?
    - 새로운 방식으로 지속해야 할 일은 무엇이며 그 이유는 무엇일까? 이 일은 언제 어떻게 진행돼야 할까?
    - 중단해야 할 일은 무엇이고 그 이유는 무엇일까? 이 일은 언제 어떻게 진행돼야 할까?
    - 새롭게 실행해야 할 일은 무엇이며 그 이유는 무엇일까? 이 일은 언제 어떻게 진행돼야 할까?

이 간단한 질문들에 답해본다면 현명하게 행동할 가능성이 커지며 그 결과 자신의 권위를 세울 수 있다. 또한 이 작업은 대규모 회의를 준비하는 탁월한 방법이기도 하다.

앞서 언급했듯이, 의사소통 계획과 실행을 위한 이 모델은 모든 유형의 주제와 상황에 효과적으로 작용한다.

효과적인 의사소통을 위한 '지식-느낌-실행' 체계

	내가 알아야 할 것	분석할 부문의 사례	세부 측면의 사례
임원이 나의 통찰을 받아들이게 하려면 어떻게 해야 할까?	회의를 마쳤을 때 그 임원은 어떤 사실을 알아야 할까?	• 그 임원이 내 아이디어를 온전히 수용하려면 회의 동안 어떤 지식을 얻어야 할까? • 그 임원이 지금(회의 전에) 가지고 있는 지식은 무엇일까?	• 회의 시간은 어느 정도가 적당할까? • 회의의 절차와 안건은? • 혹시 필요하다면 어떤 유형의 자료(형식과 내용)가 필요할까?
	회의를 마쳤을 때 그 임원은 무엇을 느껴야 할까?	• 내 아이디어를 이해하고 수용하려면 회의 동안 그 임원이 어떤 느낌을 받아야 할까? • 지금 그 임원이 내 아이디어를 대하는 느낌과 태도는 무엇일까?	• 어떤 단어를 써야 할까? • 내가 사용할 몸짓 언어는? • 듣기와 말하기 중 어디에 치중해야 할까? • 회의 장소는 어디로 해야 할까? • 하루 중 어느 시간대로 해야 할까?
	회의를 마쳤을 때 그 임원은 무엇을 실행해야 할까?	• 그 임원이 내 아이디어를 지지하려면 회의 이후에 무엇을 다르게 실행해야 할까? • 그 임원이 중단하거나, 시작하거나, 행동을 지속하되 방식을 달리해야 할 일은 무엇일까?	• 그 임원이 보일 만한 반발이나 질문은 무엇이 있을까? • 그 임원이 다른 방식으로 실행해야 할 일에 관해 어떤 순서로 논의해야 할까? • 세부 사항은 어느 수준까지 논의해야 할까? • 그 임원이 결정 사항을 이행하고 성공적인 결과를 얻게 하려면, 내가 어떤 지원을 제공해야 할까?

다음 단계는 그 임원에게 여러분의 통찰을 전달할 최고의 방법을 고민하는 것이다. 과연 무엇이 최고의 접근법일까? 일대일 회의를 가지기 위해 노력해야 할까? 아니면 그 임원이 참석하는 더 큰 회의 석상에서 사안에 관해 짧게 발표하는 편이 나을까? 아니면 그 임원에게 영향력을 행사할 수 있는 사람, 이를테면 여러분의 상사 또는 그 임원에게 보고하는 사람 등을 통해 여러분의 통찰을 전달하는 것이 좋을까?

조사를 거쳐 그 임원에 관해 알아낸 지식을 참고한다면, 최선의 소통 방법을 어렵지 않게 찾아낼 것이다.

자기 일에 진심으로 헌신하고 회사를 위해 좋은 일을 하고자 노력하는 임원이라면, 여러분의 통찰을 첨부 문서로 담아 이메일을 보내는 것처럼 간단한 방법을 택할 수도 있다. 이런 유형의 임원들은 여러분이 보낸 자료를 세심히 살펴보고, 적절하다 싶으면 여러분을 회의 자리에 불러 더 많은 내용을 알아보고자 할 것이다.

그 임원과 함께 여러분의 통찰을 논의할 회의 자리가 생겼다면, 그의 존재감 또는 위엄을 지켜줄 줄 알아야 한다. 여러분의 주제를 주도적으로 끌고 가되 차분함을 유지하고, 진실성 있게 행동하며, 그의 내면 세계에 진심 어린 호기심을 보여야 한다.

이는 다음의 세 가지 태도를 의미한다.

1. 여러분의 통찰을 진실성 있게 논하라. 불확실성을 다룰 때 사용하는 구조를 활용하여 논의하라. 즉, (1) 여러분이 보기

에 이것이 그 임원에게 적절하다고 판단한 확실한 근거들, (2) 여러분은 믿고 있지만 그 임원에게 적절하다고 확신할 수는 없는 부분들, (3) 그 임원에게 적절한 것인지 아직 뚜렷한 관점을 내리지 못한 측면 등을 말하는 것이다. 이러한 대화 방식은 여러분이 사려 깊은 사람이라는 신뢰를 줄 뿐만 아니라, 상대도 자신의 관점을 공유하도록 대화에 초대하는 길이기도 하다.

2. 임원과의 대화를 준비할 때는 언제나 질문의 답을 염두에 둬라. 여러분의 통찰이 적절하다면 당장 그것이 어떤 결과를 불러올 것인지 임원이 묻는다고 가정해보자. 여러분은 이에 관해서도 자신의 관점을 공유할 줄 알아야 한다. 이를 위한 실용적인 방법 하나는 의사소통의 '지식-생각/느낌-실행' 모델에서 '실행' 부분을 철저히 검토함으로써 예상되는 결과를 쪼개보는 것이다. 만약 여러분의 통찰이 그 임원이 실행할 만한 적절한 토대라면, 당장 무엇을 그만두어야 하며(예: 특정 의사 결정을 유보함), 무엇을 시작해야 할지(예: 임원의 상사 또는 이사회와 함께 여러분이 제시한 통찰을 논의함), 무엇을 다른 방식으로 지속해야 할지(예: 임원이 고객을 비롯한 특정 이해관계자와 관계 맺는 방식에 여러분의 통찰을 덧붙여 제시함) 생각해보라.

3. 실제로 와닿는 개인적인 내용을 제시하라. 여러분이 논의할 통찰과 관련해서 그 임원의 두려움과 열망을 파악하라. 임

원들도 여러분과 같은 인간이므로 합리적이기보다는 감정적이다. 그들도 대다수 사람처럼 바라는 일을 추구하기보다 두려워하는 일을 피하는 데 더 큰 노력을 기울이곤 한다. 이를 알아보기 위해 다음과 같은 질문을 던져보라.

- 이와 비슷한 통찰과 관련해서 기존에 어떤 방식을 경험해 보셨습니까? 당시 상황은 어땠습니까? 효과적이었던 부분과 미흡했던 부분은 무엇이며, 그 이유는 무엇이었습니까?
- 담당하고 계신 팀과 부하들은 어떻게 생각할까요? 이 통찰로 가장 큰 영향을 받을 사람은 누구입니까? 이와 유사한 통찰에 있어 그들이 경험했던 것은 무엇입니까? 내용 중 그들이 수용하거나 이해하기 어려울 만한 점들이 있습니까? 그 이유는 무엇입니까? 그러한 난제들을 극복하는 것에 관해 어떻게 생각하십니까? 수월한 부분은 무엇이며 어려운 부분은 무엇일까요?
- 본인의 전반적인 시간 사용 및 우선 사항들을 생각했을 때, 이 통찰을 실행에 옮기기 어렵겠다고 여기는 부분이 있습니까? 그 이유는 무엇입니까? 그러한 난제들을 극복하는 것에 관해 어떻게 생각하십니까? 수월한 부분은 무엇이며 어려운 부분은 무엇일까요? 제가 도움을 드릴 만한 부분이 있을까요?

지금까지 내가 설명한 단계들을 활용한다면, 여러분은 주의 깊은 정신적 지주이자 조언자라는 평을 듣게 되면서 유리한 입장에 설 것이다. 그러면 앞으로 그 임원이 다른 여러 상황을 다룰 때도 여러분을 찾을 것이다. 여러분이 스스로 제시한 통찰에 근거해 행동하든 하지 않든 말이다.

30

힘겨운 타인도 회피하지 말고 수용하라

고객들과 작업하다 보면 도무지 공감할 수 없고 같이 일하고 싶지 않은 사람들에 관한 하소연을 자주 듣는다. 이런 하소연을 하는 이유를 충분히 이해한다. 같이 일하며 관계 맺기 '어렵다'고 인식되는 사람을 마주할 때, 우리는 그 사람을 은근히 피하고 가능하면 마주치는 상황을 바꾸려고 하기 마련이다. 이렇다 보니 어려운 사람과 상호 작용하거나 회의를 열어야 하는 상황만큼 의욕이 떨어지는 때도 없다.

하지만 세상은 '어려운' 사람들로 가득 차 있다. 따라서 여러분이 성장하고 스스로 운명을 개척하고 싶다면, 이들과 맞닥뜨리는 어려운 상황을 생산적인 상황으로 바꾸는 기술을 숙달해야 한다.

어려운 사람은 두 가지 유형으로 나뉜다. 첫 번째 유형을 가리켜 나는 정말 어려운 사람이라고 부른다. 이 사람들은 에너지 수준이 낮고 내향적인 데다 만사에 부정적인 태도를 드러내고, 불가능하다는 사실 말고는 어디에도 주의를 기울일 줄 모르며, 기본적으로 자기 자신과 주어진 상황을 긍정적으로 바라보지 못하는 이들이다. 이 유형을 바라보고 얻은 원칙은 간단하다. 이런 사람들을 대하기엔 인생이 너무 짧다.

어려운 사람이라고 인식되는 또 다른 유형은 불안한 사람이다. 불안에 사로잡힌 이들은 극도로 위험을 피하며 비생산적인 까닭에 대하기가 어려울 수 있다. 그들은 사방에서 위험 요소를 포착한다. 일부는 노골적으로 심술궂게 행동하거나 학대적인 행위를 보이기도 한다. 하지만 불안한 사람들 때문에 의욕이 꺾여서는 안 된다. 오히려 여러분의 동기를 북돋아 그들을 도와주고 싶게 될 수도 있다. 그들의 불안을 낮춰준다면 잠재력을 펼치고 만족감을 누리게 만들 수 있을지도 모른다.

불안한 사람을 돕는 일은 내겐 흥미진진한 일이다. 특히 그 사람이 개인적·직업적 삶 속에 존재하는 무한한 기회에 초점을 맞추도록 도운 후, 그가 주도적으로 행동하기 시작해 자신의 운명을 만들어가는 모습을 볼 때면 매우 설렌다.

어렵다고 생각되는 사람을 만났을 때 가장 먼저 할 일은 탐정의 사고방식을 발동시키는 것이다. 여러분의 감정과 필요 사항은 잠시 방정식에서 제쳐두자. 그 사람을 체육관의 낯선 기구라고 생각해보라. 그 기구를 섭렵하면 내게 어마어마한 도움이 될 것이다. 어려운 사람, 내가 직관적으로 싫어하거나 생산적인 대화를 주고받기 어렵다고 판단되는 사람을 대하는 또 다른 유용한 접근법은 그도 누군가의 자녀라는 점을 상기하는 것이다. 이 접근법은 부정적인 태도에서 벗어나는 데 유익할 뿐 아니라 연민의 마음을 품도록 이끌기도 한다.

그 사람과 상황에 대한 여러분의 감정을 떼어놓았다면, 2부에서 제시한 문제 해결 기술을 활용해보자.

앞으로 이런 사람과의 상호 작용을 어떻게 계획하고 실행할지 신중하게 고민하고 그들로부터 교훈을 얻고자 노력하라. 이를 위해 앞서 설명한 '일일 목표' 방법을 활용할 수 있다. 원하는 결과를 정의하고, 이를 달성하기 위한 전략을 고안하며, 그 전략들이 효과적이었는지 평가하고, 이후에는 평가 결과에 따라 변화해야 할 부분에 집중하면서 전체 과정을 반복한다.

내 고객 중 일부는 이 접근법을 단 2주간 활용한 후, 같이 일하기가 꺼려졌던 사람에 대한 태도가 완전히 달라졌다. 그들 대다수는 이 요령을 실천한 덕분에 삶의 다른 영역에서도 인간관계의 질이 향상되었다고 말해주었다.

다음은 여러분이 활용할 만한 몇 가지 추가 요령이다. 어려운 사람 대하기를 주제로 일일 목표를 정할 때 이것들을 여러분의 전략에 포함하도록 노력하라.

골치 아픈 회의는 야외를 거닐면서

불안한 사람 또는 다른 측면에서 대하기 어려운 사람이 참석하는 힘든 회의를 앞두고 있다면 야외에서 만나는 것이 좋은 아이디어일지도 모른다. 왜일까? 밖에서는 눈이 마주치는 순간을 피할 이유가 생기기 때문이다!

누군가와 얼굴을 마주하고 대화할 때는 생각을 정리하기가 더 어려울 수 있다. 대개 상대의 반응과 표정을 살피기 때문이다. 이렇게 두 가지 프로세스를 동시에 수행할 때는 생각이 느려지는데, 이는 힘든 대화를 할 때 바람직한 현상이 아니다.

대면 회의 대신 나란히 걷는 쪽을 고려하라. 아마 생각하기가 한결 수월할 것이다. 그렇지 않더라도 최소한 신선한 공기를 마시며 운동하는 시간을 가질 수 있다.

걸으며 대화하는 것만이 유익한 방법은 아니다. 이어서 또 다른 네 가지 요령을 제시할 것이다. 이 중 마지막 세 가지는 사회심리학자이자 인지심리학자인 존 바그의 훌륭한 책 『우리가 모르는 사이에: 인생을 다시 설계하는 무의식의 힘』에서 참고했다.[1]

일몰 후에 회의하기

이 요령은 수년 전 세계적으로 유명한 정신외상학자이자 위기 관리 전문가인 고故 피터 욘손Peter Jonsson에게 배웠다. 기본 원리는 인간의 야간 시력이 나쁘다는 데 있다. 이로 인해 날이 어두우면 무의식적으로 자기가 취약한 존재라는 느낌을 받는다. 이런 감정을 느낄 때, 우리가 활용하는 주요 전략은 바로 다른 사람과 가까이 있는 것이다. 따라서 날이 어두울 때 만나는 사람은 상대를 비판하고 반대하는 성향이 줄어들고, 바람직하고 생산적인 분위기를 만드는 데 기여하고자 더 집중하게 된다.

따뜻한 음료 제공하기

물리적 온기와 냉기는 사회적 온기와 냉기를 느끼는 데 영향을 끼친다. 실험 결과, 따뜻한 커피 한 잔을 (단 몇 초라도) 들고 있다가 어떤 사람을 설명하는 글을 읽은 참여자는, 아이스커피를 들고 있다가 글을 읽은 참여자보다 글 속의 인물을 더 좋아했다. 그러므로 회의 시간에 맞춰서 따뜻한 커피나 차를 준비해두자.

편안한 의자에 착석하기

편안한 자리에 앉는 것은 따뜻한 음료를 마시는 것과 유사한 효과를 일으키는 듯하다. 딱딱하거나 불편한 의자에 앉아 다른 사람을 평가하라는 요청을 받았을 때, 사람들은 따뜻한 의자에 앉았을 때보다 그 사람을 덜 호의적으로 평가하는 경향이 있다. 게다가 딱딱한 의자에 앉는 사람은 부드러운 의자에 앉은 사람보다 협상과 토론 상황에서 더 거친 태도를 보이곤 한다.

가벼운 대화로 회의를 시작하기

날씨는 삶을 대하는 우리의 전망에 무의식적으로 영향을 미친다. 인간은 대개 비가 오는 날보다 화창한 날에 더 높은 삶의 만족도를 보인다. 그럼 날씨가 궂을 때 힘든 회의가 있다면 어떻게 해야 할까? 다수의 실험에 따르면 사람들에게 날씨에 관해 가볍게 질문할 경우, 그들에게 끼친 날씨의 부정적인 영향이 무뎌지는 듯하다. 날씨에 관해 이야기할 때 사람들은 날씨에 대한 자신의 기분을 인식하게 되고, 이런 기분이 자신의 태도에 영향을 미치지 않게 신경 쓸 가능성이 크다.

이 요령에 더해 설득의 원리에도 숙달하는 일을 고려해야 한다. 뛰어난 저서 『설득의 심리학』을 저술한 로버트 치알디니Robert Cialdini 박사는 영향력과 설득에 관한 한 가장 유명한 전문가로 인정받는다. 그가 제시한 설득의 원리를 여기에 몇 가지 공유하고자 한다.

대조의 원리

이 원리는 연달아 제시되는 두 사물의 차이점을 인식하는 방식과 연관된다. 간단히 말해, 둘째 항목이 첫째 항목과 다를 때, 우리는 두 항목의 차이를 더 크게 인식하곤 한다.

몇몇 예를 들어보면 다음과 같다. 가벼운 물체를 든 다음 무거운 물체를 들 경우, 더 가벼운 첫 번째 것을 들지 않고 두 번째 것만 들었을 때보다 두 번째 물체가 더 무겁다고 느낄 것이다. 매력적이라고 생각되는 사람과 대화를 나누다가 그보다 덜 매력적인 사람을 마주할 경우, 두 번째 사람은 실제 그의 호감도보다 훨씬 덜 매력적으로 느껴질 것이다.

다음은 이 원리를 적용하는 방법이다. 만약 누군가를 특정한 길(의사 결정 내리기, 특정 접근 방식 수용하기, 특정 행동 추구하기)로 이끌고 싶다면, 그 사람에게 제시할 다른 방안이나 선택지를 신중하게 마련하라. 예를 들어 영향을 미치고 싶은 상대에 관해 지금 알고 있는 내용을 토대로, 그가 너무 까다롭다고 여길 만한 대안을 하나 마련하라. 그다음 여러분이 선호하는 대안(앞의 대안과는 대조적으로 훨씬 덜 까다롭다고 여겨질 법한 것)을 마련한다. 그리고 상대와 대화를 나눌 때는 까다로운 대안을 먼저 제시한 다음 덜 까다로운 대안을 논의하라. 아마 상대는 뒤에 제시한 덜 까다로운 대안을 기쁘게 받아들이면서 여러분이 호의를 베풀었다고 느낄 것이다.

희소성의 원리

인간은 제한적인 기회일수록 더 가치 있고 매력적으로 느끼기 마련이다. 인간의 의사 결정에서 잠재적 손실이라는 개념은 중대한 역할을 한다. 사람들은 가치가 동등할 때 무언가를 얻는다는 생각보다 잃는다는 생각 쪽에 더 큰 동기를 부여한다.

어떤 제안, 방법, 해법, 도전 과제가 있는데 이는 특별한 기술이나 성향을 지닌 선별된 그룹만 활용할 수 있거나 그들에게만 적절하다고 설명하라. 그러면 이 그룹에 속하고 싶은 상대의 흥미나 욕구가 높아질 것이다. 일반적으로 사람들은 선택받은 특별한 존재라고 느끼고 싶어 하며 배제되길 원치 않는다.

사람들이 이득보다 손실 가능성에 더 민감한 경향이 있다는 사실은 사회과학에서 지지받는 이론 중 하나다. 그러므로 여러분의 아이디어, 제안이 불러올 유익보다 기회를 놓쳤을 때의 위협을 강조하는 쪽에 무게중심을 싣는 편이 가치 있을지도 모른다. "이 기회를 놓치지 마십시오"라든가 "당신은 중요한 것을 놓치게 될 것입니다"라는 식으로 말해보라.

일관성의 원리

사람들은 믿음직하고 일관된 사람으로 보이려는 강렬한 욕구를 지니고 있다. 여기에는 세 가지 이유가 있다. (1) 사람들은 일관성에 높은 가치를 둔다. 일관성을 갖추면 예측 가능한 사람이 되고, 이는 사람들에게 안정감과 통제감을 주기 때문이다. (2) 일관성은 우리 삶이 구조와 질서를 갖췄다는 인식을 강화한다. (3) 덕분에 에너지를 아낄 수 있다. 어떤 의사 결정이나 약속을 하고 나면 이에 관해 더는 생각할 필요가 없다. 믿음직하고, 헌신적이고, 일관된 사람으로 보이거나 스스로 그런 사람이라고 느끼려는 욕구는 나이가 들면서 더 강해진다.

다음은 이 원리가 작용하는 몇몇 예다.

- 상대가 헌신한 정도가 높을수록 함께한 활동의 유익을 더 강하게 체감하는 경향이 있다.
- 개인적으로 정한 약속보다 다른 사람들 앞에서 약속한 일을 지키려는 의지가 더 강하다.
- 구두로 한 약속보다 서면으로 작성한 약속이 훨씬 더 강력하다.
- 자신과 직접적으로 관련된 약속을 내놓으면 이를 지키기 위해 행동이 달라지는 경향이 있다.
- 어떤 새로운 행동이나 결정 사항이 기존의 의도를 더 확장하는 것처럼 느껴지면 받아들일 가능성이 커진다.

이 원리는 다음과 같이 적용할 수 있다.

- 상대의 이전 결정과 계획을 놓고 볼 때, 항상 여러분의 조언을 자연스러운 다음 단계로 제시하려고 노력하라.
- 사람들이 자신의 실행 계획 하나하나를 여러분과 함께 수립하도록 격려하라. 단, 여러분 생각에 그들이 해야 한다고 여겨지는 것을 기준으로 한다.
- 대단한 용기를 발휘하는 등 사람들이 매우 훌륭한 일을 달성했을 때, 당시 상황과 그들이 실행한 일을 설명해달라고 요청하라. 이로써 그들은 미래에 이와 비슷한 성취를 훨씬 수월하게 달성할 수 있을 것이다.
- 언제나 사람들이 자신이 좋아하는 것과 좋아하지 않는 것, 그리고 자신이 보기에 중요한 것과 덜 중요한 것을 표현하도록 유도하라. 그들이 말하는 것을 긍정적인 확언으로 활용해 그들이 더 헌신적이고 일관된 기분을 느끼도록 할 수 있다. 예를 들면 이렇게 말할 수 있다. "생각해보니 당신이 일찍이 우려한 것과 비슷한 상황에 직면한 것 같군요. 이 일이 중요하다고 말씀하셨었죠."
- 결정을 머뭇거리거나 무엇을 해야 할지 망설이는 사람에게는 글로 적어보게 하라. 우선 한 걸음 물러나 그 결정을 이행하기 어려운 이유를 돌아보고, 어려움을 극복하기 위한 방법을 모색하자고 제안하라.

31

여러분의 사람들을 슈퍼스타로 육성하라

매년 미국 기업들이 더 큰 성과를 얻기 위해 컨설턴트에게 투자하는 비용은 대략 600억 달러 이상이다. 컨설팅 비용이 쓰이는 구체적인 주제는 몇 가지로 정리할 수 있다. (1) 더 많은 돈을 벌어들여 수익을 증대하거나 비용을 축소하기 (2) 조직을 재구성하고 더 큰 힘과 경쟁력을 확보하기 (3) 이 모든 노력과 컨설팅으로 뒷받침되는 '개선 활동'을 거쳐 적합한 인재를 유치하고 보유하는 기업으로 자리매김하기.

내 경험에 비춰보면 대다수 기업이 목표를 이루지 못하는 것은, 불가능하거나 잘못된 목표를 세웠거나 엉뚱한 컨설턴트를 활용해서가 아니다. 그들의 실패 요인은 앞서 제시한 목표 (1), (2), (3)을 달성하는 데 매우 중요한 점을 놓쳤다는 데 있다. 그것은 어떤 유형의 조직이든 리더십이라는 진정한 목표를 먼저 이뤄야 한다는 사실이다.

여러분이 지도자라면 이번 장에서 내가 설명할 접근법에 집중하라. 그러면 리더십의 진정한 의미를 이해하고 있는 전 세계 소수의 선별된 지도자들과 같은 무대에서 활동할 자격을 얻을 것이다. 이들은 비할 데 없는 사업적 결과를 꾸준히 거두고, 어떤 난관이든 넘어서며, 타성을 극복해 하룻밤 사이에 자기 사업의 방향과 형태를 변화시킬 줄 아는 지도자들이다.

이런 지도자들은 자신이 담당한 사업이나 부서의 초점이 제품, 서비스, 그 외 다른 결과물(이를테면 조직 내 다른 부서에 제공하는 행정 지원) 등 그들이 생산하는 것에 있지 않다는 점을 이해한다. 그들은 유일한 초점을 이런 결과물을 생산하는 주체, 즉 자신이 맡은 사람들에 맞춰야 한다고 생각한다.

하지만 이보다 훨씬 중요한 것도 있다. 이들은 자신의 직속 부하들이 다양한 기술과 사고방식을 기르도록 돕는 일을 지도자로서 맡은 최고의 책무로 여기며, 이를 일상 업무 가운데 통합된 방식으로 실행해야 한다고 생각한다. 이들은 오직 한 가지에 초점을 맞춘다. 자신의 직속 부하들을 슈퍼스타와 같은 성과자로 만들어 그들이 일상 업무에서 무한한 잠재력을 펼치게 만드는 것이다.

부하의 발전이 리더의 가장 중요한 책무인 이유

자기 사람들을 발전시키는 일이 지도자의 가장 중요한 책무인 데는 세 가지 이유가 있다.

첫째, 이는 직업 세계에서 기업의 최대 이익이 구성원들의 최대 이익과 완전히 일치되는 소수 영역 중 하나다. 여러분과 직속 부하 모두의 입장에서, 일상 업무에서 개인적이고 직업적인 발전에 집중할 때 따라오는 유익은 거의 무한하다. 이 책의 앞부분에서 언급했듯이 날마다 자기 발전을 위해 노력하면 뇌 건강이 향상되는데 이는 장단기적으로 건강, 업무 수행 능력, 정신 건강에 결정적인 역할을 미친다.

이 책무를 이행하면 업무 경험이 극적으로 달라질 것이다. 어느 순간, 업무를 실행하는 데 드는 에너지보다 이로써 얻는 에너지가 많아진다. 일을 즐기고, 일하는 날을 손꼽아 기다리게 될 것이다. 일을 마치고 나설 때는 성취감이 느껴지므로 긴장은 풀어지고 느긋하게 쉬면서 하루를 정리할 수 있게 된다. 덕분에 수면의 질도 개선될 것이다. 또한, 매일 자신의 기술 발전에 초점을 맞추면 더 강해진 기분을 느끼고, 주어진 상황을 쉽게 통제할 수 있게 되어 스트레스도 줄어든다. 자연히 더 나은 결과물을 얻고, 이는 크나큰 보상과 진정한 성취감으로 이어진다.

요컨대, 이는 여러분과 직속 부하들이 각자의 분야에서 슈퍼스타가 되어 자신의 운명을 스스로 만들어가는 능력을 길러준다. 여러분은 점점 더 큰 직업적 기회를 끌어들이는 자석이 될 것이다. 왜일까? 진정한 의미의 숙달된 능력은 결코 유행에 뒤처지지 않기 때문이다. 기업뿐만 아니라 대부분의 사람들도 언제나 슈퍼스타와 '어울리고' 싶어 한다.

둘째, 여러분과 직속 부하들을 발전시키는 일은 회사의 최대 이익에도 부합한다. 산업 분야나 사업 형태와 관계없이 모든 기업은 더 높은 목표에 도달하고자 꾸준히 노력해야만 경쟁력을 유지할 수 있다. 이를 달성할 유일한 방법은 기업에 속한 사람들이 끊임없이 자신의 기술과 사고방식을 개선하도록 이끄는 것이다. 결국, 기업이란 구성원들의 총합 그 이상도 이하도 아니기 때문이다.

지도자나 기업이 이를 목표로 두고 당장 강력한 행동에 나서지 않는 것은, 북미아이스하키리그NHL에 속한 하키팀이 스탠리컵(NHL 우승 트로피-옮긴이)을 들기 위해 노력한다면서 훈련법과 선수들을 발전시키는 대신 장비(스케이트, 스틱, 헬멧, 정빙기)에 투자하는 것과 같다. 더 높은 목표를 달성하는 지속 가능한 유일한 방법은 구성원들이 일상 업무에서 끊임없이 발전하도록 이끄는 것이다. 그렇게 발전하는 사람들은 다음의 특성을 보인다.

1. 자기가 맡은 과업에 더욱 몰두함으로써 자발적인 동기를 개발한다.

2. 발전하지 않는 사람을 능가해버린다. 일과 그 실행 방식에 훨씬 더 많은 주의를 기울이기 때문이다. 이러한 발전 중심의 사고방식은 단순히 습관에 따라 움직이는 사람들의 자연적인 경향성과 상반된다. 습관적으로 일하는 사람들은 발전이 정체되어 점차 성과가 저하된다.
3. 발전하지 않는 사람들과 달리 꾸준히 더 야심 찬 목표와 포부를 품는다. 꾸준히 발전하는 사람들은 자기가 성취할 수 있는 일과 될 수 있는 존재에 한계가 없다는 사실을 깨달았기 때문이다.
4. 발전하지 않는 사람들보다 훨씬 더 과제에 집중한다. 내 관찰에 따르면, 발전하는 사람들은 자신이 꾸준히 발전한다고 느끼지 않는 직원들보다 하루 평균 최대 한 시간을 더 생산적인 일에 사용한다(1년간 한 달여의 시간을 더 생산적인 일에 할애하는 셈이다).
5. 발전하지 않는 사람들보다 더 큰 자기 지도력을 기른다. 이를테면 그들은 중요한 사업 계획을 파악하고 실행하려는 의지가 더 강하다. 더 많은 것을 배울 기회가 생기기 때문이다.
6. 발전하지 않는 사람들보다 스트레스를 덜 받고 몸이 아픈 경우도 더 드물다. 높은 주의력과 사고력을 발휘할수록 더 큰 자율성을 느끼고, 불확실성을 다루는 능력이 향상되며, 상황에 대한 통제감도 느끼게 된다.
7. 자기 일을 좋아하므로 발전하지 않는 사람들보다 더 협조적

인 경향이 있다. 덕분에 퇴사 가능성도 훨씬 낮아진다.

8. 변화와 관련된 아이디어에 매우 개방적이다. 자신의 발전을 더욱 가속하고자 노력하기 때문이다. 반면 발전하지 않는 사람들은 자기 영역을 고수하며, '배를 뒤흔들려고' 위협하는 사람들이나 사업 계획에 저항한다.

셋째, 사람들이 개인적으로나 직업적으로 발전하도록 이끄는 일만큼 여러분과 직속 부하 사이, 그리고 그들과 회사 사이의 건강한 유대 관계를 만들어주는 강력한 방법은 없다. 이로써 형성된 고유한 유대 관계는 지도자에게 주어지는 최고의 보상이다. 직속 부하들이 성장하여 전에는 자신이 해내지 못하리라 생각한 일을 달성하는 모습을 보면서 경험하는 기쁨의 깊이는 무엇과도 비교할 수 없으며, 자녀 양육을 제외한 그 어떤 경험에서도 얻을 수 없다.

한 명의 임원이자 지도자로 일하던 시기에 나는 변화가 필요한 기업에서 일했었다. 나와 동료들은 회사를 탈바꿈하고 사업을 개선해 수십억 달러의 가치를 얻기 위한 접근법을 개발했다. 하지만 내 직업 생활 중 이 기간을 돌아볼 때 떠오르는 것은 그런 전략들이 아니다. 내가 기억하는 것은 직속 부하들과 함께 작업한 순간들이다.

나는 언제나 개인적이고 직업적인 발전을 자신의 최우선 주제로 삼으라고 직속 부하들에게 강조했다. 나는 매번 그들이 얼마나 빨리 변하는지를 보며 깜짝 놀라곤 했다. 고작 1~2주밖에 지나지 않았는데도 그들의 수행 성과는 부쩍 높아졌다. 그들은 더 행복해졌을 뿐 아니라 점점 더 큰 도전 과제를 맡으려는 의욕을 보였다.

이 기간을 회상할 때 떠오르는 가장 또렷한 기억 하나는 직속 부하 스무 명과 함께 한 크리스마스 저녁이다. 당시 나는 회사에 몸담은 지 1년 정도 되었고, 그날은 우리의 첫 저녁 회식이었다.

음식이 나오기 전, 나는 자리에서 일어나 소감을 나눠야겠다고 생각했다. 그들 한 사람 한 사람에 관해 이야기하고, 그들이 달성한 것과 지난 1년간 그들이 이룬 발전에 관해 이야기했다. 다들 나의 말에 벅찬 감정을 느끼고 있다는 것을 알 수 있었다.

그날 저녁, 그들 중 몇 명이 다가와 대화를 청했다. 그들은 우리가 함께한 1년 동안 자신의 일이 매우 훌륭하고 보람 있다는 것을 알게 되었다며 눈물이 그렁그렁한 얼굴로 말했다. 그중 몇몇은 그 회사에서 25년 혹은 그 이상 근무한 이들이었다.

이날을 비롯해 내가 지도자 또는 코치로 일하면서 지금껏 경험한 수많은 유사한 순간들은 근 30년 전에 내가 이 여정을 시작할 때 상상했던 그 어떤 것보다 내 개인적·직업적 여정을 보람 있게 만들어주었다. 그 모든 순간이 가르쳐준 한 가지는 누구든지 언제라도 일에 대한 접근 방식을 재고함으로써 자신의 일을 사랑할 수 있다는 점이다.

그렇다면 여러분과 직속 부하들이 개인적이고 직업적인 발전을 주요 우선 사항으로 만들려면 무엇이 필요할까?

필요하지 않은 것부터 이야기해보자. 자신의 노력을 뒷받침할 요량으로 값비싼 IT 시스템 등을 구축할 필요는 없다. 외부 전문가나 컨설턴트 역시 고용하지 않아도 된다. 자신의 목표나 시간 할당 방식을 대대적으로 뜯어고칠 필요도 없다. 나아가 인사과나 인재 개발을 '담당하는' 여타 부서에 허락을 구할 필요도 없다. 이제부터 내가 설명할 방법은 여러분이 속한 조직이 발전을 위해 마련해둔 모든 유형의 '시스템'과 완벽하게 공존할 수 있다.

이 접근법을 체험해 보자는 의미에서 내 고객 바버라가 직속 부하들과 실행했던 프로젝트를 설명하고자 한다.

바버라는 뉴욕시의 한 헤지펀드 회사의 사업 본부장이었다. 사업부는 위험성이 크고 늘 압박이 따르는 까닭에 업무가 까다롭고 심한 스트레스에 시달린다. 이곳에서는 나쁜 행동 양식(이를테면, 협업과 지원이 부족하고 서로가 먹고 먹히는 사이라는 사고방식)이 만연하다. 이 부서는 개인적이고 직업적인 발전에 대한 체계적 접근을 우선시하거나 이를 추구하는 일이 거의 없는 곳이다.

바버라는 나의 코칭을 받던 초반부터 자기 부서에 대한 우려를 드러냈다. 바버라가 느끼기에 사업부는 스트레스가 너무 많고, 협업과 지원의 질이 매우 낮았으며, 사람들이 잠재력을 펼쳐 더 빨리 성장하고 성과를 거두려는 의지를 보이지 않았다. 사업부뿐만 아니라 그 회사의 모든 부서에서 우수한 직원을 충분히 보유하지 못하고 있는 것도 난제였다.

지식과 의지를 다지는 첫 단계

나는 우선 자발적인 동기와 개인적·직업적 발전에 관해 그녀가 맡은 팀의 직속 부하들에게 탄탄한 지식을 심어줘야 한다고 조언했다. 바버라는 다양한 지적 자원(나의 몇몇 글들, 그 외 추가적인 기사와 책의 발췌문 등)을 활용해 일대일 대화와 팀 논의를 진행했다.

다음으로 서약문을 작성해 팀의 의지를 공고히 할 것을 권했다. 이 접근법은 몇 년 전 나와 작업했던 최고의 하키 코치로부터 배운 것이다. 팀 서약문은 팀이 훌륭한 성과를 거두고 목표를 달성하기 위해 각 선수가 지켜야 할 행동들을 규정한다. 바버라와 같은 상황에서 팀 서약문은 발전 목표를 정의하고, 일대일 대화와 팀 회의에서 논의의 주안점 역할을 할 수 있다. 이 밖에 다양한 설문 조사를 진행하고, 나아가 자신의 부서가 의지하거나 지원하는 이해관계자들과 논의할 때도 활용할 수 있다.

바버라의 직속 부하는 총 8명이었다. 그녀는 이들을 4명씩 2개의 팀으로 나누고, 개인적이고 직업적인 발전을 주요 우선 사항으로 만드는 데 필요한 행동을 다섯 가지씩 제시하라는 업무 명령을 내렸다.

각 팀이 제안서 초안을 만들었다. 바버라는 회의를 소집해 팀별로 자신들의 제안서를 발표하도록 했다. 제시된 행동 중 세 가지는 모두가 동의했다. 다음 단계는 추가 행동 두 가지를 정하는 것이었다. 2주 뒤, 바바라는 다시 한번 팀 회의를 소집해 추가 행동 두 가지를 마저 정했다. 이 내용들을 문서로 공식화해 바바라를 포함한 모든 팀원이 서명했다. 그리고 공동 구역, 회의실, 개인 작업실에 게시할 수 있도록 시각화한 포스터도 제작했다.

팀 서약문의 내용은 다음과 같았다.

우리의 행동	이 행동이 중요한 이유
우리는 매일 설렘을 추구하고 나눈다.	우리의 일은 복잡하고 중요하다. 이 일은 설렘과 에너지를 느낄 많은 기회를 제공한다. 우리가 일상 업무 속에서 설렘을 경험하겠다고 기대하지 않는다면 이를 깨닫지 못할 것이다.
우리는 말하기 전에 생각한다.	언제나 진심을 말해야 하지만 그 방법은 현명해야 한다. 말은 새로운 관점을 만들기도 하지만 상처를 주기도 한다. 또한, 충분한 사실 정보와 탄탄한 논리에 근거하지 않은 말은 잘못된 방향으로 이어질 위험이 있다.
우리는 늘 시간을 지킨다.	우리는 마감 기한과 회의 시간을 지킴으로써 서로에게 그리고 이해관계자들에게 존중을 표하고, 업무를 현명하게 계획하는 능력을 끊임없이 향상한다.
우리는 기대 이상의 결과물을 전달하고자 노력한다.	우리의 모든 업무는 이해관계자들이 자신의 업무를 수행하도록 돕는다. 기대 수준의 결과물을 전달하는 것은 약속의 이행이다. 기대 이상의 결과물은 진심 어린 애정과 열정의 표시다.
우리는 날마다 성장하며 발전한다.	우리의 일은 새롭고 더 나은 방식으로 계획하고 실행할 무한한 기회를 제공한다. 이로써 우리는 날마다 기술을 향상하고 숙달할 수 있다.

팀원들에게 필요한 지식을 전수하고 서약문도 마련한 바버라는 다음 단계로 넘어갈 준비가 되었다.

자발적 동기와 개인적·직업적 발전을 주도할 3대 핵심 기술

과업을 수행하면서 늘 흥미로운 결과에 초점을 맞추는(FEO) 습관을 기르는 것 외에 사람들이 일을 사랑하도록 만드는 데 중요한 3대 기술이 있다. 바로 문제 해결력(또는 앞서 설명한 논리적 사고), 업무 관리, 그리고 자기 관리다.

앞서 언급했듯이 문제 해결력은 자발적 동기, 내면의 평화, 개인의 발전, 업무 수행의 기본이 되는 기술이다. 문제를 해결할 때처럼 자신이 살아 있고 강하다는 느낌이 드는 경우는 드물다. 반면에 이해하거나 풀지 못할 것 같은 문제를 마주할 때만큼 의욕이 꺾이는 때도 없다. 직업적 환경에서 문제 해결력은 무수한 하위 기술로 구성된다. 이를테면 문제를 정량화하기, 문제를 이해하고 해결할 수 있도록 구조화하기, 문제와 해법에 관해 아는 것과 모르는 것에 존재하는 불확실성에 대처하기, 대응법과 관련된 권고 사항 마련하기 등이 있다.

업무 관리도 이에 못지않게 중요하다. 이 책의 중심 주제 중 하나는 모든 업무 활동이 더 나은 새로운 방식으로 거듭날 무한한 기회를 제공한다는 점이다. 문제 해결력과 마찬가지로 업무 관리 역시 몇몇 하위 기술로 구성된다. 이를테면 기획하기, 측정 가능한 결과(또는 FEO) 정의하기, 복잡성 관리하기, 개선 기회 파악하기, 높은 품질 고수하기 등이 포함된다. 과업을 대하는 이 신중한 방식은 업무에 접근할 때 자발적인 동기를 활용하도록 이끈다.

자기 관리 기술에도 여러 하위 기술이 포함되지만, 가장 중요한 두 가지는 사고방식과 피드백이다. 일의 수행 방식을 늘 개선할 수 있고 또 개선해야 한다는 사고방식을 받아들여야 한다. 피드백을 구할 때마다 우리는 지식을 얻을 기회가 생긴다. 그 피드백을 토대로 행동하든 안 하든 말이다. 이 기술들을 실체화하여 팀원들이 자신을 평가할 수 있도록, 바버라와 나는 각 기술에 대해 설명하는 표를 만들었고, 여기에 '숙달(탄탄함)'부터 '문제라고 여겨짐'까지 이어지는 스펙트럼을 적용했다.

일간·주간 FEO 실행하기

바버라와 팀원들이 실행할 다음 단계는 발전과 업무 수행을 통합하는 작업 방식에 관해 합의점을 찾는 것이었다. 이 단계의 중점 사항은 단기적 목표에 초점을 맞추는 것이다. 그래야 행동을 촉진할 수 있고, 팀원 각자가 일일 업무 진행과 발전 과정에 계속 집중할 수 있으며, 팀과 바버라가 서로를 지원할 수 있다.

문제 해결	탄탄함	약간의 개선이 필요함	발전의 필요성이 명확함	문제라고 여겨짐
문제를 정량화하기	문제를 다루기 전에 당면한 문제 또는 사안의 규모에 관해 늘 확실한 관점을 확보함.	문제 또는 사안의 정량화가 작업 절차의 일부이긴 하지만, 늘 처음부터 실행하지는 않음.	어떤 문제의 규모를 가늠하는 직관력은 뛰어나지만 이 직관적 판단의 타당성을 검증하지 않을 때가 많음.	적절한 분석 없이 어떤 문제의 규모를 추측할 때가 빈번함.
사안 식별하기	모든 문제의 가장 중요한 측면을 신속히 식별하는 특별한 능력을 보유함.	복잡하게 얽혀 있는 문제들을 어려움 없이 추적할 수 있음. 가장 중요한 사안을 대체로 정확히 식별함.	사안에 대한 명확하고 논리적인 접근법을 갖췄으나, 가장 중요한 사안을 식별하는 데 어려움이 있음.	사안에 초점을 맞추는 문제 해결력의 논리적 접근법이 쉽게 드러나지 않음.
불확실성에 대응하기	늘 분명한 것, 신념에 근거한 것, 알려지지 않은 것은 무엇인가 등으로 나누어 접근하고, 불확실성을 줄이기 위해 균형 잡힌 방식으로 행동함.	문제를 두고 알려진 것과 알려지지 않은 것에 관한 바람직한 관점을 신속히 수립함. 때때로 사실보다 추측이나 신념에 의존하기도 함.	한 문제의 알려지지 않은 측면을 식별할 수는 있으나, 그 측면들을 효율적으로 다루는 데는 지원이 필요함.	'사방을 살피는' 경향이 있음. 문제와 해결 방법을 과신할 때가 많고 불확실성에 부딪히면 부정적으로 반응함.
문제를 구조화하기	미흡하게 정의된 모호한 문제를 구조화하여 팀이 집중력을 높여 문제 해결을 시도하도록 함.	일반적인 지원이 필요한 복잡한 문제를 구조화함. 문제를 구조화하는 다양한 방법을 파악하고 각 방법의 장단점을 이해함.	핵심 사안을 식별하고, 탄탄한 작업을 통해 문제 해결 방법을 구조화함. 그러나 대다수 경우에 끊임없이 작업을 반복하며 지원이 필요함.	문제 해결의 접근법을 구조화하는 데 상당한 도움이 필요함.
분석 기술 및 접근법	기존의 분석 역량을 뛰어넘는 수준까지 추진함. 새로운 분석적 접근법을 수립함.	새로운 분석적 접근법의 필요성을 인지하고 이를 활용하며, 그 접근법을 신속하게 배움.	분석가로서는 훌륭하지만, 새로운 분석적 접근법의 필요성을 식별하지 못함.	아직 분석 기술 면에서 몇몇 단점이 있고, 새로운 분석적 접근법을 수용하는 데 어려움이 있음.

업무 해결	탄탄함	약간의 개선이 필요함	발전의 필요성이 명확함	문제라고 여겨짐
문제에 대한 반응	변화에 빠르게 대처하도록 팀을 이끌어줌. 주어진 문제를 더 잘 아는 사람들의 경험을 효과적으로 활용함.	변화하는 문제와 사안들을 대체로 적절히 처리함. 새롭게 발견한 사실을 업무에 통합하는 능력이 있음.	시간이 지나면서 문제와 사안이 달라지면 난처해하지만, 변화의 필요성은 인정함.	사안이 달라지면 업무 경로를 조정하며 '싸우는' 자세를 취함.
권고 사항 수립	실용적으로 이행할 만한 권고 사항을 수립함.	대체로 철저한 권고 사항으로 구성된 탄탄한 묶음을 마련함.	그럼 이제 뭘 해야 하지라는 질문을 던지고, 주변의 도움과 약간의 지원에 힘입어 철저한 권고 사항을 수립함.	제시한 권고 사항이 불완전할 때가 많고, 관련 연구자료를 토대로 명확하게 수립된 사실이 아니기도 함.
계획 수립	복잡한 문제와 우선 사항들을 처리하기 위해 효율적인 계획을 구조화할 수 있음.	익숙한 문제와 우선 사항을 처리하기 위해 구체적인 목표가 설정된 탄탄한 계획을 신속히 완성함.	계획을 구상하는 일은 정확히 수행하지만, 지원이 필요함.	신중한 계획을 수립하지 못하는 경향이 있고, 적극적인 보조 없이는 계획을 완성하지 못함.
명확하고 측정 가능한 결과/ FEO 수립	실용적인 계획을 수립하고 업무 우선순위를 정할 수 있도록 언제나 명확하고 측정 가능한 결과를 수립함.	(세부적인 수준은 제외하고) 전반적인 계획 수립의 지침을 마련하기 위해 명확하고 측정 가능한 결과를 수립함.	명확한 결과를 정의 내리고자 늘 노력하지만, 이를 측정 가능한 형태로 만드는 데 고군분투함.	결과가 아니라 활동 및 과업 위주로 생각함. 하나의 활동 또는 계획 안에서 우선순위를 수립하는 능력이 부족함.
복잡성 관리	시시각각 변하는 복잡한 프로젝트를 잘 관리하고, 진행 중인 프로젝트 관리 업무 외에도 생각할 여유가 있음. 프로젝트 범위를 넘어서는 가치를 전달함.	목표한 바를 모두 완수하면서 복잡한 프로젝트들을 수월하게 처리함.	명확한 프로젝트를 수월하게 처리하지만, 때로 마감 기한 측면에서 고군분투함.	마감 기한에 맞춰 프로젝트를 처리하는 데 어려움을 겪음.

자기 관리	탄탄함	약간의 개선이 필요함	발전의 필요성이 명확함	문제라고 여겨짐
개선 주안점	주의를 기울여 개선하고 변화해야 할 영역을 꾸준히 식별함. 명확한 결과를 목표로 계획을 수립해 개선과 변화를 추구함. 장애물 대신 가능성을 생각함.	신중한 개선과 변화에 관한 제안을 종종 제시하며 이를 주도할 준비가 되어 있음. 긍정적인 자세로 새로운 아이디어를 시도함.	신중한 개선과 변화에 관한 제안을 때때로 제시하지만, 이를 실제로 추진하거나 새로운 아이디어를 시도하는 일을 미룸.	신중한 개선과 변화에 관한 아이디어를 제시하는 경우가 드물고, 새로운 아이디어를 시도하려고 하지 않음. 가능성 대신 장애물을 생각함.
질적 측면	요구사항을 넘어서는 질 높은 업무 결과를 전달함. 제출한 결과물을 검토할 필요가 없음. 질적 수준을 향상하는 데 개방적임.	때때로 요구사항을 넘어서는 질 좋은 업무 결과를 전달함. 대체로 업무 결과를 검토할 필요는 없고, 성과 평가에 개방적임.	질적 요구사항을 충족시키지만 약간의 지원이 필요함. 업무 결과물은 반드시 검토해야 함.	질적 요구사항을 충족하지 못함.
업무 수행 순서	주어진 프로젝트나 과제와 연관된 모든 업무를 추진하는 중요한 순서를 식별해내는 강점을 보임.	대체로 자기 업무를 추진하는 중요한 순서를 식별하는 능력을 보임.	업무를 추진하는 순서를 파악할 필요성은 이해하지만, 이를 다루는 데는 지침을 필요로 함.	종종 주어진 과제와 연관된 업무의 복잡성 때문에 혼란스러워함.
사고 방식	모든 업무와 상황을 혁신과 성장의 기회로 생각함.	발전에 초점을 맞추지만, 때로 자신의 경력과 연관된 영역에만 지나친 관심을 쏟음.	발전을 추구하지만, 이를 위한 노력이 실패로 돌아가면 쉽게 실망함.	자기 발전 기회에 집중하는 노력이 부족함. 자신의 장점이 지닌 가치를 과장함.
피드백 반영	업무와 관련된 사람들에게 수시로 피드백과 지원을 구할 뿐 아니라, 이를 적극적으로 반영하여 행동함.	개방적인 자세로 피드백을 듣고 이를 반영하며, 난제에 직면할 때는 적극적으로 지원을 요청함.	대체로 개방적인 자세로 피드백을 받지만, 피드백 내용을 이행하는 일을 미룸.	피드백을 구하지 않으며, 필요할 때 시기적절한 도움과 지원을 구하는 일을 주저함.

두세 차례 팀 토의를 거친 뒤, 그들은 다음의 업무 방식을 따르기로 했다.

1. 모든 팀원은 매주 금요일에 15~20분간 자신의 주간 업무 중 가장 중요한 FEO 3~5개를 정한다. 이 중에는 3대 핵심 기술(문제 해결력, 업무 관리, 자기 관리) 중 하나를 실행하는 주간 FEO를 최소 1개 포함한다.
2. 매 근무일에 팀원들은 15~20분간 자신의 주간 FEO를 달성하기 위한 진척 상황을 돌아본다. 이때 자신의 하루를 1~10점 척도로 나타낸다(10점: 훌륭함).
3. 팀원 8명은 2명씩 총 4개의 팀을 구성하고, 각 팀은 매주 금요일이나 월요일에 30분간 모여 각자 지난주와 다음 주의 FEO를 의논한다. 이 시간 속에서 서로를 지원하고 교훈을 얻는다.
4. 월 1회, 팀원 8명이 바버라와 한자리에 모여 지난 한 달간 각자의 업무 수행과 발전 사항을 공유하고 여기서 얻은 교훈을 공유한다.

바버라는 이 방식을 적용해 자신의 주간 FEO와 일일 반성 작업도 동일하게 진행했다. 또한, 팀원들을 관찰한 내용 중 팀 전체에 피드백으로 제시할 만한 사항을 간단한 일일 기록으로 작성했다.

바버라는 매주 팀을 바꿔가며 30여 분간 진행되는 주간 팀 회의에 함께 참석했고, 추가로 각 팀원과 30여 분간 일대일 회의도 가졌다.

바버라가 이 업무 방식을 지속하는 데 필요한 유일한 것은 자신과 팀원들이 활용할 템플릿을 마련하는 것이었다. 그들이 만든 서식을 다음 페이지에 실었다. 여기에는 바버라의 팀원 중 한 명이 사용한 실제 사례가 들어 있다.

주간 계획: 주간 FEO 측면에서 이룬 성취, 도전 과제, 통찰

핵심 기술 FEO	월요일	화요일
업무 관리 부문 개선. 주안점은 (매일 한 가지 업무에 대한) 실행 시간 줄이기.	포트폴리오 매니저 8명과의 월간 일대일 통화 시간을 20분에서 10분으로 줄임. 진척 현황을 훨씬 간략하게 보고한 것이 효과적이었음.	포트폴리오 매니저들을 대상으로 한 발표에서 사용할 그래프의 디자인 시간을 30분으로 줄이는 데 성공함.

주요 업무 FEO	월요일	화요일
포트폴리오 매니지먼트 회의를 위한 발표 자료를 금주 금요일이 아닌 수요일까지 마무리하기.	발표 내용 요점을 담은 초안을 작성해 바버라에게 검토를 요청한 결과 긍정적인 피드백을 얻음.	발표 자료 초안을 완성해 바버라에게 승인을 요청함. 바버라로부터 유용한 의견을 받고, 1시간 안에 발표 자료를 마무리할 수 있었음.
모의 위험 평가를 새로운 방식으로 실행하는 것에 관해 밥 스티븐슨에게 최종 승인 받기.	관련 업무 없음.	주요 논점을 밥과 친한 세 사람과 상의했고, 한 가지 논점에 대한 반대 의견을 들음.
포트폴리오 매니저 스티브와 제인의 요청(해당 플랫폼에 새로운 상대를 영입하자는 것)에 관해 영입 시기와 접근 방법을 제시하고 합의 얻기.	구체적으로 생각해봤으면 하는 질문 세 가지를 포함해 내가 생각하는 접근법을 간략히 설명한 메일을 스티브와 제인에게 보냄. 이번 주 금요일에 논의하기로 함.	관련 업무 없음.
나의 하루는 어땠나? (1~10점 척도로 나타내고, 이를 한 문장으로 설명하기)	**6점. (약간 단편적이었음)**	**8점. (전체적인 진척 정도에 만족함)**

수요일	목요일	금요일	충족도
금일 업무 중에서는 어느 것도 실행 시간을 줄일 수 없었음. 다른 사람들의 의견을 기다리느라 분석 작업이 지연됨.	운영 위험 요소에 관한 월간 보고서 검토 시간을 반으로 줄임. 그러면서도 핵심 시사점을 요약해 이메일로 팀에 공유하는 데 성공함.	월요일 팀 회의를 위한 준비 시간을 30분으로 줄이면서도 내가 공유하려는 요점을 더 명확하게 정리했음.	80%

수요일	목요일	금요일	충족도
오늘 오전 9시에 준비된 발표 자료를 포트폴리오 매니저에게 발송함. 요청일보다 이틀 일찍 보낸 덕분에 그들에게 추가 준비 시간이 생김.	완료	완료	100%
논점을 다듬어서 앞서 상의한 세 사람에게 다시 검토받음. 논점을 제시하기 전에 밥이 속마음을 터놓도록 유도하라는 조언을 들음.	밥과의 금요일 회의를 위해 슬라이드 3장짜리 자료를 마무리함. 짧고 간결하며, 밥에게 요구하는 바가 명확히 드러난다고 생각함.	밥과 오찬을 가짐. 나의 논점을 받아들였지만, 다가오는 화요일까지 그의 실행 사항을 추진하는 데는 더 생각이 필요하다고 함.	90%
관련 업무 없음.	관련 업무 없음.	스티브와 제인은 그 접근법을 좋아하지만, 시급한 사안인 만큼 이를 도입할 시기는 재고해주길 원함. 팀과 바버라와 논의하기로 함. 늦어도 다음 주 수요일까지는 답변을 주겠다고 약속함.	60%
5점. (나의 분석 내용을 밀어붙여야 하는 것이 언짢았음)	8점. (발표 자료를 마무리해서 만족스러웠음)	7점. (양호한 날이었고, 좋은 한 주를 보냈다는 느낌이 들었음)	평소보다 나은 주였음.

예상되는 투자 시간 계산하기

이런 작업 방식을 요청하면 지도자들은 흔히 시간을 이유로 꼽으며 반대한다. "이렇게 할 시간이 어디 있습니까?" 여기서 그들의 진짜 속내는 "내 직속 부하들을 지도하고 발전시키는 데 들일 시간이 어디 있겠습니까?"라는 것이다. 어쩌면 그들은 지도자로서 마땅히 해야 할 일을 언제 하겠느냐고 묻는 것일 수도 있다. 직속 부하들을 지도하고 발전시키는 일이 사업의 모든 측면을 주도할 테니 말이다.

시간 투자는 그리 버거운 일이 아니다. 이렇게 한번 쪼개서 생각해보자.

바버라의 팀원 각자가 매달 들이는 시간은 다음과 같다.

- 주간 FEO 정의하기: 20분 × 4 = 80분
- 주간 팀 회의: 30분 × 4 = 120분
- 일일 반성: 주당 75분 × 4 = 300분
- 바버라와의 격주 일대일 회의: 30분 × 2 = 60분
- 월간 팀 회의: 60분

매월 필요한 시간은 총 620분 또는 약 10시간이다. 1년으로 계산하면 전체 업무 시간의 7%에도 미치지 않는다. 얼마나 이로운 거래인가! 여러분의 직속 부하들이 동료와 지도자로부터 놀라

운 지원을 받는 동시에, 자신의 발전 사항을 점검하고 여기서 교훈을 얻게 할 다른 업무 방식이 있는가?

바바라의 투자 시간은 어떨까? 계산하면 다음과 같다.

- 주간 FEO 정의하기: 20분 × 4 = 80분
- 격주 팀 회의: 30분 × 8 = 240분
- 일일 반성: 주당 75분 × 4 = 300분
- 격주 일대일 회의: 30분 × 16 = 480분
- 월간 팀 회의: 60분

이렇게 바바라는 한 달에 약 1,200분 또는 20시간 정도를 투자하는 셈이다. 한 해 동안 전체 업무 시간의 15%도 되지 않는다. 이 또한 일생일대의 거래가 아닌가! 이렇게 소소한 시간을 들여 지도자로서 이행해야 할 최고의 책임, 즉 직속 부하들을 지도하고 발전시키는 일을 온전히 수행할 다른 업무 방식이 있는가? 여기서 바바라를 비롯한 여러 지도자가 이와 같은 또는 유사한 방식으로 직속 부하들과 노력하며 얻은 이점을 살펴보자.

- 바바라는 금세 자기 부서 및 팀원들의 책임 영역에서 일어나는 일들을 완벽히 통제할 수 있었다.
- 적절한 인재를 유지하는 그녀의 능력이 눈에 띄게 개선되었다.

- 바바라가 맡은 팀원들의 자기 주도력이 눈에 띄게 향상함에 따라 그녀가 자유롭게 활용할 시간이 대폭 늘었다.
- 토론하기, 합의점 찾기, 필요한 개선점 및 변화 프로젝트를 성공적으로 실행하는 일이 일상의 자연스러운 업무로 자리잡았다.
- 까다로운 의사소통과 갈등이 급격히 줄었다.
- 명확하고 흥미로운 결과 정의하기, 계획, 위험 평가, 문제해결, 우선순위 설정, 시간 관리, 자기 관리와 같은 기술들이 모두 향상했다.

각 팀원들의 진정한 강점, 발전을 위한 필요 사항, 포부 등을 이해하는 바바라의 능력도 향상했다. 이로써 바바라는 너무도 많은 지도자가 실패하는 일, 즉 자신의 업무 중 많은 부분을 팀원들의 발전 기회로 위임하는 일을 해낼 수 있었다.

업무를 위임해 발전 유도하기

직속 부하들의 발전을 위한 주요 접근법의 하나로 나의 업무를 그들에게 위임해보자. 예를 들면 때때로 경영진 회의에 대신 참석하기 등의 일이다.

바바라는 처음에 이 부분을 주저했다. 이에 우리는 업무 위임을 실행하는 바람직한 방법에 관해 오랜 시간 대화를 나눴다. 나는 업무를 성공적으로 위임하는 데 진짜 걸림돌은 지도자에게 있다고 설명했다. 때로 지도자들은 희망하는 업무 결과가 무엇인지 뚜렷하게 알지 못하고, 자동 조종 상태로 하는 일은 구체적인 수행 방식이 무엇인지 모를 때가 많다. 업무 위임을 제대로 하려면 내가 그 일을 어떻게 수행하는지 알아야 한다. 그래야 직속 부하를 촘촘히 지도할 수 있으며, 측정 가능한 또는 실질적인 결과로서 무엇이 요구되는지 분명히 알게 된다.

나는 바버라를 코치하면서 다음과 같은 업무 위임의 3단계를 활용하도록 권했다.

1단계: 그 업무를 내가 직접 수행한다면 어떻게 할지 15~20분간 생각해본다(특정 사업 계획을 주도하는 일처럼 대대적이고 복잡한 업무일 경우 더 오래 생각한다).

이때 다음 질문에 대한 답을 적어봄으로써 생각을 더 밀어붙이거나 명료하게 만들 수 있다.

1. 이 업무에서 기대되는 또는 요구되는 결과는 무엇인가, 즉 어떤 업무 결과물이 도출되어야 하는가?
2. 업무를 수행하기 위해서 전반적으로 어떤 단계를 거쳐야 하는가?
3. 각 단계를 이행할 때, 가장 어려운 업무와 더불어 가장 중요한 업무는 무엇인가?

4. 각 단계의 이행 시간은 어느 정도여야 하는가?
5. 각 단계에서 거둬야 할 알맞은 업무 결과는 무엇인가?

2단계: 업무를 위임하고 싶은 팀원과 대화를 나눈다. 그 사람에게 위 질문 중 2~5번에 대한 답변을 15~20분간 생각해보도록 요청한다. 생각을 명료화하고 여러분과의 대화를 준비한다는 의미로 자기가 도출한 답을 글로 적게 한다.

3단계: 그 직속 부하와 한자리에 앉아 작성한 답을 함께 검토한다.

이때 여러분은 다음의 원칙을 실행할 수 있다.

1. 업무를 진행하는 방식에 관해 여러분과 직속 부하의 의견이 일치하는 지점, 두 사람의 의견이 엇갈리는 지점을 확인한다.
2. 즉각적인 지침을 주고 처음부터 그 직원을 올바른 방향으로 이끈다.
3. 직원의 강점과 발전을 위한 필요 사항에 관해 교훈을 얻는다.
4. 직원의 견습 과정을 어떻게 지원할지 현명하게 계획한다.

두 사람의 의견 차이가 너무 크다면 업무를 위임하기에는 너무 이른 것이다. 하지만 적어도 그 직속 부하에 관해 뭔가 교훈을 얻을 수는 있다. 이를 토대로 그의 발전을 돕는 데 활용할 다른 접근법을 모색할 수 있을 것이다.

결론

대중의 통념과는 대조적으로, 여러분의 직원을 발전시키는 일은 어렵지도 않고 그리 많은 시간을 빼앗아가지도 않는다. 바버라와 다른 지도자들이 활용한 도구와 접근법을 활용해보라. 장담컨대 절대 후회하지 않을 것이다.

32

기업의 최대 난제인 변화를 주도하라

앞서 언급했듯이 직업 세계에서는 변화나 '변혁'을 꾀하는 전략, 목표 및 계획을 구성하는 데 상당한 돈과 시간이 소비되고 있다. 하지만 이런 노력이 효과를 발휘하는 경우는 드물다. 이런 이유로 지금껏 비즈니스 세계에서 변화로 나아가는 과정은 가장 크고 지속적인 수수께끼로 남아 있다.

변혁이 그토록 힘든 까닭은 무엇일까? 기업들이 잘못된 전략을 활용하고 있는 것일까? 임원진이 보기에 변화가 중요치 않은 것일까? 목표를 달성하기 위한 능력이 부족해서일까? 자신에게는 존재하지 않는 기술, 경험, 시간을 원해서일까? 간단히 답하면

'그렇지 않다'.

기본적인 이유를 들자면, 대다수 조직의 임원들이 직원들을 참여시키는 방식으로 전략을 추진하는 방법이 무엇인지 가닥을 잡지 못한다는 것이다. 달리 표현하면 그들은 리더십의 진정한 목적을 애써 실행하지 않는다. 즉, 모든 직원이 자신의 능력과 사고방식을 발전시키도록 노력하고, 이를 직원들의 일상 업무에 자연스럽게 통합하는 방식으로 실행하지 않는다는 뜻이다.

인간 마음의 작동 방식을 파악한다면 그리 복잡하지 않게 성공적인 변화를 이룰 수 있다. 우선 여러분은 세 가지 선제 조건을 갖춰야 한다.

첫째, 단어 선택에 유의하기

사람들이 변화를 두려워하는 주된 이유는 과거에 '변화'가 부정적인 것을 의미할 때가 많았기 때문이다. 고정된 상황보다 훨씬 더 혼란스러웠던 변화의 상황에서는 일자리를 잃는 사람도 있었다. 변화를 변화change라고 부르면 시작부터 힘겨운 경기를 하는 셈이나 마찬가지다. 이와 달리 발전development이라는 단어는 생산적이고 건강한 성장이라는 느낌을 강하게 전달한다. 우리는 발전을 좋고 긍정적인 것으로 인식한다. 발전이란 우리를 더 강하게 만들고, 발전 과정에서 어느 정도 통제감도 느끼기 때문이다.

그러므로 변화에 관해 말하기를 멈추고 발전, 더 낫게는 우리의 자연스러운 다음 단계에 관해 논하기 시작하라. 우리의 자연스러운 다음 단계 측면에서 생각하고 말하는 것은 이 작업에 참여할 사람, 그리고 발전의 영향을 받게 될 사람 모두를 더 나은 새로운 생각으로 이끈다. 이는 앞으로 실행할 발전을 꾀하는 그 일이 점점 더 매력적으로 느껴지게 한다. 자연스러운 다음 단계라는 표현은 현재 좋은 상태에 있는 모든 것, 그리고 더 낫게 또는 한 단계 더 발전될 만한 모든 것을 균형 잡힌 시각에서 바라보도록 촉진한다.

단어 하나만 바꿔도 여러분의 영향력을 기하급수적으로 늘릴 수 있다.

둘째, 세 가지 질문에 명확히 답하기

기업들은 변화 또는 발전 프로젝트에 돌입했을 때 직원들의 실제 업무가 어떻게 변하는지 상세히 설명하는 데 인색하다. 상세하다는 말은 모든 지도자와 직원이 발전되어야 할 영역을 정확히 알아야 하지만, 이에 못지않게 변하지 않을 영역도 알아야 함을 의미한다.

지도자로서 여러분은 뭔가 새로운 것을 마주했을 때 사람들이 종종 던지는 세 가지 보편적인 질문에 답할 줄 알아야 한다. (1)

나는 무엇을 얻게 되는가? (2) 나는 무엇을 잃게 되는가? (3) 나는 무엇을 지키게 되는가?

또한, 사람들은 얻을 것에 대한 기대보다 잃을 것에 대한 상실감을 두 배나 높게 느끼며, 특히 자유나 특권을 잃을 때 더 큰 상실감을 느낀다. 그러므로 발전을 위한 노력을 소개할 때는 이 세 가지 질문 하나하나에 긍정적인 답을 내놓을 수 있게 여러분의 메시지를 다음과 같이 구조화하라.

- 사람들이 전과 같은 방식으로 지속할 일들 및 그 이유와 시기, 이 변화의 전개 방식
- 사람들이 중단해야 할 일들 및 그 이유와 시기, 이 변화의 전개 방식
- 사람들이 새롭게 시작해야 할 일들 및 그 이유와 시기, 이 변화의 전개 방식

셋째, 주인의식 심어주기

다른 모든 프로젝트처럼, 발전 프로젝트 역시 준비 작업의 질에 따라 성패가 결정된다. 시작 단계에서 여러분이 할 수 있는 가장 중요한 일은 직원들에게 요구된 작업에 관한 주인의식을 심어주는 것이다. 이 작업을 훌륭히 해낸다면, 여러분은 이케아 효과

(내가 직접 조립 작업에 참여한 물건에 훨씬 높은 가치를 두는 경향성)를 활용할 수 있다. 이 효과는 비단 가구만이 아니라 아이디어, 신념, 작업 방식(작업의 질과는 관계없이) 등 개인적인 노력이 투여되는 모든 대상에 적용된다.

이를 실행할 손쉽고 강력한 방법 하나를 소개한다. 나는 여러 번 이 접근법을 활용했으며 나의 고객들도 이를 활용하도록 코치해왔다. 여러분이 추진할 프로젝트가 무엇이든 이 접근법은 훨씬 더 빠르고 긍정적인 추진력을 만들어낸다.

예를 들어 여러분이 속한 부서에서 새로운 업무 방식을 실행하려고 한다고 해보자.

1단계: 새로운 작업 방식을 명확히 제시하는 읽기 쉬운 문서를 작성하라. 전문 용어는 금물이다. 요점만 명확히 전달하라. 그리고 이 문서가 다음의 주제들을 포함하도록 하라.

- 새로운 업무 방식은 무엇인가?
- 새로운 방식으로 업무를 수행했을 때 각 개인과 부서가 얻게 될 실질적인 이점은 무엇인가? 여러분이 직접 경험한 일이 아니라면 기존에 직접 경험한 사람들과 면담하고 그들의 사례를 담은 문서를 첨부하라.
- 새로운 업무 방식을 도입했을 때 보통의 근무일 또는 업무 주간은 어떻게 돌아가는가? 이를 경험한 사람과 대화하게 된다면 그들이 전한 이야기와 관점을 공유하라.

- 새로운 방식대로 업무를 수행할 때 최대의 이점을 얻기 위해 직원들이 (1) 지속해야 할 일, (2) 중단해야 할 일, (3) 새롭게 시작해야 할 일들은 무엇인가?

2단계: 작성한 문서를 부서 내 모든 사람에게 전달하고, 이를 충분히 검토하고 다음 질문에 대한 답을 적어달라고 요청하라.

- 새로운 업무 방식에 숙달함으로써 나는 어떤 개인적·직업적 이점을 얻고 싶은가?
- 현재 나의 업무 방식 중, 새로운 업무 방식 및 내가 얻으려는 이점과 일치하므로 지속해야 할 일은 무엇인가?
- 새로운 업무 방식 및 내가 얻으려는 이점과 일치하지 않으므로 내가 중단해야 할 일은 무엇인가?
- 당장은 하고 있지 않지만, 새로운 업무 방식 및 내가 얻으려는 이점을 고려해 지금부터 시작해야 할 일은 무엇인가?
- 새로운 업무 방식에 따라 새롭게 시작할 일들을 할 때 내게 필요한 지원은 무엇인가?
- 새로운 업무 방식에서 이해하거나 받아들이기에 가장 어려운 부분은 어느 것인가? 그 이유는?

문서를 충분히 검토하고 이 질문들에 답을 적어보도록 부탁함으로써 여러분은 이케아 효과 및 헌신과 일관성의 원칙을 모두 활용하게 된다. 사람들에게는 자신과 스스로의 신념이 일치되게 보이려는 강한 욕구가 있다. 서면으로 작성한 약속은 구두 약속보다 훨씬 더 견고하다.

3단계: 부서 내 모든 사람이 참석하는 공동 학습 및 작업 세션을 마련한다.

모든 논의는 참여자들 사이에서 이루어져야 한다. 여러분이 강연자로 나선다거나, 다수가 참여하는 토론을 여러분이 주도하려고 해서는 안 된다. 모든 사람이 적극적으로 참여해야 한다.

이렇게 하는 이유는, 더 많은 사람이 의견을 나누고 실제 업무(이를테면 문제 해결)를 수행할수록 더 많은 사람이 주인의식을 느끼고, 그 과정이 정서적으로 긍정적인 경험이라고 인식할 것이기 때문이다. 또 다른 이유는 학습과 연관된다. 말하고, 기록하고, 어떤 과제를 위해 노력할 때 더 단단한 신경 회로가 구축된다.

이 학습 및 작업 세션에서 다룰 주요 내용은 참여자들이 완료한 이전 업무를 토대로 삼아야 한다. 즉, 여러분이 제시한 질문에 그들이 적어낸 답변들이 기반이 된다.

세션을 시작할 때, 총 참여자 수를 고려해 3명 또는 그 이상의 그룹이나 팀으로 나눠라.

첫 번째 작업으로 각 팀의 팀명과 신조를 정하고, 일련의 팀 내 역할을 지정하도록 25분을 허락하라. 이 활동은 주인의식과 팀워크를 증진해 세션을 더 재미있게 만든다. 팀 역할 중 하나인 팀 리더는 팀이 제시간 안에 과제를 해결하도록 노력할 책임을 맡는다. 팀원들은 결과를 발표할 사람도 골라야 한다. 이 사람은 사실 수집가 역할을 하며, 팀 작업을 하는 동안 다른 팀들을 찾아가 조언과 의견을 구하는 일을 맡는다.

전체 그룹이 다시 한자리에 모이면 각 팀은 5분간 팀명, 신조, 그리고 역할 배분 방식과 이유를 설명한다. 그런 다음 다시 팀별로 흩어져서 두 가지 팀 세션을 시작한다. 각 세션에서 팀들은 각 구성원이 서면으로 답한 내용을 토대로 작업에 들어간다. 이제 그들은 하나의 그룹으로서 이 질문들에 답변을 제시한다.

팀 작업 1: 개인들의 답변을 근거로 토론하고 팀 의견을 도출한다.

- 새로운 업무 방식에 숙달함으로써 내가 경험하고 싶은 개인적·직업적 이점은 무엇인가?
- 오늘 업무를 대하는 나의 접근법 중에 지속해야 할 일은 무엇인가?
- 오늘 내가 업무를 대하며 실행하는 것들 중 중단해야 할 일은 무엇인가?
- 새로 시작해야 할 일은 무엇인가?

팀 작업 2: 개인들의 답변을 근거로 토론하고 팀 의견을 도출한다.

- 하던 일을 중단하고 새로운 일을 시작하기 위해 내게 필요한 지원은 무엇인가?
- 새로운 작업 방식 중 가장 이해하기 어려운 부분은 무엇인가? 이유는?
- 새로운 방식에 따라 작업을 시작한다면 나의 업무 계획은 어떻게 짤 것인가?
- 각 팀원이 행동 및 습관을 지속·중단·시작하기 위한 다음 단계로 나아가기 위하여, 새 작업 방식에 관해 더 많이 배울 수 있는 방법은 무엇이 있을까?

4단계: 학습 및 작업 세션 이후에도 팀을 그대로 유지하라. 이제 그들은 견습 팀으로 업무에 임하면서 변화가 진행되는 동안 상호 지원을 제공하게 된다. 팀을 그대로 유지하는 데는 다른 이점도 있다. 첫째, 이렇게 동료를 의식하는 과정에서 새로운 습관과 행동이 강화된다. 둘째, 여러분과 여러분의 부서가 공동의 진척 현황 및 그때그때 맞닥뜨리는 난제를 살펴보고 서로를 주시하게 된다. 이는 부서 전체가 모이는 다음 회의에서 다시 논의할 수 있다.

여기서 비결은 내가 설명했던 세 가지 선제 조건 각각을 고려할 충분한 시간을 쓰는 것이다. 대개 기업들은 그저 빨리 일을 진행해야겠다는 경솔한 생각에 따라 움직인다. 그 결과, 마지막에는 달성한 성과가 거의 없다는 사실을 깨닫게 된다. 여러분이 사용하는 언어에 주의를 기울이고, 세 가지 보편적인 질문에 대한 답을 상세히 제시하며, 자기 손으로 만들어가는 과정을 추구함으로써 직원들이 주인의식을 느낄 수 있게 만들자.

33

빛나는 아이디어를 눈부신 현실로 만들어라

여러분이 속한 조직이 새롭고 창의적인 아이디어를 열린 자세로 받아들이지 않는다고 느끼는가? 그렇다면 그곳은 내가 만났던 대다수 다른 조직과 비슷할 가능성이 크다. 가치를 창출하겠다던 약속을 지키지 못한 아이디어와 프로젝트에 어마어마한 돈을 쏟아부은 조직들 말이다.

새로운 아이디어와 프로젝트를 동원해 성공을 거두는 일은 기업들이 보편적으로 어려워하는 일인 듯하다. 왜일까? 대개 실행력과 후속 작업이 빈약해서다. 하지만 더 흔한 현상으로 아이디어 자체가 빈약하거나 아이디어 검증 작업이 미흡하고 불완전할 때도 있다.

이번 장에서는 여러분의 아이디어가 단순히 훌륭한 기획을 넘어, 의사 결정자들에게 받아들여져 결국 성공적으로 실행되기까지 이끄는 확실한 접근법을 공유하고자 한다.

내가 이 접근법을 처음 개발한 때는 2008년이었다. 당시 한 대기업의 최고정보책임자CIO가 수백만 달러에 달하는 프로젝트의 내용 중 기술 프로젝트의 정밀도를 향상할 수 있게 도와달라고 요청해왔다. 그때만 해도 팀 내에서 시간, 예산, 가치 전달 측면의 목표를 이해하는 사람은 절반도 되지 않았다.

작업에 들어가기 전, 나는 이 기준(시간, 예산, 가치 전달)에서 모든 유형의 프로젝트를 성공적으로 완성한 탁월한 기록을 보유한 몇몇 기업부터 찾아보았다. 한 곳은 글로벌 금융 기관으로, 수년간 해당 업계에서 세계 최고로 운영되는 유일한 기업이라고 전문가들에게 손꼽히는 곳이었다. 나는 나만의 네트워크를 동원해 그 회사의 최고운영책임자를 만날 수 있었다.

그에게 던진 첫 번째 질문은 새로운 아이디어와 잠재적 프로젝트를 대하는 방식이었다. 그의 대답은 나를 완전히 당황하게 했다.

"그건 정말 복잡한 문제입니다. 새로운 아이디어와 프로젝트를 피할 수만 있다면 그것이야말로 우리가 바라는 일일 테지요. 우리의 경험상 모든 새로운 아이디어와 프로젝트에 따르는 위험성을 예리하게 가려내려는 회의적인 자세도 성공의 비결이었습니다."

맞는 말이라고 생각했다. 새로운 아이디어나 잠재적인 프로젝트의 약점들에 초점을 맞추려 노력하면 그것을 제안하는 사람들의 강렬한 열정에 휩쓸리는 일을 피할 수 있다. 다음 질문으로는 특별히 훌륭해 보이는 아이디어나 잠재적 프로젝트를 만났을 때 회사가 대처하는 방식을 물었다. 그는 몸을 뒤로 기대더니 이렇게 답했다.

"그때부터는 참으로 성가신 과정이 시작됩니다. 어떤 아이디어가 훌륭해 보인다면 그 아이디어의 이점을 누릴 부서들이 전부 참여해 정말 자신들에게 혜택이 있을지 아닐지를 논의합니다. 만약 그렇다는 믿음이 든다면 정확히 어떤 유익이 있을지 논의하는 세세한 과정이 시작되죠. 하지만 이것도 첫 단계에 불과합니다. 다음으로 그 아이디어를 뒷받침할 자금 조달 방법을 마련해야 합니다. 아이디어의 혜택을 누릴 모든 부서는 자기 몫의 자금을 마련해야 하죠. 하지만 부서마다 업무의 성격이 다른 데다, 각 부서가 누릴 이점도 천차만별이라서 비용 할당 방법을 촘촘하게 분석해야 합니다."

그 최고운영책임자와 대화하는 한 시간 동안 훌륭한 아이디어를 검증하는 요인, 그리고 이를 성공적으로 실행하는 과정에 관해 많은 것을 배웠다. 새로운 아이디어와 프로젝트를 제안하는 사람들의 열정은 분명 높이 사야 하지만, 기본적인 주안점은 그 아이디어들의 약점에 두어야 한다. 어떤 아이디어나 프로젝트가 훌륭해 보인다면, 이론상 그 아이디어의 이점을 누릴 부서들과 함께 예상되는 이득을 검증하는 데 충분히 투자하라. 각 부서가 얻을 이점에 상응하는 정도로 각자 자기 몫의 자금을 마련하도록 하라.

이는 두 가지 측면에서 중요하다. 첫째, 각 부서가 자기 몫의 프로젝트 비용을 조달하면, 그들은 자기 돈을 직접 투자하는 것이므로 이를 성공시키기 위해 제 몫을 다할 가능성이 더 크다. 둘째, 부서별 비용이 그들이 얻을 이익에 상응할 경우, 비용 분배가 공정하다고 여길 것이다. 이는 저항과 냉소주의를 줄여준다. 여기서 꼭 알아둘 점이 있다. 프로젝트화할 만한 아이디어 제안을 정말 치밀하게 만들려고 노력해야 한다는 것이다. 이로써 지속성과 더 나은 가치를 지닌 현실적인 아이디어와 프로젝트가 제시되도록 해야 한다.

내가 만났던 최고운영책임자에게서 들은 지혜로운 말들을 바탕으로 하여 도움을 요청했던 최고정보책임자와 작업에 돌입했다. 그리고 약 6개월 뒤, 우리는 잠재적인 기술 프로젝트 관련 아이디어를 개발하고 검증할 완벽히 새로운 접근법을 수립하게 되었다.

다음 표는 IT 분야에 대한 투자를 고려하기 전에 실행한 일들을 요약한 것이다.

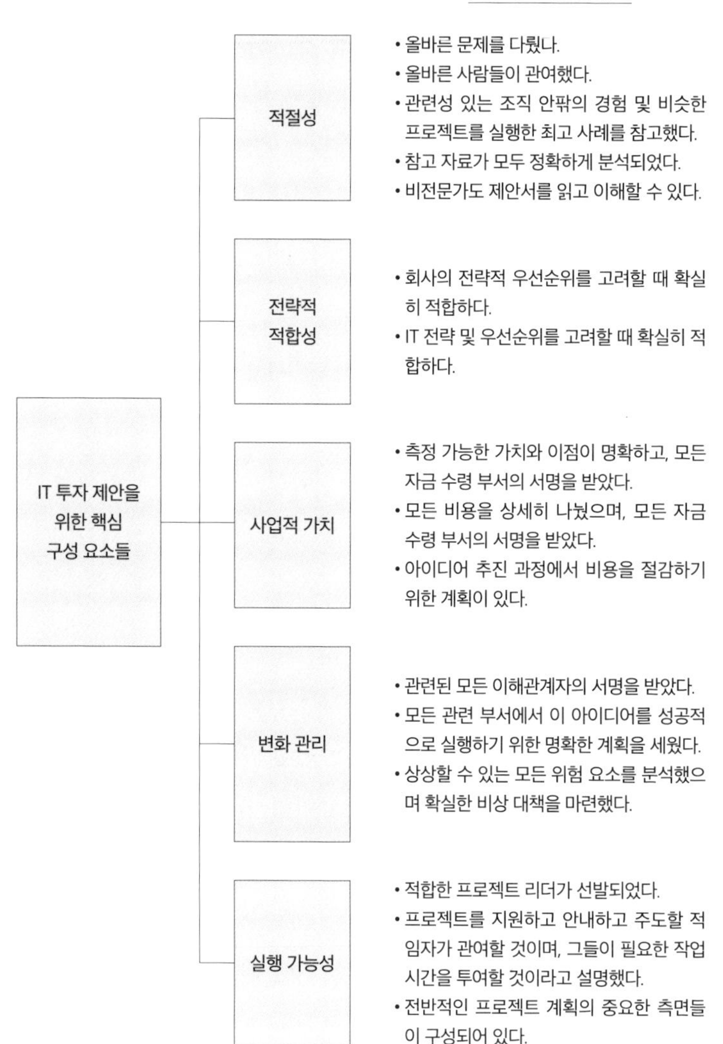
입증하고 확인할 부분
IT 투자 제안을 위한 핵심 구성 요소들
적절성
• 올바른 문제를 다뤘다.
• 올바른 사람들이 관여했다.
• 관련성 있는 조직 안팎의 경험 및 비슷한 프로젝트를 실행한 최고 사례를 참고했다.
• 참고 자료가 모두 정확하게 분석되었다.
• 비전문가도 제안서를 읽고 이해할 수 있다.
전략적 적합성
• 회사의 전략적 우선순위를 고려할 때 확실히 적합하다.
• IT 전략 및 우선순위를 고려할 때 확실히 적합하다.
사업적 가치
• 측정 가능한 가치와 이점이 명확하고, 모든 자금 수령 부서의 서명을 받았다.
• 모든 비용을 상세히 나눴으며, 모든 자금 수령 부서의 서명을 받았다.
• 아이디어 추진 과정에서 비용을 절감하기 위한 계획이 있다.
변화 관리
• 관련된 모든 이해관계자의 서명을 받았다.
• 모든 관련 부서에서 이 아이디어를 성공적으로 실행하기 위한 명확한 계획을 세웠다.
• 상상할 수 있는 모든 위험 요소를 분석했으며 확실한 비상 대책을 마련했다.
실행 가능성
• 적합한 프로젝트 리더가 선발되었다.
• 프로젝트를 지원하고 안내하고 주도할 적임자가 관여할 것이며, 그들이 필요한 작업 시간을 투여할 것이라고 설명했다.
• 전반적인 프로젝트 계획의 중요한 측면들이 구성되어 있다.

이에 따르면 프로젝트 제안 단계에서도 적절성(올바른 문제를 다루었는지, 올바른 사람들이 관여했는지, 적절한 자원을 동원했는지 등), 전략적 적합성과 사업적 가치, 그리고 실행 가능성(프로젝트를 개발하고 실행 과정을 주도할 모든 이해관계자의 참여 여부) 등을 철저히 조사해야 했다.

새 접근법을 실행하고 24개월 후, 최고정보책임자와 그 기업은 시간, 예산, 그 외 예상 가치 측면에서 50% 미만에 그쳤던 목표 달성률을 92%까지 높일 수 있었다. 또한, 그들은 더 큰 프로젝트들에서 당초 예상보다 약 10% 더 많은 성과를 얻었다. 이뿐만 아니라 관련성 없는 프로젝트 제안들을 훨씬 더 수월하게 추려냈으며, 그런 프로젝트의 제안 건수도 시간이 지남에 따라 줄어들었다.

한편, 최고정보책임자는 여러 회사와 협회로부터 회사가 그렇게 큰 개선을 이뤄낸 비결에 관해 강연해 달라는 초청을 받기도 했다. 몇 년 뒤, 그는 회사를 떠나 이러한 접근법을 바탕으로 한 자문 사업을 시작했고, 이후 성공적인 벤처투자자가 되었다.

성공 외에도 더 얻을 수 있는 것들

이 접근법을 자세히 설명하기 전에 이로써 얻게 되는 유익을 상세히 알려주고 싶다. 여러분의 아이디어를 공고히 하고, 이를 의사 결정자들에게 더욱 매력적으로 보이게 하며, 아이디어를 성공적으로 실행하게 하는 것 외에도 다음과 같은 유익이 있다.

1. 그 과정 자체로 재미있고 보람차다.
2. 조직에 속한 사람들과 부서들을 훨씬 더 잘 이해하게 된다.
3. 업무 분석 기술이 예리해진다.
4. 사회적 기술을 연습하고 발전시킬 풍부한 기회가 생긴다.
5. 조직 내에서 나의 평판과 네트워크가 구축된다.

이제 이 접근법을 단계별로 설명해보려 한다.

네 가지 성공 요인 이해하기

시작하기에 앞서 다음의 4대 요인을 고려하라. 각 요인이 성공 확률을 높여줄 것이다.

1. 사업 중심으로 생각하는 노련한 재정부 소속 전문가를 처음부터 합류시켜라. 그에게서 재정 분석에 관한 온갖 도움을 얻을 뿐 아니라 덕분에 여러분의 아이디어를 사업적·재정적으로 더 넓은 맥락에서 고려하게 될 것이다. 재정을 다루는 사람들은 조직의 지배 구조 모델을 잘 파악하고 있으며, 관련된 의사 결정권

자가 누구인지도 알고 있다.

2. 아이디어를 만들어내는 데 관련된 모든 사람을 참여시켜라. 구체적으로 세 종류의 사람들이 포함된다. (1) 이 아이디어로 혜택을 누릴 사람들 (2) 아이디어를 개선하는 데 도움을 줄 수 있는 사람들 (3) 아이디어에 관해 의사 결정을 내릴 사람들. 직업인이 아이디어를 제안할 때 저지르는 가장 흔한 실수는 그 아이디어로부터 혜택을 누릴 사람이나 이를 훨씬 더 낫게 만들 사람은 제외한 채 의사 결정자들과만 논의한다는 것이다. 아이디어 개발 과정에서 최소 두 번의 회의를 계획하라. 이때 여러분의 아이디어로 혜택을 누릴 모든 사람을 참여시키고, 그 회의를 통해 혜택, 비용, 그리고 예상 가치를 획득하기 위해 변경할 사항과 관련시킬 사람들을 조율하라. 또한, 많은 시간을 들여서라도 기존에 이와 유사한 아이디어를 추진했던 사람을 찾아보고 그들에게서 최대한 많은 교훈을 얻어라.

3. '훌륭한 아이디어가 아닐 수도 있다'라는 마음가짐을 가지고 움직여라. 이런 사고방식은 프로젝트를 추진하는 매 단계에서 상식, 비판적 태도, 논리적 사고를 유지하게 해준다. 자기가 가진 아이디어의 약점에 초점을 맞출수록 그 아이디어는 더 탄탄해진다(쓸모없는 아이디어가 아니라면 말이다. 쓸모없는 아이디어라고 해도 이를 얼른 파악해 진행을 멈출 수 있으므로 상당한 시간과 에너지를 절약할 것이다).

4. 제안서는 간소하고 단순한 말로 작성하라. 그래야 누구라도

내용을 이해할 수 있다. 여러분의 아이디어와 관련된 사내 업무 영역에 속하지 않는 사람도 쉽게 이해할 수 있어야 한다.

이 네 가지 요인만 준수해도 더 나은 협업 문화를 형성하는 데 유익할 것이다. 내가 조언을 제공했던 회사에서는 부서별 관리자, 재정 담당자, 기술 전문가 사이의 협업 성과가 실질적으로 향상되었다.

아이디어의 사업성 증명하기

다음으로, 아이디어의 사업적 적절성을 간결하고 명료하게 요약하는 데 처음부터 많은 시간을 투자하라. 내용은 최대한 구체적이어야 한다. 가능하다면 여러분이 제시하는 아이디어의 사업적 가치를 달러와 센트까지 언급하며 정량화하라. '프로세스를 개선한다', '질적 측면을 바로잡는다', '소프트웨어 Y를 실행한다', '회사 X를 매입한다'와 같이 미흡하게 정의된 아이디어를 제안하는 일은 절대 용인되지 않는다. 특정 소프트웨어 제품을 도입하자는 아이디어를 제시하려면, 이를 통해 달성하려는 목표도 함께 설명해야 한다. 이를테면, "네바다에 있는 콜센터에 소프트웨어 X를 도입하는 데 300만 달러를 투자함으로써 고객 이탈률을 15%까지 낮춰야 한다"라고 말할 수 있다.

적합한 재정 담당자와 함께 작업하여 구체적인 방식으로 아이디어를 구성했다면, 다음으로 이 아이디어의 혜택을 누릴 모든 사람을 식별하고 그들 각자와 구조화된 회의를 열어야 한다.

이 회의의 목적은 여러분의 아이디어가 불러올 전반적인 혜택과 비용을 부서별로 어떻게 나눌지를 논의하는 것이다. 회의에서 다룰 주제는 다음과 같다.

- 여러분의 아이디어 및 이를 제안했을 때 예상되는 전반적인 혜택과 비용을 제시한다.
- 해당 부서가 이 아이디어로부터 얻을 수 있는 혜택을 알린다.
- 이 아이디어가 해당 부서의 전반적인 주안점과 우선 사항에 어떻게 일치하는지 설명한다.
- 이 혜택들이 다른 무언가를 실행함으로써 창출될 수 있는지, 만약 그렇다면 어느 정도의 비용이 드는지를 판단하는 테스트를 해본다.

각 부서는 이 프로젝트를 진행했을 때 자신들이 얻을 혜택과 부담 비용 모두에 서명해야 한다. 이로써 비용뿐만 아니라 가치 창출 측면에서도 추적성과 투명성을 확보하고, 상대 부서 매니저들의 주인의식과 헌신을 끌어내고 유지하며, 이를 실행하고 관리할 사람들 사이의 긴장과 갈등을 피할 수 있다. 동시에 업무 계획을 간소화하고, 중복된 작업이나 부가 가치가 없는 활동을 하지 않도록 위험을 최소화할 수 있다.

여러분과 재정 담당자가 이 아이디어의 영향을 받는 모든 사람 또는 부서의 서명을 받았다면, 이제 의사 결정자들과 첫 회의를 열 차례다. 이 회의의 목적은 그들로부터 네, 아니오, 글쎄요 등의 답을 얻으려는 것이 아니다. 단지 여러분의 아이디어를 소개하고 피드백을 얻는 것이 목표다.

현명한 의사 결정자들은 대개 다음과 같은 질문을 집중적으로 던진다. "이 문제를 해결하거나 사업적 목적을 달성하는 데 이것이 정말 최고의 아이디어입니까? 이 밖에 다른 대안으로는 무엇이 있습니까?" 회의 석상에서 아이디어를 제안하는 대다수 사람에게 이런 질문은 완전한 거절처럼 느껴진다. 왜일까? 회의 자리에 아이디어를 가져오는 사람은 대개 자기 아이디어와 사랑에 빠져 있기 때문이다. 그들은 자기 아이디어가 충분히 탁월하므로 굳이 대안을 고려하는 이유를 이해하지 못한다. 이와 달리 여러분은 자신의 아이디어가 각 부서의 전반적인 주안점 및 우선 사항과 잘 맞는지 확인했을뿐더러 그들과 함께 대안적인 아이디어도 논의하는 등 사전에 이 부분을 다루었다.

의사 결정자가 둘 이상이라면 개인별로 따로 회의를 열어야 한다. 그들을 한꺼번에 만나지 말라. 한 그룹보다 한 사람에게 아이디어를 설명하기가 훨씬 쉽다. 각 사람에게 얻은 피드백 역시 훨씬 종합적이고 상세할 것이다. 게다가 일대일 회의의 친밀한 분위기 속에서는 상대가 가진 생각을 더 잘 파악할 수 있다. 이로써 앞으로 그들과 의사소통하는 과정에서 그들에게 행사하는 영향력을 강화할 수 있다.

아이디어의 실행 가능성 증명하기

회사가 여러분의 아이디어를 추진할 수 있고 또 추진해야 한다고 주장하기 전에 많은 사실들을 증명해야 한다. 이 중 특히 필요한 것은 여러분의 아이디어가 합법적이고 유연하다는 점, 회사의 전략 및 우선 사항과 일치한다는 점, 회사가 이 아이디어에 투자할 시간과 자원이 있다는 점이다.

증거를 제시하는 한 가지 방법은 유사한 아이디어를 개발하고 추진해본 경험자를 소개하는 것이다. 예를 들어, "콜센터에 소프트웨어 X를 도입하는 데 3백만 달러를 투자해야 한다"는 아이디어를 제안하고 싶다면, 실제로 소프트웨어 X를 콜센터에서 도입해본 경험자를 찾아보라. 소프트웨어 X를 회사에 처음 소개하는 경우라면 이를 활용하는 다른 회사의 담당자를 찾아야 한다. 유사한 맥락에 있는 다른 프로젝트를 두 가지 이상 찾아내기를 권한다.

여러분과 재정 담당자가 유사한 경험을 가진 사람들을 만났다면 다음 질문을 던져보라.

- 아이디어 또는 프로젝트를 추진한 사업적 목적은 무엇이었는가?
- 프로젝트를 실행하기 위해 어떤 단계를 밟았는가?
- 각 단계에서 만난 최대의 도전 과제와 위험 상황은 무엇이었는가?
- 각각의 도전 과제와 위험에 어떻게 대처했는가?
- 프로젝트가 낳은 실질적인 결과는 무엇이었는가? 애초에 계획한 사업적 목적을 달성했는가?
- 이 프로젝트를 오늘 다시 추진한다면, 조금이라도 다르게 실행할 부분은 무엇인가?
- 이 프로젝트를 주도할 이상적인 리더가 갖춰야 할 기술, 경험, 능력은 무엇인가?

이 회의에서 얻게 될 지식의 양에 아마 깜짝 놀랄 것이다.

이로써 여러분과 재정 담당자는 여러분의 아이디어로부터 혜택을 얻게 될 이들 및 부서와 다음 회의를 진행할 준비가 되었다. 회의 안건으로는 이러한 질문들을 다뤄야 한다.

- 이 프로젝트의 혜택을 얻기 위해 해당 부서에서 변경할 사항은 무엇인가? 이를테면,
  - 업무의 재구성
  - 작업 흐름의 재구성

- 역할과 책임의 재구성
- 사고방식, 행동, 기술 등의 향상
- 그 외 필요한 변화

- 이러한 변화를 이루기 위한 전반적인 접근법, 프로젝트 구성, 계획은 어떤 형태를 띨 것인가?
- 시간과 주의력 측면에서 해당 부서 사람들에게 미칠 부담감을 포함해 어떤 위험성과 도전 과제가 예상되는가?
- 이와 유사한 아이디어를 기존에 추진해본 사람들에게 전해 들은 통찰과 경험 중 우리가 특히 새겨들어야 할 점은 무엇인가?

각각의 회의에서 얻어야 할 최종 결과는 부서별 사람들이 여러분의 아이디어를 성공적으로 추진할 방법을 두고 전반적인 계획에 합의하는 것이다.

이 잠재적인 프로젝트를 여러분이 직접 주도하지 않는 경우, 프로젝트 리더를 물색해야 한다. 아이디어에 관한 간략한 설명, 프로젝트 리더가 갖춰야 할 기술과 경험 및 능력을 기재한 상세한 기술서를 작성한다. 그리고 인사과 또는 인재 관리 담당자 등 적임자를 알 만한 사내 모든 관계자에게 문서를 공유한다. 후보자 두세 사람을 찾아냈다면, 이제 마지막 단계로 넘어갈 준비가 되었다.

의사 결정자들 앞에서 발표하기

간소하고 단순한 말들로 2~4쪽 분량의 문서를 작성하자. 이 문서는 여러분의 아이디어를 요약하는 것으로 족하다. 이때 다음의 구조와 줄거리를 따르라.

1. 표지에는 여러분의 아이디어와 이것이 가져올 측정 가능한 사업적 가치를 소개하라.
2. 첫 번째 표제는 "이 아이디어는 확실한 사업 사례를 토대로 하였다"가 되어야 한다. 여기서 여러분은 전반적인 혜택과 비용을 요약할 뿐 아니라 이를 관련 부서별로 쪼개어 제시해야 한다. 이 아이디어가 회사의 전반적인 주안점과 우선사항에 어떻게 일치하는지도 설명하라.
3. 두 번째 표제는 "우리는 이를 실행할 수 있다"이다. 이 항목에서는 비슷한 아이디어를 추진했던 사람들에게서 얻은 교훈, 각 부서에 요구되는 변화와 그 실행 방법, 향후 관리해야 할 위험 요소와 그 대응 방법 등을 요약한다. 프로젝트를 이끌 후보자들도 언급한다.
4. 세 번째 표제는 "더 나은 대안은 없다. 아무것도 하지 않는 것도 마찬가지다"이다. 여기서는 여러분의 아이디어를 추진하지 않았을 때 생길 법한 부정적인 효과들을 살펴보고, 이와 같은 사업적 가치를 추구하는 다른 대안들이 여러분의

아이디어만큼 훌륭하지 않은 이유를 설명한다.

여기에 덧붙여 지금까지 여러분의 아이디어를 구체화하는 데 관여한 모든 사람과 그들이 맡은 역할을 목록별로 정리하여 제시하라.

이 문서를 미리 의사 결정자들에게 발송하고, 자료에 대한 피드백을 회의에서 제시해 달라고 요청하라. 최종 결정을 내릴 마지막 회의를 앞두고 그들 각자와 간단한 담소를 나누는 것도 잊지 말라.

체크리스트로 아이디어 관리하기

여러분의 실제 경험과 함께 이번 장에서 배운 내용을 바탕으로 일종의 체크리스트를 마련하고, 이를 꾸준히 개선하며 관리하라. 이로써 실행 가능한 아이디어를 정확히 식별하고, 사람들의 기대감 속에서 더 신속하고 효율적으로 추진하려는 아이디어로 발전시킬 수 있다.

다음 페이지의 체크리스트를 출발점으로 삼길 권한다.

나의 아이디어: 우리는 더 나은 X에 투자해야 한다

주요 질문	세부 질문의 예
훌륭하고 적절한 아이디어인가?	사업적 혜택 • 이것은 우리의 전략 및 주요 우선 사항을 뒷받침하는가? • 이것은 수익 증대를 가능케 하는가? • 이것은 지출 감소를 가능케 하는가? 예를 들어 하드웨어, 소프트웨어 등등에 드는 비용을 줄여주는가? • 이것은 효율성을 높여 시간과 자원을 절약하는가? • 이것은 더 나은 서비스를 가능케 하는가? • 이것은 더 나은 품질을 얻게 하는가? 만약 그렇다면, 오늘날 품질 문제들이 초래하는 비용과 개선된 품질의 가치는 얼마나 되는가? • 이것은 이를테면 평판 구축 등 다른 혜택을 가져오는가? 투자 요구사항 • 얼마나 많은 돈을 지출해야 하는가? • 관계자 전원이 들이는 시간과 자원은 얼마나 되는가? • 그 외 다른 비용이 있는가? 예를 들어 다른 아이디어 대신 이 아이디어를 추진함으로써 생기는 기회비용 등 • 이 아이디어가 발생시키는 사업적 혜택의 총합보다 전체 비용이 현저하게 낮은가?
우리는 이 아이디어를 추진할 수 있는가?	• 적절한 시기인가? 즉, 이 아이디어를 실행하면서도 다른 우선 사항들에 계속 집중할 수 있는가? 또는, 다른 사안들의 우선순위를 적절히 뒤로 미룰 수 있는가? • 모든 이해관계자가 이 아이디어의 실행을 지원하는 데 의지를 모으고 있는가? • 이 아이디어를 성공적으로 실행하는 데 요구되는 능력과 경험을 갖췄는가?

	• 전에 비슷한 아이디어를 실행해본 적이 있는가? 그리고 이로써 잘된 것과 그렇지 못한 것을 배울 수 있는가? • 이 아이디어를 실행하는 데 따르는 모든 위험과 난제를 알고 있는가? • 이 아이디어를 효율적으로 실행하는 방식에 관해 수립된 계획이 있는가? 예를 들어 비용을 절감하고 사업적 혜택을 점검하는 방법 등
대안이 있는가?	• 이와 같은 또는 더 나은 사업적 혜택을 얻는 방법으로 이 아이디어를 추진하는 것 외의 다른 길이 있는가? • 이 아이디어는 단독 프로젝트가 아니라 비파괴적인 방식으로 기존 업무에 통합될 수 있는가? • 더 적합하거나 발전의 기회를 얻을 수 있다는 점에서, 우리가 아닌 다른 사람이 이 아이디어를 실행해야 하지는 않는가?

34

모든 이들의 다양성을 존중하라

직업 세계에서 차별을 논할 때 사람들이 주로 언급하는 것은 인종, 종족, 성별에 관한 편견이다. 그런 차별도 분명 존재하고 절대 용인해서는 안 되지만, 여기서 설명할 차별의 종류들이 더 흔히 발생하므로 팀과 조직의 장기적인 건강에는 훨씬 큰 문제가 된다.

나는 100여 곳의 조직에 속하는 지도자 및 직업인 수천 명과 작업한 경험이 있다. 다음은 내가 흔히 접하는 상황이다. 한 고객이 열 명으로 구성된 팀을 이끈다. 그중에서도 그가 각별히 친밀한 관계를 맺는 사람은 세 명인데 이들은 대개 수행 성과가 훌륭하다. 하지만 세 명의 팀원과 유달리 관계가 좋은 이유를 밝히고자 더 깊이 들여다보면 그들의 실적은 아무 관계가 없고, 오히려 그들의 성향과 행동 방식이 이유일 때가 많다. 그들은 팀장과 성격이 비슷하거나, 언제든 팀장의 뜻에 동의하리라 믿을 만한 든든한 동맹이다. 팀장은 이들 세 명과 빈번히 대화를 나눈다. 겉으로는 훈훈해 보이는 이 모습이 실제로는 많은 문제를 일으킬 수 있다. 나머지 팀원 일곱 명이 소외감을 느낀다는 것도 무시할 수 없는 이유다.

팀장은 일곱 명 중 네 사람과는 중립적인 관계를 맺는다. 다시 말해 딱히 좋지도 나쁘지도 않다. 하지만 나머지 세 사람과는 관계가 나쁘다. 팀장의 말을 들어보면 그들은 태도도 부정적이고, 업무 수행력과 행동거지가 나쁘며, 빈번히 팀 규준을 어긴다는데 내가 보기에 이는 사실이 아니다. 관계가 나쁜 진짜 이유는 이 팀원들이 팀장 및 다른 팀원들과는 다른 방식으로 생각하고 자신을 표현한다는 것이다. 팀에 이바지할 만한 그들의 잠재력은 팀장이 이해하고, 충족하고, 활용할 수 있는 영역과 다르다.

이것이 직업 세계에서 일어나는 가장 흔한 차별의 본질이다. 현재 상태를 한층 발전시키기보다 현상 유지에 더 초점을 맞추는 기본적인 리더십 형태 말이다. 팀장이 한 개인을 특정 측면(이를테면 그의 말하는 방식)에서 다르다고 판단하면, 이러한 태도가 그의 다른 모든 특성을 판단하는 관점에 영향을 미친다.

나는 다양한 인종과 성별을 가진 일원들로 구성된 팀들뿐만 아니라 단일 인종으로 구성된 팀에서도 이러한 유형의 차별을 목격했다. 인종, 성별의 다양성을 보장하는 일은 그 자체로 충분히 가치 있는 목표지만, 내가 말한 이 근본적인 문제를 해소하지는 못한다.

여러분은 진정한 의미의 다양성(즉 서로 다른 사람들의 아이디어, 기질, 필요 사항, 동기, 포부, 배경, 경험, 의사소통 방식 등)을 진지하게 받아들여야 하는데 여기에는 세 가지 이유가 있다.

가장 중요한 첫 번째 이유는 집단 사고를 피하기 위해서다. 집단 사고는 다른 많은 사람이 똑같이 행한다는(또는 믿는다는) 이유만으로 무언가를 행하는(또는 믿는) 경향성을 가리킨다. 이는 가장 위험한 뇌 편향 중 하나다. 모든 사람이 같은 생각을 한다는 것은 누구도 깊이 있게 생각하지 않는다는 뜻이다. 집단 사고는 사람, 경험, 아이디어 측면에서 이례적인 것의 숨통을 끊음으로써 조직의 발전에 필요한 다양성의 토대를 훼손한다.

첫 번째 이유 못지않게 중요한 두 번째 이유는 팀 그리고 여러분 자신의 사회적 기술을 발전시키기 위해서다. 나와 다른 사람들과 관계 맺는 일만큼 사회적 기술을 길러주는 것은 드물다. 팀원들에게 훌륭한 사회적 기술을 길러준다면 경쟁에서 엄청난 우위를 점하게 될 것이다.

세 번째 이유는 우리 대다수가 (자신에게 솔직하다면) 익히 아는 사실이다. 나와 전혀 다를 것 없는 사람들과 매일같이 함께 지내는 일은 기본적으로 지루하고 시시하다. 나와 똑같은 사람들하고만 시간을 보내도록 강요받았다면 나는 권태감으로 숨을 거뒀을 것이다. 스테판 포크의 복제 인간들에 둘러싸이는 것만큼 끔찍한 시나리오는 상상할 수도 없다. 나란 사람은 한 명으로 족하고도 남는다.

다양성을 촉진하는 네 가지 루틴

기본적으로 다양성을 허용하거나 파괴하는 요인은 사람들이 드러내는 사고 패턴과 행동에서 찾을 수 있다. 그러므로 기존에 팀원들이 가진 차이점을 펼쳐내는 동시에, 팀에 발전을 가져올 통찰과 경험을 지닌 새 구성원을 더 수월하게 영입할 수 있는 사고 패턴과 행동을 팀원들에게 가르치기를 권한다.

나는 모든 팀원의 잠재력을 최대한 활용하는 환경을 조성하기 위한 사회적 행동 네 가지를 발견했다. 이 행동들은 앞서 이 책에서 설명한 일부 도구와 원리를 반영하며, 최고의 직업인들은 모두 이 행동 패턴을 모델로 삼는다. 여러분 자신, 팀 전원, 외부의 동료 모두 이를 실천하고자 노력해야 한다.

1. 내면의 목소리는 집에 두고 출근하라. 언제나 회사의 최대 이익에 부합하는 일을 실행하라. 자신의 이기적인 필요 사항을 일터에 가져올 경우, 여러분의 지적 능력은 어쩔 수 없이 퇴화하게 된다. 의식적으로든 무의식적으로든 자신의 이

기적인 필요 사항에 사로잡히면 터널 시야가 생긴다. 따라서 여러분이 처한 상황에서 그런 이기적인 필요 사항과 관련된 요소만 받아들이게 된다. 그리고 여러분이 실행하는 모든 일(과업의 수행 방식, 동료 및 이해관계자와 관계 맺는 방식, 교훈을 얻는 대상 등)에 이러한 편향이 스며든다. 또한, 직장에서 나의 이기적인 필요 사항에 신경 쓰다 보면 부정적인 스트레스에 짓눌린다. 왜일까? 나의 필요 사항을 충족시키지 않는 것은 전부 나를 모욕하는 것이라고 받아들이기 때문이다. 그 결과 일을 마치고 나올 때면 좌절감과 분노에 젖어 들고, 여러분과 같이 이기적인 필요 사항에 휩싸인 다른 사람들에 대한 부정적인 생각에 마음이 무거워진다.

2. 직장에서 만나는 모든 사람은 무한한 잠재력을 가진 자산으로 대하라. 직장에서 만나는 사람들은 현재의 업무 실적과 관계없이 모두 무한한 잠재력을 가졌다고 여겨라. 재능이 누구에겐 있고 누구에겐 없는 거라는 생각은 사람들을 쉽사리 판단하려는 게으르고 편향된 마음 속에만 존재한다. 날마다 적어도 한 사람에게서 무언가를 배우려고 노력하라. 동료와의 관계에서 긴장감이 느껴진다면 그에게 다가가 적극적으로 문제를 해결하려고 애써라. 절대로 동료에 관해 뒷말하지 말라.
3. 항상 사실적인 정보에 충실하라. 자신의 경험을 신뢰하는 것으로는 부족하다. 행동에 나서기 전에 관련 사실을 정확

히 이해했는지 확인해야 한다. 판단이나 행동이 필요한 상황에 부딪혔을 때, 그 상황에 관해 여러분이 아는 모든 것은 세 부문으로 구분해야 한다는 것을 기억하라. (a) 내가 확신하는 것(내가 확실히 알고 있는 이유 포함), (b) 내가 믿고 있지만 아직 확신하지는 않는 것, (c) 전혀 실마리를 찾지 못한 것. 이 분류를 토대로 더 많은 사실 정보의 필요 여부를 판단하라. 대화를 나눌 때는 사실 정보에 근거해 확신하는 것인지, 아니면 나의 신념 또는 과거 경험을 바탕으로 내린 추측에 불과한지를 명확히 표현하라.

4. 여러분의 작업과 연결되어 있는 사람들의 필요 사항에 집중하라. 여러분의 작업은 늘 다른 사람이 다른 일을 하는 데 활용된다. 무슨 일을 하든 여러분의 목표는 다른 사람들이 자기 일을 하는 데 도움이 되는 것이다. 다른 사람들의 필요 사항에 집중하는 태도가 가져오는 유익은 무한하다. 몇 가지 예를 들면 다음과 같다.
   - 가치 있는 동료라고 인식될 가능성이 급격히 커진다.
   - 다른 사람들과 그들의 필요 사항에 관한 이해가 높아지고, 이를 바탕으로 그들에게 영향력을 행사할 수 있다.
   - 여러분의 작업이 더 의미 있고 흥미로워진다. 더없이 평범한 업무라도 다른 사람들에게는 중요한 일이므로 명예롭고, 따라서 즐거운 일이 된다.

다음은 추가로 여러분이 고려할 만한 몇몇 사항이다.

1. 31장 '여러분의 사람들을 슈퍼스타로 육성하라'에서 설명했던 접근법을 활용하라. 예를 들어 위의 네 가지 행동 중심으로 개인적·발전적 측면에서 주간 목표를 수립할 수 있다.
2. 내 고객 바버라가 그랬듯이, 이러한 사고 패턴이나 행동을 기술한 팀 서약문을 작성하라. 모든 팀원이 서명해야 한다. 그런 다음 그래픽 디자인 전문가에게 부탁해 이를 포스터로 만들어 일터 곳곳에 눈에 띄게 게시한다.
3. 앞의 네 가지 행동을 개인적 발전 계획, 발전 목표, 그리고 발전을 주제로 한 팀원과의 대화의 토대로 활용하라.
4. 앞의 네 가지 행동, 나아가 팀의 업무 수행과 관계된 모든 사안을 평가하는 팀 지표를 설계하라. 지표상의 결과들은 팀원끼리 논의하면서 개인별 발전 현황을 체크하는 등 고찰의 토대가 될 수 있다.
5. 팀 회의 끝 무렵에는 10~15분 정도를 할애하여 앞서 제시한 행동들을 언급하고 반성하는 시간을 가지라. 우리는 모두 네 가지 행동을 실천했는가?

35

최적의 적임자를 선발하라

여러분이 회사나 팀에 사람을 채용할 때 다양성을 발휘하려면 어떻게 해야 할까? 오로지 다음의 사실에 토대를 두면 된다.

첫째, 채용하려는 직책을 성공적으로 이행하는 데 필요한 진정한 요건을 깊이 있게 이해해야 한다. 내가 보기에 대다수 기업과 지도자들은 이에 대한 이해가 매우 얕다. 따라서 전체 채용 과정(잠재적 후보를 발견할 출처, 면접자로 선택할 사람, 각 후보에 관해 습득한 자료, 면접 기획 방식, 최종적으로 채용할 사람)이 모호하게 진행될 수 있다. 구체적인 기술과 개인적 특성을 포함해 해당 직책을 성공적으로 이행했을 때 장단기적으로 어떤 결과가 나타날지 상세히 파악하는 일이 중요하다.

둘째, 각 후보, 특히 그들의 성품에 관한 올바른 지식을 수집해야 한다. 후보자는 훌륭한 기술과 지식도 갖춰야 하지만, 이에 못지않게 그의 성품(진실성, 자기계발 이력, 핵심 행동 패턴, 그가 가진 진짜 동기 등)도 중요하다. 유능하지는 않더라도 성품이 좋은 사람을 고용하는 것이 유능하지만 나쁜 성품을 지닌 사람을 고용하는 것보다 낫다. 성품이 나쁜 사람은 일터 분위기를 망가뜨릴 수 있기 때문이다. 성품보다 유능함을 갖추기가 훨씬 쉬운 법이다.

조직이나 팀에 인재를 채용하는 다음의 프로세스를 활용한다면, 다양성을 저해하는 모든 편견에 대처하면서 적임자를 찾아내 고용하는 능력을 키울 수 있을 것이다.

필요한 인재상을 구체화하기

인생의 모든 일이 그렇듯이 진정한 통찰을 얻으려면 공을 들여야 한다. 여러분이 고용하려는 직책에 필요한 요건을 상세히 밝히는 일도 마찬가지다. 이를 훌륭히 실행하기 위해 펜과 종이를 꺼내 다음 질문에 답해보자. 여러분이 적은 답을 바탕으로 채용 과정(구인 광고를 작성하는 일부터 적절한 후보를 선택하는 일까지) 내내 주안점을 쉽게 정할 수 있을 것이다.

1. 이 직책을 성공적으로 이행하면 어떤 결과가 나타날까? 성공적인 후보의 실질적이고 측정 가능한 결과물은 무엇인가? 이를테면,
   - 직책을 맡고 4주 뒤의 결과는?
   - 직책을 맡고 3개월 뒤의 결과는?
   - 직책을 맡고 1년 뒤의 결과는?
2. 위의 기술한 각 시점을 지날 때마다 후보자는 어떤 장애물과 난제를 극복해야 성공을 거두게 될까? 이를테면,
   - 현재의 계획과 목적을 더 잘 실행해야 한다. 이 업무를 더 잘 실행해야 하는 이유, 그동안 성공적으로 실행하지 못했던 이유, 더 나은 실행 방법을 기술하라.
   - 새로운 계획과 목적을 수립하고 실행해야 한다. 이 새로운 계획과 목적의 내용, 필요한 이유, 그리고 수립하고 실행하는 데 따르는 어려움을 기술하라.
   - 현행 또는 신규 목적을 달성하기 위해 기존의 방법을 개선해야 한다. 이 방법의 내용, 개선해야 하는 이유, 이를 실행할 올바른 접근 방식을 기술하라.
   - 계획, 목적, 방법, 접근법을 놓고 여러 집단과 이해관계자들의 뜻을 모아야 한다. 뜻을 모아야 할 집단과 이해관계자, 그들의 구체적인 역할, 의견을 취합하는 데 따를 어려움, 이를 달성할 적절한 방법 등을 기술하라.
3. 후보자가 이러한 장애물과 난제를 극복하기 위해 다음의 세

가지 차원에서 요구되는 구체적이고 검증 가능한 기술은 무엇인가? 여기서는 31장 '여러분의 사람을 슈퍼스타로 만들어라'에서 제시한 3대 기본 기술(문제 해결, 관리, 인재 개발)에 관한 설명을 활용해야 한다. 이 기술 범주의 각 하위 부문에서 요구된다고 생각하는 수준을 선택하고, 그것이 필요한 이유를 글로 설명하라.

이 질문들에 대한 합리적인 답변을 상세히 적었다면 성공적인 채용 프로세스를 시작하는 데 이미 많은 투자를 한 셈이다.

후보자의 세 가지 세계 평가하기

본격적인 채용 프로세스를 자세히 살펴보기 전에, 후보자의 가장 중요한 특징인 성품을 평가하는 것에 관해 몇 마디 전하고자 한다.

모든 인간은 다음 세 가지 세계를 파악하고 헤쳐나가야 한다.

- 내부 세계: 생각, 감정, 욕구 등 내면에서 일어나는 일들
- 외부 세계: 일, 가족, 친구와 같이 구성원으로 속해 있는 모든 맥락
- 마지막으로, 내부 세계와 외부 세계를 연결하는 세계

이들 세계 각각에는 인간이 다루기 힘들어하는 속성, 즉 모호함과 불확실성을 초래하는 갈등들이 존재한다. 그런데 인간은 명확성, 통제감, 예측 가능성이 있을 때라야 번성할 수 있다. 따라서 항상 존재하는 이 문제들을 극복해 생산적이고 성공적인 삶을 살려면 반드시 진화해야 한다.

내 경험에 비춰볼 때 대다수 성인은 이를 해내지 못한다. 그들은 진화하는 대신, 이 세계들 안 또는 세계 간에 존재하는 반대 욕구들을 무시함으로써 오직 부분적으로만 현실과 연결되곤 한다. 그 결과, 과거 또는 현재에 발생한 일에 대한 그들의 설명과 주장은 불완전한 것부터 매우 터무니없는 것까지 다양하게 나타난다.

고용자 입장에서 이것은 무엇을 의미할까? 어떤 직책에 지원하는 후보자들을 평가할 때 그들의 성품이나 정신적 성숙도를 제대로 파악하려면, 책임을 대하는 그들의 접근법은 무엇인지, 현재 또는 과거의 업무에서 경험한 갈등이나 난제들을 얼마나 진실하고 온전하게 설명하는지 살펴봐야 한다.

채용 프로세스 설계하기

후보자들에게 필요한 정보가 있다면 서면으로 요청하라. 글로 쓴 내용을 보면 직접 마주하고 소통할 때보다 상대의 사고 패턴,

동기, 그 밖의 능력들을 훨씬 효과적으로 파악할 수 있다. 특히, 여러분이 자신의 생각을 내려놓고 상대가 보이는 언행의 진의를 살피는 데 아직 숙달되지 않았다면 더더욱 그렇게 해야 한다. 글만 읽어보아도 대면 면접의 비합리적인 영향성 때문에 생겨나는 편견에 흔들리지 않고 후보자의 인상을 살펴볼 수 있다. 또한, 어떤 질문에 주안점을 둘지 잘 파악하게 되므로 더 효과적으로 최종 면접을 준비할 수 있다.

이력서에는 사진을 첨부하지 않도록 요청하라. 이는 매우 중요하다. 그럼에도 사진을 첨부하는 사람이 있다면 주의하라. 그들은 그동안 자신의 성과보다 외모를 자산으로 여겨왔을 가능성이 크다. 그게 아니라면 간단한 지시 사항도 파악하지 못한 것이므로 세부 사항에 대한 주의력이 부족하거나 자기 식대로 일하길 원하는 사람일 수도 있다.

연구에 따르면 우리는 외모가 뛰어난 사람을 더 현명하다고 판단하는 경향이 있다. 패션쇼에 세울 모델을 고르는 것이 아니라면 고용은 결코 미인 선발대회처럼 진행해서는 안 된다. 사진이 없으면 상대의 생각을 살펴보기도 전에 잠재의식이 그 사람에 대한 의견을 형성할 일이 없다.

후보자들에게 곧이어 설명할 각 주제에 관한 자기 생각을 글로 작성하도록 요청해두자.

후보자들의 희망 직책 정교화하기

한 후보자가 주어진 직책에 적합한 경험과 기술을 갖췄다고 확신하려면, 그가 요구되는 성과를 바탕으로 해당 직책을 정교하게 설명할 수 있게 질문해야 한다. 다음은 내가 고객들과 활용했던 양식이다. 여러분이 염두에 둔 구체적인 직책에 맞게 수정해서 사용할 수 있다.

제품 부문 A, B, C를 담당할 마케팅 전문가 직책을 성공적으로 수행하려면, 첫 12개월 동안 다음의 중요한 실적을 달성해야 합니다.
실적 1의 내용: 제품 부문 A와 B의 경우, 제품 매니저들 간의 협업, 영업, 마케팅 필요 사항이 실질적으로 향상해야 합니다. 이 부서들은 너무 늦게 합의점을 찾는 까닭에 제품 출시, 마케팅 메시지, 홍보 채널 선정, 분기별 소비자 행사, 전시 등에 관한 공동 계획을 합의하는 데 어려움을 겪곤 합니다. 마케팅 전문가라는 직책을 맡은 여러분은 이 상황을 개선하기 위한 노력을 시작하고 주도해야 합니다.
1. 여러분의 상황과 그 외 정보를 참고할 때, 현재 상황 이면에 놓인 문제의 주된 근본 원인은 무엇이라고 생각합니까?
2. 향후 12개월 안에 요구되는 개선 목표의 진척 정도를 측정할 주요 성과 지표 및 그 외 실질적인 지표는 무엇입니까?

3. 요구되는 개선 목표를 추진하는 과정에서 여러분이 겪을 만한 개인적·업무적 도전 과제와 불편 사항은 어떤 것들이겠습니까?
4. 이 개선 목표를 달성하기 위한 전반적인 계획은 어떤 방식으로 설계할 생각입니까? 이를 위해 거쳐야 할 주요 단계 또는 국면은 무엇입니까?
5. 여러분의 계획을 이행한 이후로 3개월간 내놓을 수 있는 측정 가능한 업무 결과와 실적은 무엇입니까?

위 질문에 대한 후보자의 답을 살펴보면 업무를 실행하고, 목표를 설정하며, 진척 현황을 점검하는 측면을 넘어 그들의 사고력까지 파악할 수 있다. 더불어 이와 유사한 문제들을 다루었던 과거 경험도 자세히 알게 될 것이다. 위 상황에서는 사람들을 이끌고 부서 간 협조를 이루는 능력도 필요하므로, 이러한 결정적인 기술을 후보자가 갖췄는지도 파악할 수 있다.

성공보다 실패 경험에 집중하기

후보자의 진짜 성품을 알아보고 싶다면, 과거의 성공과 실패 경험을 빠짐없이 돌아보고 이를 글로 작성하도록 요청하라. 내가 고객들과 활용했던 다음 양식을 여러분의 상황에 맞게 조정할 수 있다(성공 경험에 관한 질문도 이와 유사하다).

업무 수행 중에 겪었던 실패 두 가지를 기술하시오.
첫 번째 실패: 여러분이 달성하려던 목표, 당시 상황, 그리고 이 경험을 실패라고 정의하는 이유를 기술하시오.
1. 달성하려던 목표를 추진하는 과정에서 여러분이 맡은 구체적인 역할과 책임은 무엇이었습니까?
2. 그 일에 관여한 다른 이들은 어떤 사람들이었으며 그들이 맡은 구체적인 역할과 책임은 무엇이었습니까?

3. 그 실패의 이면에 존재했던 문제의 근본 원인은 무엇이라고 생각합니까? 예를 들어 누가 어떤 일을 어떤 이유에서 어떻게 했습니까/하지 않았습니까?
4. 만약 그때와 같은 목표를 오늘 추진한다면 어떤 부분을 다르게 해보고 싶습니까?

위 질문에 대한 답변들은 후보자의 성품, 자기 인식 수준, 그리고 성공뿐만 아니라 실패에 책임을 지는 능력 등을 가감 없이 드러낸다.

대면 면접 설계하기

서면 답변을 확인하는 과정에서 후보자에 대한 특정한 관점이 생길 것이다. 이 관점이 각 면접의 진행 방식을 결정한다. 아래 요약한 양식을 활용해 면접을 준비하라.

채용 직책에 요구하는 성과에 관한 질문에 후보자가 답한 내용에서 파악한 것들	
후보자의 답변에서 빠져 있는 중요한 요소는 무엇인가?	그 부분을 좀 더 자세히 확인하기 위해 내가 질문해야 할 내용은 무엇인가?
과거의 성공과 실패에 관한 질문에 후보자가 답한 내용에서 파악한 것들	
후보자의 답변에서 빠져 있는 중요한 요소는 무엇인가?	그 부분을 좀 더 자세히 확인하기 위해 내가 질문해야 할 내용은 무엇인가?

다음은 면접을 진행할 때 고려할 사항들이다.

- 후보자의 말이 대화 중 관찰되는 그의 행동과 일치하는가?
- 관찰된 행동에 근거할 때, 후보자의 진짜 동기는 무엇이라고 여겨지는가?
- 후보자는 일상 속에서 이루는 개인적·직업적 성장과 발전에 전력을 쏟는 사람인가?
- 후보자는 주어진 주제를 은근히 피하려 하는가? 그렇다면 그 이유를 물어보라.
- 후보자는 자신의 행동과 결과에 대한 책임을 기꺼이 지려

는 자세를 보이는가?

- 쉽게 매료되지 말라. 매력은 개인적 성향이 아닌 하나의 의도적인 행동이라고 생각하라.
- 후보자는 온갖 자잘한 내용을 너무 빨리 쏟아내는 속이 다 보이는 사람인가? 상대에게 말하면서도 자신조차 확신이 없어 끝없이 말을 이어가는 사람은 정직하지 않을 경우가 많다. 후보자가 너무 말이 많다면, 왜 그렇게 행동하는지 고민하자.
- 여러분이 보기에 논쟁거리가 될 만한(심지어 어리석기까지 한) 사안이나 아이디어, 또는 토론을 자극할 만한 사안이나 아이디어를 제시해보라. 그런 아이디어에 아무런 반론이 없다면 경계해야 한다. 또한 여러분의 사업, 여러분이 겪고 있는 문제들, 여러분이 고용하려는 직책에 관한 후보자의 질문도 분석하라. 그 질문들은 후보자의 관심사와 능력에 관해 무엇을 말해주는가? 그들의 포부가 얼마나 큰지도 확인하라. 동시에 여러분이 가진 문제 중 과연 몇 가지를 해결하는 데 그들이 도움이 될지도 알아보라.
- 약속, 특히 부탁하지 않은 약속을 내놓기는 쉽다. 요청하지도 않았는데 후보자가 무언가를 약속한다면 그렇게 말하는 이유를 고민해보자. 어쩌면 그 후보자는 자기도 모르게 여러분의 의구심을 걷어내고 싶었을 수도 있다.
- 후보자가 동종업계의 유수 기업에 몸담았다고 해서 반드시

그가 훌륭한 인재는 아니라는 사실을 염두에 두자.

이 밖에 기억해야 할 것들이 더 있다. 사람들은 명확한 질문을 받았을 때 자신에 관해 거짓말할 가능성이 작아진다. 그리고 자기를 더 나쁘게 보이게 할 정보를 자발적으로 꺼낼 사람은 거의 없다. 따라서 후보자가 아무리 어색해하더라도 그가 드러내는 신뢰성, 진실성, 의존성 등을 알아볼 수 있는 질문을 솔직하게 던져보자.

다양한 시나리오 활용하기

후보자를 파악하는 흥미롭고 바람직한 방법으로 다양한 업무 시나리오를 가정해놓고 대화를 나눠볼 수 있다. 다음은 글로벌 제품 매니저를 채용한 내 고객이 활용한 몇몇 사례다.

시나리오 1. 당신은 테스트 과정에서 탁월한 성과를 내고 현재 시중에 나와 있는 제품보다 명백히 낫다고 입증된 새 제품을 출시할 예정입니다. 그런데 사내 영업 직원들의 반응이 신통치 않습니다. 당신이라면 어떻게 이 상황에 대처해 분위기를 바꾸겠습니까?

시나리오 2. 우리 회사의 연구개발부는 완벽을 추구하느라 프로젝트를 완료하는 데 긴 시간이 걸린다는 난제를 안고 있습니다.

하지만 완벽만을 목표로 삼다 보면 시장에 진출할 최적의 시기를 놓칠 수도 있습니다. 당신이라면 이 문제를 어떻게 해결하겠습니까?

시나리오 3. 당신은 판매 제품의 20%가 전체 매출의 80%를 벌어들이는 제품군을 관리하고 있습니다. 하지만 영업팀에서는 격차를 메우고 매출 상승의 잠재력을 기대한다는 이유로, 또한 몇몇 품목에는 중요한 계약이 걸려 있다는 이유 등으로 판매가 부진한 나머지 제품도 계속 내놓아야 한다고 강하게 밀어붙이고 있습니다. 게다가 당신은 이 제품군에 더해 신제품군까지 출시할 생각입니다. 이 상황을 어떻게 다루겠습니까?

시나리오 4. 영업팀에서 수백만 달러가 걸린 입찰 건을 놓고 한 고객과 협상 중이었습니다. 제안을 검토한 고객은 단위가격당 5%를 더 할인해 달라고 요청했습니다. 이 할인율은 회사가 지켜야 할 수익률과 같은 상황입니다. 당신이라면 고객의 요청을 승인하시겠습니까?

시나리오 5. 지난 수년간 판매 실적이 꽤 좋고 탄탄한 평판을 갖춘 제품군이 있습니다. 이때 당신은 임상 실험에서 이보다 훨씬 나은 결과를 입증한 새 제품군을 출시하려고 합니다. 두 제품군을 모두 내놓으려면 제품 구성이 비대해져 재고가 대폭 늘게 됩니다. 기존 제품군을 단계적으로 축소하고 새 제품군을 도입하기 위해 당신은 어떤 방법을 사용하겠습니까?

면접 진행의 원칙

특정 직책을 담당할 후보자 면접은 인기 경연대회가 아니다. 이는 매우 중대한 업무 상황으로서 스트레스와 압박의 요소를 지닌다. 여러분은 특히 다음의 세 가지를 반드시 지켜야 한다.

주제에서 벗어나지 마라! 면접 대상자가 논의 주제에서 벗어나지 않고 제시된 모든 질문에 대답하도록 확실히 끌어가라. 후보자에게 물어봐야 할 가장 까다롭고 불편한 질문을 떠올리고 이를 정확히 물어보라. 질문에 대처하는 후보자의 태도에서 많은 것을 파악할 수 있다.

후보자가 제시된 주제에서 벗어난다면 난처한 질문에 대한 대처력이 부족하다는 것 외에도 다른 중대한 시사점을 드러낼 수 있다. 이를테면 여러분의 말을 이해하지 못했다는 신호일 수도 있다. 이는 곧 정보를 받아들이거나 과거 경험을 넘어서는 주제를 이해하는 데 익숙지 않음을 뜻한다. 아니면 여러분이 주제나 질문을 충분히 명확하게 제시하지 못한 것일 수도 있다.

책임감 있는 태도를 살펴보라! 여러분이 검증해야 할 후보자의 소양은, 불가피한 문제는 다른 사람들의 책임이라고 여기기보다 자신이 책임을 다하려는 태도다. 이를 파악할 수 있는 가장 쉬운 방법은 성공 경험과 더불어 실패 경험에 관해서도 질문하는 것이다. 그가 중대한 실패를 경험했을 당시의 상황을 간단히 설명해보라고 요청하면서 이렇게 물어보라. "어떤 문제였습니까?",

"달성하지 못한 목표는 무엇이었습니까?", "어떤 사람들이 관여했습니까?", "그들의 역할과 책임은 무엇이었습니까?", "시간 순서대로 어떤 일이 발생했습니까?", "누가 어떤 일을 했으며 그 이유는 무엇이었습니까?" 등등. 이때 후보자의 대답(또는 무대답)은 그 사람이 책임을 어떻게 받아들이며, 외부 사람들에게 어떻게 책임을 지우는지에 관한 해답을 제공한다. 부적절한 책임감을 나타내는 모든 신호는 더 자세히 살펴봐야 한다.

어조를 적절히 조절하라! 후보자와 소통할 때는 열린 자세로 여러분의 어조나 감정 기복에 변화를 주어야 한다. 면접 대상자가 온갖 터무니없는 생각이나 설명을 쏟아내거나 제시된 주제에서 벗어나고 있다면 친절하고 따뜻한 태도를 유지할 이유가 전혀 없다. 간단한 평을 내놓거나, "무슨 말씀이신지 잘 알겠습니다만, 그것이 지금 논하는 주제와 어떻게 연관되는지 모르겠군요. 우리가 논해야 할 것에 관해 이야기하지 않는 이유를 설명해주시겠습니까?"라고 질문하라. 이는 상대를 불쾌하게 만들려는 것이 아니다. 단지 주의를 환기해 필요한 문답을 정확히 주고받으려는 선한 의도다.

정리하는 말

좋은 일터를 고르는 방법

지금까지 나는 가장 중요한 환경인 내면, 즉 자신의 마음을 다스리는 데 유익하다고 입증된 다양한 도구와 원리를 제시했다. 성공적으로 마음을 다스리면 자발적인 동기를 발휘해 어떤 목표든 달성하고, 전에는 할 수 없다고 생각했던 일들을 성공하게 될 것이다.

여러분도 알아차렸겠지만 이 책에서 나는 일터의 중요성을 언급하지 않았다. 왜일까? 여기에는 적어도 세 가지 이유가 존재한다.

첫째, 여러분의 마음을 다스려 자발적인 동기를 펼쳐내지 않는다면 아무리 좋은 일터라도 소용이 없다.

둘째, 결국 스스로의 최대 이익을 도모하고 운명을 개척할 사람은 오직 여러분 자신뿐이다.

셋째, 아무리 훌륭한 일터라도 한순간에 잘못된 곳으로 바뀔 수 있다. 훌륭한 행동, 가치, 업무 방식들을 동원해 탁월한 업무 환경을 구축하는 데는 어마어마한 시간과 집중된 노력, 끊임없는 주의력이 필요하지만, 이를 파괴하는 데는 시간과 노력이 거의 들지 않는다. 훌륭한 일터에 형편없는 지도자를 한 사람만 고용해도 심각한 피해를 일으키는 데 충분하다. 그의 담당 부서뿐만 아니라 사내 다른 부서들도 전부 피해자가 되고 만다. 그동안 내가 접한 사례만도 얼마나 많은지 그 수를 헤아리지 못할 정도다.

그렇다면 무엇을 해야 할까? 여러분이 어디서 일하는지, 그곳이 좋은 일터인지 나쁜 일터인지는 그만 신경 쓰자. 물론 좋은 일터도 중요하다. 그래야 직장에 가는 길이 즐겁고, 자기 일에 몰두하는 데 필요한 시간과 노력을 투여하고, 일터에 있지 않더라도 자기 일에 관해 훌륭하고 긍정적인 생각을 품기가 더 수월하기 때문이다.

그런데 일터가 좋은지 나쁜지 판단하려면 무엇을 살펴봐야 할까? 사람들이 자율성을 경험할 수 있도록 얼마나 일터가 잘 설계되었는가를 보면 된다. 다시 말해 내가 영향력을 미치고, 무언가를 일궈내며, 내 일을 통해 자신이 성장하도록 일터가 설계되었는지를 살피는 것이다.

나의 멘토 칙센트미하이는 사람들이 자기 삶에서 얼마나 자주 몰입을 경험하는지를 측정하면서 흥미로운 사실을 발견했다. 자기 인생의 어떤 영역보다 업무에 자주 몰입하는 사람들조차 직장 생활에서 만족도가 낮은 경우가 많다. 왜일까? 이 점에 관해 칙센트미하이가 제시한 논점에 따르면, 가장 유력한 이유는 자기 일을 스스로 선택한 일이 아니라 해야만 하는 일로 여기기 때문이다. 게다가, 대개 큰 조직에서는 업무와 과제가 사전에 정해져 있고, 사람들이 나름의 영향력을 미칠 수 있는 영역 너머까지 끊임없이 다양한 세력의 영향을 받는다. 이를테면 모든 의사 결정은 최고 경영진이 내리는 식이다.

어느 조직이든 완벽한 자율성을 구축하는 것은 분명 불가능하다. 하지만 기업은 사람들이 건강한 수준의 자율성을 경험하는 데 있어 긍정적인 동시에 부정적인 역할도 할 수 있다.

여러분이 관심 있어 하는 회사가 구성원들의 자율성을 위해 더 훌륭하게 또는 더 나쁘게 일하는지를 파악하려면 네 가지 영역을 들여다봐야 한다. 아래 4대 영역 각각에 대해 여러분이 떠올릴 만한 질문을 최대한 많이 적어보라. 그리고 그 질문들에 대한 답을 똑똑한 방식으로 얻어낼 방법은 무엇인지 고민해보라. 회사에 관한 연간 보고서와 언론 기사를 읽는 것도 훌륭하지만, 최고의 조사 방법은 이를테면 전·현직 직원처럼 그 회사에 친숙한 사람들과 소통하는 것이다. 질문에 대한 답변의 신뢰도를 높이려면 회사에 친숙한 사람 최소 2인 이상과 이야기를 나누도록

하라. 서로 아무 관계가 없는 사람 3~4명과 대화하길 권한다.

조사가 필요한 4대 영역은 다음과 같다.

사내 의사 결정과 기획이 분산된 정도를 살펴보라. 어느 지도자가 사내 기획에 대해 더 많은 결정권과 주인의식을 가질수록, 이에 따라 해당 부서의 구성원들 또한 자기 업무를 기획하고 결정하는 데 더 많은 자유를 누릴 가능성이 높다. 어떤 의사 결정을 어느 수준에서, 어떻게, 언제, 누가 내리는지를 파악한다면 기업의 업무들이 얼마나 하향식으로 이루어지는지를 뚜렷하게 알 수 있다. 경험 법칙에 따르면, 하향식 업무 방식이 강할수록 구성원들이 느끼는 자율성은 더 낮았다.

회사에 소속된 사람들과 대화할 때는 의사 결정이 어떻게 이루어지는지 물어보라. 그 회사에서 연간 진행되는 사업 계획 및 목표 설정의 주기를 파악하려고 노력하라. 전적으로 하향식으로 이루어지는가, 아니면 최상부에서 결정한 우선 사항과 목표를 두고 조직 내 하위 계층에 속한 사람들이 적극적·실질적으로 영향력을 행사하는가?

직원 기능의 규모와 그들이 사업에 '개입'하는 정도를 살펴보라. 직원 기능staff functions의 숨은 의미는 그들이 직계 조직, 즉 사업을 운영하는 사람들을 지원하고 그들에게 조언을 제공해야 한다는 것이다. 흔한 직원 기능의 예로는 인사, 법무, 재정/회계, 홍보, 기술/IT 등이다.

직원 기능 규모가 클수록 그 기능들이 직계 조직에 더 많이 개입하고, 이에 따라 사업을 운영하는 사람들이 느끼는 자율성에도 영향을 미친다. 대개 대규모 직원 기능은 매년 직계 조직이 시간을 들여 실행해야 하는 핵심 프로그램을 지시하는 식으로 발현된다. 이러한 핵심 프로그램은 대부분 부적절하다. 이를 구상하는 사람들이 사업의 진정한 본질을 깊게 이해하지 못하거나, 직원들에게 좌절이나 혼란만을 일으키는 방식으로 움직이기 때문이다.

따라서 한 기업을 분석할 때는 직원 기능의 규모를 파악하고, 핵심 프로그램을 실행했던 기록을 따져보고, 직원 기능과 그것들의 부가 가치를 둘러싼 직계 조직의 전반적인 반응을 살펴보라.

부서 사이의 협업이 얼마나 훌륭하고 탄탄하게 이루어지는지를 검토하라. 원활한 협업이 불가능한 사람들에게 의존하는 것만큼 자율성을 떨어뜨리는 것은 없다. 내 경험에 비춰볼 때, 기업 내 부실한 협업은 보편적으로 나타나는 문제로 직원 만족도뿐만 아니라 기업의 실적 측면에서도 중대한 문제를 일으킨다.

여러분이 관심 있는 회사와 친숙한 사람들과 대화할 때는 협업에 관해 이렇게 물어보라. "부서 사이의 협업이 얼마나 원활하게 이루어집니까?", "훌륭한 협업을 보장하기 위해 회사와 지도자들은 어떤 노력을 기울입니까?", "협업이 실패하는 주된 이유는 무엇입니까?", "협업 측면에서 회사가 가진 문제들은 무엇이며 그들은 이를 어떻게 해결합니까?", "다른 사람들과 성공적으로 협업하기를 거부하는 사람들은 어떤 결과를 얻게 됩니까?"

내 경험을 돌아보면, 원활하게 협업하지 않는 사람들을 제대로 다루는 조직은 거의 없었다. 기껏해야 그들을 조직 내 다른 부서로 옮겨 전보다 더 나은 협업을 보여주길 바라는 것이 전부다(대개는 이것마저 실패한다).

개인의 수행 성과 및 발전을 위한 필요 사항을 얼마나 공정하고, 철저하게, 빈번히 평가하는지 살펴보라. 개인의 수행 성과가 어느 정도이고 업무상 그의 발전 필요성이 얼마나 높은지를 회사가 제대로 평가해야 개인의 자율성이 높아진다.

이 점에서 기업이 얼마나 훌륭하게 움직이는지를 파악하려면, 그 회사에 친숙한 사람들에게 다음과 같은 질문을 던져야 한다. 그 회사의 직원은 무엇을 달성해야 하며 이를테면 한 달, 1분기, 1년 등 주어진 기간에 어떻게 발전해야 하는지에 관해 명확한 목표와 기대치가 수립되어 있는가? 이러한 목표와 기대치는 다음의 단계를 거치는가? (1) 명확히 추진할 만한 계획 수립 (2) 진척 정도에 대한 꾸준한 점검 (3) 지정한 시간 단위가 종료되는 시점에 목표 달성 여부를 확실하게 평가. 진척 상황을 지속적으로 점검하고, 피드백을 주고받으며, 꾸준한 진척을 이루도록 지도하는 과정에서 직원들과 그들의 상사가 어떤 방식으로 소통하는가? 평가 작업은 어떻게 이루어지는가? 목표를 달성하지 못한 직원들은 어떤 결과를 맞게 되는가?

이 점과 관련된 또 다른 사항으로 지도자들이 직원들의 발전 기회로서 자신의 과업을 적극적으로 위임하는지도 살펴봐야 한다. 지도자들이 어떤 방식으로 업무를 위임하는지 질문하려고 노력하라. 그런 일이 있기는 한가? 만약 그렇다면, 업무를 위임하는 일이 얼마나 자주 있는가? 위임자를 선정할 때 지도자가 고려하는 사항은 무엇인가? 위임된 업무를 성공적으로 수행하는 비율은 어느 정도나 되는가?

이러한 영역들(나아가 여러분에게 중요한 다른 영역들)을 조사하는 데 충분한 시간을 들여서 관심을 둔 회사가 좋은 일터의 특성을 지녔는지 판단하라.

하지만 부디 기억하길 바란다. 여러분의 마음을 다스려 온갖 유형의 업무에 필요한 자발적인 동기를 펼쳐내지 않는다면, 아무리 좋은 일터라도 소용이 없을 것이다.

추신. 지금도 내가 피아노를 연주하는지 궁금한가? 물론이다. 매일 한두 시간은 연주한다. 어렸을 때만큼이나 여전히 피아노 연주를 즐기고 있다. 음악 자체를 사랑하는 것 못지않게, 피아노가 나의 자발적인 동기의 핵심을 발견하도록 이끌었다는 데 더더욱 고마운 마음이다. 나는 인생 전체에 걸쳐 내가 관여하는 모든 일에서 이러한 자발적인 동기를 활용해왔다.

여러분도 자신의 일에 관해 나와 비슷한 영감을 받았으면 한다. 이를 위해 나의 책이 여러분에게 하나의 방편을 제공했으면 하는 바람이다.

- 에릭 바커, 조성숙 옮김, 『세상에서 가장 발칙한 성공법칙: 나만의 방식으로 기회를 만든 사람들』(갤리온, 2018)
- 존 바그, 문희경 옮김, 『우리가 모르는 사이에: 인생을 다시 설계하는 무의식의 힘』(청림출판, 2019)
- *Building Expertise: Cognitive Methods for Training and Performance Improvement* by Ruth C. Clark
- 미하이 칙센트미하이, 노혜숙 옮김, 『창의성의 즐거움: '창의적 인간'은 어떻게 만들어지는가?』(북로드, 2003)
- 칼 뉴포트, 김태훈 옮김, 『딥 워크: 강렬한 몰입, 최고의 성과』(민음사, 2017)
- 다니엘 핑크, 김주환 옮김, 『Drive 드라이브: 창조적인 사람들을 움직이는 자발적 동기부여의 힘』(청림출판, 2011)
- *Fearless: The Undaunted Courage and Ultimate Sacrifice of Navy SEAL Team SIX Operator Adam Brown* by Eric Blehm
- 미하이 칙센트미하이, 이희재 옮김, 『몰입의 즐거움』(해냄, 2021)
- 데이비드 앨런, 김경섭, 김선준 옮김, 『쏟아지는 일 완벽하게 해내는 법: 일을 쌓아두지 않고 성공적으로 처리하는 GTD 프로젝트』(김영사, 2016)
- *Handbook of Psychodiagnostic Testing: Analysis of Personality in the Psychological Report* by Henry Kellerman and Anthony Burry
- *Honorable Work: A Process for Achieving Success & Satisfaction in Your*

Work by Tim Anstet
- 로버트 치알디니, 황혜숙 옮김, 『설득의 심리학: 사람의 마음을 사로잡는 6가지 불변의 법칙』(21세기북스, 2013)
- *Interview Math: Over 50 Problems and Solutions for Quant Case Interview Questions* by Lewis C. Lin
- *Lifting Depression: A Neuroscientist's Hands-On Approach to Activating Your Brain's Healing Power* by Kelly Lambert
- *Mind-Brain-Gene: Toward Psychotherapy Integration* by John Arden
- 바버라 오클리, 이은경 옮김, 『인생을 바꾸는 생각들: 변화할 줄 아는 삶을 위한 3개의 조언』(포레스트북스, 2021)
- 리처드 탈러, 박세연 옮김, 『행동경제학: 마음과 행동을 바꾸는 선택 설계의 힘』(웅진지식하우스, 2021)
- 안데르스 에릭슨, 로버트 풀, 강혜정 옮김, 『1만 시간의 재발견: 노력은 왜 우리를 배신하는가』(비즈니스북스, 2016)
- 레이 달리오, 고영태 옮김, 『원칙 Principles』(한빛비즈, 2018)
- *Systems of Denial: Strategic Resistance to Military Innovation* by Andrew Hill and Stephen J. Gerras
- 리차드 세넷, 조용 옮김, 『신자유주의와 인간성의 파괴』(문예출판사, 2002)
- 미하이 칙센트미하이, 김우열 옮김, 『몰입의 재발견: 자기진화를 위한』(한국경제신문, 2009)
- 티머시 골웨이, 최명돈 옮김, 『이너게임: 배우며 즐겁게 일하는 법』(가을여행, 2019)
- 찰스 두히그, 강주헌 옮김, 『습관의 힘: 반복되는 행동이 만드는 극적인 변화』(갤리온, 2012)
- *The Pyramid Principle: Logic in Writing and Thinking* by Barbara Minto
- *The Will to Lead: Running a Business with a Network of Leaders* by Marvin Bower
- "Thinking Critically About Critical Thinking: A Fundamental Guide for Strategic Leaders" by Stephen J. Gerras
- 데이비드 마이스터, 장효곤 옮김, 『프로페셔널의 원칙』(교보문고, 2006)

1부. 어떤 일이든 사랑하는 방법

3. '만약~한다면'이라는 실천 의도를 사용하라

1. Peter M. Gollwitzer, "Implementation Intentions: Strong Effects of Simple Plans," *American Psychologist*, July 1999, www.researchgate.net/publication/232586066_Implementation_Intentions_Strong_Effects_of_Simple_Plans.

5. 터미네이터처럼 학습하라

1. https://dictionary.apa.org/confirmation-bias.
2. 자세한 사항은 바버라 오클리의 개인 사이트 https://barbaraoakley.com/을 참고하라.

7. 최선을 다해 업무 일지를 작성하라

1. Giada Di Stefano, Gary P. Pisano, Francesca Gina, and Bradley R. Staats, "Making Experience Count: The Role of Reflection in Individual Learning," Harvard Business School NOM Unit Working Paper No. 14-093, *SSRN*, March 26, 2014, https://papers.ssrn.com/sol3/papers.cfm?abstract_id=2414478을

참고하라.

2. John B. Arden, *Mind-Brain-Gene: Toward Psychotherapy Integration*(New York: W. W. Norton, 2019).

8. 매일 자신만의 '그린 존'을 방문하라

1. Ron Friedman, "Why Too Much Data Disables Your Decision Making," *Psychology Today*, December 4, 2012.

2부. 운명은 스스로 결정한다

1. Alia J. Crum and Ellen J. Langer, "Mind-Set Matters: Exercise and the Placebo Effect," *Psychological Science* 18, no. 2 (2007): 165–71, https://dash.harvard.edu/bitstream/handle/1/3196007/Langer_ExcersisePlaceboEffect.pdf?sequence=1.
2. Cara Feinberg, "The Mindfulness Chronicles," *Harvard Magazine*, September–October 2010, https://harvardmagazine.com/2010/09/the-mindfulness-chronicles.
3. 팀 민친의 연설은 www.youtube.com/watch?v=yoEezZD71sc에서 확인할 수 있다.

20. 불확실성 앞에서 논리적으로 사고하라

1. Hilary Jacobs Hendel, "Ignoring Your Emotions Is Bad for Your Health. Here's What to Do About It," *Time*, February 27, 2018, https://time.com/5163576/ignoring-your-emotions-bad-for-your-health/.

23. 소셜 미디어에서 허비하는 시간을 줄여라

1. Nicholas Carr, "How Smartphones Hijack Our Minds," *Wall Street Journal*,

October 6, 2017, www.wsj.com/articles/how-smartphones-hijack-our-minds-1507307811.
2. Russell B. Clayton, Glen Leshner, and Anthony Almond, "The Extended iSelf: The Impact of iPhone Separation on Cognition, Emotion, and Physiology," *Journal of Computer-Mediated Communication*, January 8, 2015, https://onlinelibrary.wiley.com/doi/full/10.1111/jcc4.12109.
3. Adrian F. Ward, Kristen Duke, Ayelet Gneezy, and Maarten W. Bos, "Brain Drain: The Mere Presence of One's Own Smartphone Reduces Available Cognitive Capacity," *Journal of the Association for Consumer Research*, April 2017, https://doi.org/10.1086/691462.
4. Andew K. Przybylski and Netta Weinstein, "Can You Connect with Me Now? How the Presence of Mobile Communication Technology Influences Face-to-Face Conversation Quality," *Journal of Social and Personal Relationships*, July 19, 2012, https://doi.org/10.11772F0265407512453827.

26. 내면의 평화를 찾는 마음가짐을 길러라

1. Douglas Robson, "For Rafael Nadal, Self-Doubt Can Be Good for His Game," *USA Today*, November 10, 2013, https://www.usatoday.com/story/sports/tennis/2013/11/10/rafael-nadal-ends-season-no-1-ranking/3489567/.
2. www.businessinsider.com/ray-dalio-interview-henry-blodget-1-2017.
3. Jaime Rocca and Sara Wilde, *The Connector Manager*(London: Virgin Books, 2019).

3부. 성공과 행복을 갖기 위해 넘어야 할 장애물

1. 에릭 바커, 조성숙 옮김, 『세상에서 가장 발칙한 성공법칙: 나만의 방식으로 기회를 만든 사람들』(갤리온, 2018)

29. 동료들의 정신적 지주로 거듭나라

1. 피상적인 이해의 소유자들이 지나친 자부심을 드러내는 경향에 관해 더 자세히 알고 싶다면 더닝 크루거 효과에 관한 연구 내용을 참조하라. 한 예로 다음의 자료를 살펴볼 수 있다. Justin Kruger and David Dunning, "Unskilled and Unaware of It: How Difficulties in Recognizing One's Own Incompetence Lead to Inflated Self-Assessments," *Journal of Personality and Social Psychology*, 1999, https://psycnet.apa.org/record/1999-15054-002?doi=1.

30. 힘겨운 타인도 회피하지 말고 수용하라

1. 존 바그, 문희경 옮김, 『우리가 모르는 사이에: 인생을 다시 설계하는 무의식의 힘』(청림출판, 2019)

내 안의
무한 동기를
깨워라

1판 1쇄 인쇄 2024년 2월 6일
1판 1쇄 발행 2024년 2월 21일

지은이 스테판 포크
옮긴이 김미정

발행인 양원석 **편집장** 차선화 **책임편집** 차지혜
디자인 남미현, 김미선 **영업마케팅** 윤우성, 박소정, 이현주, 정다은, 박윤하
해외저작권 임이안

펴낸 곳 ㈜알에이치코리아
주소 서울시 금천구 가산디지털2로 53, 20층(가산동, 한라시그마밸리)
편집문의 02-6443-8862 **도서문의** 02-6443-8800
홈페이지 http://rhk.co.kr
등록 2004년 1월 15일 제2-3726호

ISBN 978-89-255-7537-7 (03190)